资本神庙与炼金游戏

[英] 菲利普·罗斯科(Philip Roscoe) 著
冯华杰 译

中国友谊出版公司

图书在版编目（CIP）数据

资本神庙与炼金游戏 /（英）菲利普·罗斯科著；冯华杰译. -- 北京：中国友谊出版公司，2025. 3.
ISBN 978-7-5057-6005-9

Ⅰ. F831.9

中国国家版本馆 CIP 数据核字第 20248RK422 号

著作权合同登记号　图字 01-2024-6521

How to Build a Stock Exchange: The Past, Present and Future of Finance
© Bristol University Press 2023
First published in Great Britain in 2023 by Bristol University Press, University of Bristol

The simplified Chinese translation rights arranged through Rightol Media.
（本书中文简体版权经由锐拓传媒取得 Email:copyright@rightol.com）

书名	资本神庙与炼金游戏
作者	[英] 菲利普·罗斯科
译者	冯华杰
出版	中国友谊出版公司
策划	杭州蓝狮子文化创意股份有限公司
发行	杭州飞阅图书有限公司
经销	新华书店
制版	杭州真凯文化艺术有限公司
印刷	杭州钱江彩色印务有限公司
规格	880毫米×1230毫米　32开 9.75印张　225千字
版次	2025年3月第1版
印次	2025年3月第1次印刷
书号	ISBN 978-7-5057-6005-9
定价	78.00元
地址	北京市朝阳区西坝河南里17号楼
邮编	100028
电话	（010）64678009

谨以此书献给亲爱的简（Jane）

序言

暗黑魔法?

《贩奴船》（*The Slave Ship*），又名《黑奴贩子将死奴与病奴抛入大海——暴风来袭》（*Slavers Throwing Overboard the Dead and Dying— Typhoon Coming On*）是透纳（Turner）[1]的名画。画中，低垂在天际的残阳映着一团翻卷的色彩和动荡不安的海天，红色、赭色、橙色交织在一起，海浪从左边滚滚袭来，翻腾着，呼啸着。整体画面采用倾斜构图。远景刻画了一艘收拢风帆的船只正狼狈不堪地在巨浪中颠簸。近景赫然可见一条黑色的断腿，上面还戴着镣铐，水中穿梭的恶鱼和天上盘旋的海鸥都视其为美餐，争相赶来瓜分；旁边还画着露出水面的一双双

---

[1] 约瑟夫·马洛德·威廉·透纳（Joseph Mallord William Turner），19世纪上半叶英国学院派画家的代表。——译者注，本书脚注均为编译者所加。

手；铁镣竟也莫名漂浮着；血色大海与落日余晖浑然一体。惨烈的景象让人不忍直视。

这幅画于1840年在英国皇家艺术学院首展，赤裸裸地呈现了奴隶贸易的残暴。其主要创作背景是1781年的桑格号大屠杀。在该事件中，桑格号贩奴船的船长卢克·科林伍德（Luke Collingwood）下令将133名奴隶全部溺死。在废奴主义者格兰维尔·夏普（Granville Sharp）的不懈努力下，这场大屠杀最终成了奴隶制恐怖罪行的象征，也激起了公众对废奴事业的热情。夏普是从获得自由的奴隶和废奴主义活动家奥劳达·埃奎亚诺（Olaudah Equiano）那里听说的桑格号大屠杀。他敏锐地嗅出了桑格号事件的文学和政治价值，故编写了一份大部头卷宗。这部卷宗现存放于英国国家海事博物馆的档案室。后来，桑格号大屠杀被描述成各种不同的版本，在那些版本中，它撕下了暴行的标签，别上了救赎的勋章。新的叙事甚至认为英国为此废除了一项苦心建立的制度，简直功不可没。那艘臭名昭著的船只曾像一座漂浮在水上的监狱，沿着非洲海岸漂泊了整整一年，才开始横渡大西洋。多年后，人们也不忘利用这艘船来做文章。他们复造了"桑格号"，乘着它驶入泰晤士河前去参加2007年的废奴纪念庆典。一些评论家对此愤愤不平，称透纳的这幅画虽轰动一时，却拉观众做了暴行的同谋。

在长篇诗作《桑格号！》（Zong!）中，诗人马琳·诺比斯·菲利普（Marlene NourbeSe Philip）尝试采用了不同的方式来纪念这场杀戮。《桑格号！》是一首声调诗，用词支离破碎，粗看随意不羁，仿佛在逼迫读者费力去解读这段匪夷所思的过往。她写道："在200年后的今天，这应该是试图了解当时桑格号上的那些非洲人的遭遇的最佳方式了。"这首诗的文本看似断裂，但其实并不随意，词语均取材自一则对此案听证会的无关痛痒的记录。你可能会惊讶地发现，该案件并没有被定性为谋杀案，而是按民事案处理的，案名为"格雷格森诉吉尔伯特"。大屠杀成就了保险索赔的依据，但保险商拒绝赔付，于是奴隶贩子格雷格森家族就把他们告上了法庭。下面这段文字是关于桑格号事件唯一幸存的公开资料，菲利普的长诗就是取材于这份意外发现的文件。面对如此惨烈的血案，这份法律判决显得过于轻描淡写，字里行间都透着冷漠无情："一艘贩奴船的船长误将伊斯帕尼奥拉岛（Hispaniola）认成牙买加，导致航程延长、饮用水短缺。一些奴隶因缺水死亡，还有一些被扔到了海里。法院认为，这些事实不足以支持原告的诉讼请求……"这段话出自1831年版的一本法律报告合集。负责汇编的编辑是位律师兼法律学者，同时也是设于伦敦的内殿律师学院的一员。他的名字叫亨利·罗斯科（Henry Roscoe）。

要讲好"格雷格森诉吉尔伯特"的故事，就必须从18世纪的一个商贸区讲起，这个商贸区以英格兰西北部的郡级商贸城市利物浦为中心，发展速度惊人。正如文学学者伊恩·鲍康（Ian Baucom）在其巨著《大西洋上的幽灵》（*Specters of the Atlantic*）中明确指出的那样，桑格号大屠杀既是一起独特事件（尽管我们也可以将"133个人在3天的时间内被一个接一个扔到海里"视为133起独立事件……），又是一起典型的事件。它之所以典型，是因为它塑造了一种新型的金融资本，这种资本在利物浦的增长速度超过了其他任何地方，使得这个昔日冷清的商城在大西洋贸易中的地位突飞猛进，甚至可以自视为全球领先的商业中心。

威廉·格雷格森（William Gregson）是桑格号的船主，也是利物浦最活跃的奴隶贩子之一。回看他的职业生涯，我们会发现，18世纪的利物浦简直就是机会之城。格雷格森是一位搬运工的儿子，起初他以制绳为生，接着当选杰出市民，后于1762年飞升为利物浦市长。他贪得无厌，在职业生涯中陆续投资了152次航行。"史上关于奴隶贸易的统计数据极度匮乏，"历史学家詹姆斯·沃尔文（James Walvin）写道，"但即使这样，这些数字也足以令人咋舌。"据统计，格雷格森投资的航行共计运载了58201名非洲人，其中只有49053人幸存上岸。算下来，竟有9148人丧生。我们很快会再次讲到这组数据。

任市长时，威廉·格雷格森的办公室应该位于利物浦交易所内。利物浦交易所于1754年投入使用，修建得十分奢华。作为象征新兴财富和权力的地标，它还扮演了政治中心的角色，致力于推动城市的经济增长。从未有奴隶踏足过利物浦，但也没有人会天真到认为这座城市的崛起与奴隶制毫无瓜葛。奴隶制催生了环环相扣的利益链，在这根链条上，有商船主以及服务商船主的银行家和律师、设计这些海上监狱的造船专家、绳索制造商、枪支制造商、批量赶制铁栅栏和镣铐的五金商、食品和朗姆酒经销商以及那些为了换取不义之财将水手恶意灌醉后强迫他们在贩奴船上服役的酒馆老板，因为当时海上最遭人厌恶、最凶险、最恶劣的职业非水手莫属。得益于内陆新修的陆路和水路，这座城市声誉鹊起、一片繁荣。无论是将工业制成品从曼彻斯特运往非洲，还是将美国棉花运回兰开斯特，都要经过利物浦。奴隶制推动了英格兰西北部地区的经济发展，这一点人所共知。交易所的设计师和委托其设计的工作人员都未回避这一事实，交易所的外墙上就雕刻着非洲人的头像。

随着商业的日益繁荣，利物浦迎来了文化大爆发，视野和贸易也变得国际化。当时，人们强烈痴迷意大利的一切，这点从交易所大厦的白石广场就可窥见一二。甚至有人认为,英国人关于意大利文艺复兴的浪漫解读源自利物浦。利物浦的文化变革领袖叫威廉·罗斯科(William Roscoe),是亨利·罗斯科的父亲,是我曾祖父的曾祖父。亨利·罗斯科就是桑格号事件听证会的出庭律师和记录员。

史料中关于威廉·格雷格森的记载甚少,而威廉·罗斯科却不同,他是一位声名显赫的人物。作为这座城市的创立者,他至今仍被人们所铭记。人们用牌匾、街道名称来纪念他,有一家精致的小酒馆甚至直接取名为"头领罗斯科"(Roscoe Head)。作为文化先锋,他撰写的洛伦佐·德·美第奇[1](Lorenzo de' Medici)传深受霍勒斯·沃波尔(Horace Walpole)[2]的赞赏,并为他赢得了与爱德华·吉本(Edward Gibbon)[3]比肩的文学地位,利物浦也因此成为享誉全球的文化名城。他有一首儿童诗,名为《蝴蝶的舞会》(The Butterfly's Ball,最初是写给我曾祖父的祖父的),连国王都赞不绝口。然而,他最为人知的还是他颇有影响力的废奴主义者身份以及他写的三首谴责奴隶制的长诗。现在看来,这些诗或许有些浮夸,但在当时可是声名大噪。(节选:来吧,和我一起痛哭流涕/谴责非洲儿女们所遭受的不公/他们被迫远离故土/在西方饱受奴役枷锁的束缚)他甚至还在关键年份出任议会议员,于1807年投票赞成废除奴隶制,此举惹得他后来在利物浦遭遇了骚扰和敌意。

其实,威廉·罗斯科的主业是律师。46岁时,他就已经赚到了

---

[1] 意大利政治家、外交家、艺术家,同时也是文艺复兴时期佛罗伦萨的实际统治者。
[2] 英国作家,哥特式小说的开山鼻祖。
[3] 近代英国杰出的历史学家。

足够的钱，本可以安然退居到城外富丽堂皇的阿勒顿庄园（Allerton Hall）。他的艺术收藏中，甚至还有一幅当时并不出名的列奥纳多·达·芬奇的作品。但是，他的朋友托马斯·克拉克（Thomas Clark）经营的一家钱庄陷入了困境，他就于1800年以合伙人的身份加入，着手扭转局面。但未成功。钱庄最终还是倒闭了，他也因此破产。他注入了多少资金？起草了哪些合同？鉴于利物浦的经济引擎依赖恶臭的奴隶制运转，威廉·罗斯科此前所赚取的巨额律师费和银行佣金、名下的豪宅以及他收藏的达·芬奇画作等都将惨遭奴隶制的染指。

他所处的文化社会环境与格雷格森家族以及他们的同辈应该并无差别。当时利物浦涌现出很多社会机构，雅典娜图书馆（Athenaeum）就是其中之一。它是一家会员制收费图书馆，从过去到现在一直都是这座城市的商务精英的聚集地。格雷格森的女婿乔治·凯斯（George Case）甚至干脆在图书馆旁边买了一栋大房子。威廉·罗斯科是雅典娜图书馆的创始人之一，他的私人收藏构成了馆藏图书的核心。我们发现，在威廉·罗斯科密切交往的好友中，有一个叫马修·格雷格森（Matthew Gregson）的人也赫然在列。[1]当时的贩奴商们做了18世纪的好市民通常会做的事：捐钱给正义事业，用以提升和改造城市的基础设施。我曾祖父的曾祖父可能经常会与他们打交道，接受他们对市政项目的捐款，在他举办的文化活动中接待他们，所以他应该很了解这些人。事实上，1784年，就在桑格号事件听证会的几个月后，约翰·格雷格森（John Gregson）成为新任市长的几个月前，利物浦举行

---

[1] 从名字看，这位好友可能是奴隶贩子格雷格森家族的一员。

了宗教清唱剧周庆祝活动，节目形式包括戏剧、歌舞表演、美术展和假面舞会等。鲍康（Baucom）推测格雷格森一家参加了其中的舞会，而我推测他们还观看了威廉·罗斯科举办的意大利美术展。意大利美术展是那次活动的另一亮点，那也是利物浦第一次举办这样的展览。

* * *

那些戴着手铐脚镣的奴隶从未踏足过利物浦。对这个城市来说，奴隶贸易只是一种金融行为。人们看到的是一个净化过的镜像世界，里面只有奴隶清单和收支账簿。利物浦的贩奴商以及为他们效力的律师和银行家共同创建了一套信贷体系，这种体系不仅能够大幅提升奴隶三角贸易的资本流通速度，还能使他们在资本流通中获利。众所周知，奴隶贸易的航线大致呈三角形状。贩奴商将制成品从利物浦和布里斯托尔运往西非，在那里换取奴隶，这些非洲人被禁锢在由英国政府出资修建和配备员工的奴隶工厂里，通常是在皇家非洲公司的庇护下进行。皇家非洲公司总部位于伦敦，是一家"合股公司"。贩奴商将奴隶们运送至大西洋彼岸——这段地狱般的中段航程[1]，交给靠监管拍卖获取佣金的代理人。在航程的最后一段，贩奴商将拍卖所得的钱兑换成糖、朗姆酒和棉花等进口商品，运回利物浦出售。

但是，这套信贷体系耗时长且风险大，至少对那些试图从中获利的人来说是这样的。那些物质商品承载了那么多的资本，流通速度却只能"听风由命"，而且还容易遭遇船只失事和海盗袭击，运送人类

---

[1] 奴隶贸易的中段航程，即跨越大西洋将奴隶从非洲运送到西印度群岛和美洲殖民地的航线。

货物的情况下,还有死亡、疾病和暴乱的风险。于是,利物浦贩奴商就采用汇票结算,承诺向持票人支付本金的同时额外支付一定数额的外加利息。这种票据可以由出票人的合作伙伴或相信出票人担保的任何人来兑现。当然,这在当时并不是什么新生事物。在中世纪晚期,它就伴随着贸易增长应运而生,并催生出一个全新的行业。14世纪之前,一些富人就已经建成了第一批银行;威廉·罗斯科痴迷的美第奇王朝[1]在1397年就开设了银行。银行所有者可以通过兑现票据并承担违约风险以获取佣金(或按照中世纪的说法,进行汇率投机)。他们也可能会凭借自身声誉发行大众认可的票据。银行在多地设有分行,商贩在一处存款后可在另一处取款,免去了运送黄金或贵重物品时所承担的风险。这些银行票据极大地增加了货币供应量,进而提升了货币流通和获取利润的可能性。

利物浦的创新之处在于将金融票据与人类灵魂绑定在了一起。拍卖代理人卖掉奴隶拿到现金后扣除自己的佣金所得,通过下一艘船将带息汇票送返利物浦。在这个过程中,拍卖代理人与其说是卖了奴隶,不如说是借了利物浦贩奴商的全部销售收入并承诺还本付息。利物浦商贩采用同样的方式进行贸易投资,将看似简单的商品交易转化成了贷款交易。

收到这张票据的人如果想要更快地将这笔钱再次用于风险投资,他只需去银行兑现即可。这种票据类似现代债券,以低于面值的价格在投资者之间流通。许多债券的信贷期限为3年。在经济繁荣时期,3年实际上是极长的时间了,因为在偿清贷款之前,可以利用这笔贷款

---

[1] 意大利历史上的一个资本主义王朝。

赚到很多额外的钱！

利物浦的票据和债券市场流动性强、稳定可靠，所以在适当的时候，贩奴商也开始用汇票向非洲供应商付款，这一变化要求非洲人适应现金经济、采用以贝壳计数的殖民地会计形式（贝壳作为货币单位）。鲍康写道："在这个系统中，奴隶们既是可出售的商品，也是松散、庞大的跨大西洋银行体系的储备存款，一经出售即可视为存款，并立即转换成短期债券。这样的解释有悖道德，令人不适，但对理解奴隶贸易的完整资本逻辑至关重要。"

据说，用作货币的海贝是以在海上被杀害的奴隶的尸体为食的。这种说法让人毛骨悚然，也为这种新的经济流通形式蒙上了一层讽喻的色彩。

正如信奉马克思主义的理论家指出的那样，资本迫切希望从世俗的生产循环中跳出来，进入自体繁殖的境界。无论过去还是现在，这都是金融资本主义的核心：寻求让投机资本自由流动得更快、产生的回报更高的方法。这样看来，贸易的风口浪尖上不只漂泊着贩奴船，还矗立着银行大楼，这些由粗琢的石头砌成的坚固建筑，辛苦支撑着环绕大西洋的信贷流通。基于商人之间的了解和信任，信贷行为与密集的社会担保链交织在一起。这就是为什么我一直不太理解，如此德高望重的威廉·罗斯科竟会加入那家钱庄。据说，他是于1799年左右听从了伦敦银行家本杰明·哈密特爵士（Sir Benjamin Hammet）的建议，才以合伙人的身份加入了那家钱庄。哈密特爵士本人当时的存款金额约有20万英镑，这在当时可是一笔巨款。

因此，奴隶们存在于两个地方：有形的肉体存在于臭气熏天的监狱般的船舱里，无形的"幽灵"（用鲍康的话来说）出现在干净的会计分类账簿中。这两种存在方式分别代表了他们的两种价值：一种是尚未被剥削的真实存在的劳动力，另一种是体现在类似格雷格森家族的资产负债表上的投机性的金融价值，等着在美洲的拍卖会上变现。他们的投机价值由保险商担保。保险是另一种与社交网络和城市金融机构密切相关的金融手段。利物浦的贩奴商们很快意识到，要想在频繁的全损中存活下去，唯一的办法就是相互支撑和风险共担。保险的介入规范了这一模式，但也带来了意想不到的后果：承保一个人的经济价值，意味着明确了他们作为经济对象、动产或财产的存在形式，即保险将投机价值变为真实价值。

在探讨保险问题时，我们才触及桑格号大屠杀的真相。不知道科林伍德船长是能力不足还是精神错乱，抑或两者兼有，总之他发现自己无法让一船奴隶都上岸，所以试图通过谋杀来稳获投机价值。如果奴隶自然死亡，或者是上岸后因为生病卖不出去，那么格雷格森所属的整个利益团体就会蒙受损失。但是，根据海上保险的"共同海损"原则，如果为了保全整艘船必须丢弃部分货物，那么所有利益相关者都将分摊损失。因此，科林伍德以航行失误和缺水为借口，命令船员把133名奴隶抛入海里。船员们花了3天时间才完成了这件任务。最后的10名奴隶抓住生命尽头仅剩的自由意志，主动跳入了海中。科林伍德的这番操作彻底清除了这批"人类商品"中具身的[1]特质——心理创伤、生理病痛和肮脏不洁等，冷不丁地给他们贴上了投机价值的标签，使他们沦为通过保险合同变现的资本。

对此，马琳·诺比斯·菲利普的评论可能有些刺耳，但一语中

---

[1] 指基于身体和涉及身体的。

的：这太荒谬了。我想这就是保险公司拒绝赔付的原因，但亨利·罗斯科留下的听证会记录却暴露了当时的法律体系对奴隶生死的漠视。保险公司的辩护律师认为，奴隶市场不景气，贩奴商就想用这些伎俩把船主的损失转移给保险公司。格雷格森家族的律师辩护道："不管明智与否，我们都已经决定将一部分同胞视为财产。因此，我们的做法其实就是将一部分货物扔到海里以保全另一部分货物。"主审法官曼斯菲尔德勋爵（Lord Mansfield）坦承，该案"非比寻常"，并裁定该指控缺乏证据，提议召开第二次听证会。法官布勒（Buller）则指出："让原告承担起诉状中没有涉及的风险是冒险之举！"请注意，这里有几个问题并未引起争议：奴隶制是否道德、财产权是否存在、是否涉嫌谋杀。

* * *

让我们把时间向前快进227年，来到2008年。那一年，全球金融体系濒临崩溃。美国政府向美国大型保险公司美国国际集团（AIG）注入1825亿美元，帮助其全额赔付华尔街债权人，纳税人口袋里的钱就这样直接易手给了社会上最富有的阶层。这场怪诞的投机炼金游戏堪称另一金融魔术。它为一部分人变出了财富，却使另一部分人陷入经济奴役。保险公司在其中充当了将投机价值变现的角色，这点和1781年的桑格号事件如出一辙，只不过这一次，是国家亲自下场推动了价值归位。

10年来，华尔街基本上一直盛行淘金热，人们争相买卖由美国公民的抵押贷款衍生的债券。这些债券都是带息票据，名目繁多，但功能都与贩奴商的合同类似。我们稍后再展开讨论。目前，我们只需认识到，这类债券抹掉了个人抵押贷款和当地情况的现实特质，仅以数据和概念代表债务。像贩奴商的票据一样，它们突破了实体的限制，不计借款方境况，在全球经济体系中流动畅通。还有一点需要注意的是，风险越高，利率就越高，交易产生的利润也就越丰厚。人们对高风险抵押贷款的需求导致借贷爆炸式增长，电影《大空头》（*The Big Short*）中有这样一个片段：在佛罗里达州一个粗鄙的乡村俱乐部里，两位不择手段推销抵押贷款的白人正在吹嘘他们是如何为那些看不懂细则、未意识到利率即将上升的移民办理借贷的。事实也的确如此，现实世界中的掠夺性贷款就是主要面向那些先前被排除在主流抵押贷款对象之外的黑人和拉丁裔群体。

经由同样的数据炼金游戏，这些混合交易为银行提供了"不可抗拒的套利机会"。通过真正的套利交易可以获得无风险的利润，即无成本、无风险的金钱，但这只是对那些构建交易的人而言。交易的另一端则是那些贫困的美国人。他们的信用评级低、理财技能匮乏，很容易被抵押贷款发放者盯上，掉进精心设计的骗局，进而陷入经济奴役。在保险公司的担保下，他们的预期还款被层层打包成衍生金融产品出售。这些复杂的金融产品在有"摧毁华尔街的公式"之称的"高斯联结相依函数"[1]的助力下，让美国郊区居民那些整洁舒适的住宅的真实价值和他们来之不易的周薪以新颖的计量和计算方式稳定地流入投机金融流通领域。这种数据炼金游戏的尺度夸张到任何金融体系都难以承受。为此，作家迈克尔·刘易斯（Michael Lewis）在其小说

---

[1] 一种衡量资产之间违约相关性的数学公式。

《大空头》中所刻画的一个角色就曾惊呼:"我们对债务抵押债券(CDO)的了解越多,就会越感慨,天哪,这简直太疯狂了!这根本就是欺诈啊。也许你无法在法庭上证明这一点,但这确确实实就是欺诈。"

谈起贩奴商的这些票据和掠夺性抵押债券,我们大多会义愤填膺,无暇深究更多的结构性因素。不管是在18世纪的英国,还是在20世纪的华尔街,富裕的精英们从来都是靠压榨那些没有他们强大、没有他们幸运的人的利益获得巨额财富的。2007年至2008年房地产市场的崩盘撕开了罩在那些抵押债券上的遮羞布,暴露了藏于其背后的精心设计的圈套。尘埃落定后,那些债券并未留下什么特别的东西。只有在那些无人居住、没有人烟的"鬼城"和建到一半的烂尾楼里,我们恍惚可以看到曾经附着在那些债券上的幽灵,即那些繁荣祥和的假象。到头来,债券原来只是灰飞烟灭的虚幻之物。全球的金融巨头纷纷被贴上了"僵尸银行"的标签,沦为被公共资金救活的经济尸体。人类学家泰勒·尼尔姆斯(Taylor Nelms)曾指出,"僵尸银行"这种说法恰巧又与大西洋贸易有关。"僵尸"这一形象源于海地[1]的伏都教[2],在奴隶制、殖民主义和资本主义的暴力融合中形成,当时资本主义作为投机体制在近代大西洋贸易体系中刚刚萌芽。由此,我们很容易把对投机资本的恐惧与它在加勒比地区的不光彩发端联系在一起。起初,人们对僵尸的想象主要建立在对机器和工业生产的恐惧之上。后来,提到僵尸,人们就会联想到消费、混乱和过剩等现象:只不

---

[1] 海地南临加勒比海,北濒大西洋。
[2] 源于非洲西部,是糅合祖先崇拜、万物有灵论、通灵术的原始宗教。

过，这些所谓的僵尸过去徘徊在阴暗压抑的种植园内，而现在则依附在高端金融领域的投机行为中。其实，我们想象中的这些幽灵、炼金游戏、僵尸和幻影都是藏在看似体面的金融体系中的暗黑魔法。

世上根本就不存在僵尸。金融体系类似于机器，是人类意志的产物。它的诞生虽得益于超前的想象力，但也不乏稳固的现实基础。虚无的它需要附着在结实的物质基础设施上。金融投机魔法，就像舞台魔术师的魔术，只有依赖实物道具才能生效。归根结底，这种魔法是人为设计出来的：大西洋三角贸易的金融体系并非横空出世，而是在被奴役者伤痕累累的血肉之躯上一笔笔勾勒而成的。我们可以通过账簿、电线、电缆和屏幕接触到金融交易，也可以在叙事、演讲和对话中了解到金融故事。通常，金融制度根植于特定的机构，而这些机构又有其历史渊源和地理背景。从本质上看，金融史与西方国家和殖民主义联系密切，是意识形态和物质层面的双重建设。在我们这个时代，杰夫·贝索斯（Jeff Bezos）[1]和他的公司之所以如此富有，不仅仅是因为他的好运、商业头脑，或冷酷贪婪，还因为一系列围绕特定机构进行的结构性、制度性和物质性的变革，而这个机构就是证券交易所。

证券交易所在现代生活中扮演着举足轻重的角色，稳定输出着吸引眼球的新闻素材，比如，对冲基金崩溃，华尔街遭到私人投资者攻击，整个国家因偿还债务而瘫痪；或者政府又救助了哪家银行。尽管如此，我们对其还是知之甚少。教科书上写着，证券交易所旨在高效地配置资本，资助成长型企业，回馈企业家。但这些解释很多时候显

---

[1] 亚马逊创始人。

然站不住脚。新闻报道中涉及的金融事件常给人一种混乱和冲突感；我们亲眼看到金融市场是如何影响着我们国家的政治形态的；流行叙事则将金融行业描绘成男性主导，不仅存在性别歧视，而且排外。金融是不是出了什么问题？在对金融领域的抨击中，不论敌友，都一致认定：金融已经迷失了方向——也许是因为它已经脱离了它的"初衷"，即为生产性行业提供资金和管理风险；也许是因为它的文化扭曲变形。或许金融还不够自由，监管和关税阻碍了合同的无限扩张。评论家认为，黄金时代还是有的，可能在过去出现过，也可能会在乌托邦式的未来。

我的看法有所不同。我认为，金融及金融机构都属于现代社会，与工业一样是世界的组成部分。与工业一样，金融是由我们保有的社会技术。我们成功创造了它，我们也可以重塑它。证券交易所就像是金融工厂，我们可以在黑暗、邪恶的作坊和明亮、安全、高效的车间之间做出选择，在压迫与合作、剥削与互利之间做出取舍。至少，我们可以尝试这样去做，尽管我们可能会发现，世上根本不存在完美的股票市场。

想要建造或改造某物，你必须得了解它是如何运作的。你必须清除脑中的幻象，驱散心中的魔鬼。本书会把证券交易所拆解开来，展示带动其运转的齿轮。我们将探索市场的物质和技术基础，从工业革命的科技创新，经过19世纪的变革，再到当代证券交易所的光纤电缆和高速交易系统。股票市场总是人山人海，那我们就来解密人潮是如何在这台神奇的金钱机器里涌动的。我们将了解到交易所是如何与现代制度共同发展并帮助建国的：它们如何为整个国家提供资金支持并为战争买单。我们将剖析金融故事，展示它们如何促成和阻止一些事情发生；股票市场的变迁不仅烙上了历史、政治和科技发展的印记，也伴随各种叙事和意识形态的革新。我们终将发现，是一个个故事构筑出了沧桑人世。就让我们从这个最发人深省的故事开始讲起吧！还有比这更适合的开场吗？这是一个新自由主义的童话故事，一则关于证券交易所初衷的道德寓言。它抛出了这样一个问题：证券交易所到底是为了谁而存在的？

导言
为什么应该重视金融

1976年，美国罗切斯特大学西蒙商学院的两位教授迈克尔·詹森（Michael Jensen）和威廉·梅克林（William Meckling）引入了一个新的管理术语："代理理论"。代理理论描述的是公司董事与股东之间的关系，在这种关系中，股东是"委托人"，而董事则是股东的"代理人"。在詹森和梅克林看来，公司只是一个契约体系，仅此而已。学者们认为，由所有者自营的企业为股东赚取的收益比由受薪经理经营的公司更多，这是因为就自营企业而言，资方和管理层的利益是完全一致的。因此，他们建议邀请经理人成为公司的股东——让他们持股。14年后，詹森已经换到了哈佛商学院任教，这些观点逐渐发展成为主流。詹森和他的同事凯文·墨菲（Kevin Murphy）在《哈佛商业评论》（*Harvard Business Review*）上联名发表了一篇颇有影响力的文章，文章的副标题是"重要的不是你支付了多少，而在于你怎么支付"。那该怎么支付呢？他们强烈主张，首席执行官（CEO）在达到特定目标后应获得以超低价购买股票的选择权。他们直言，"基本上，美国的企业向其最重要的领导人支付的薪酬，无异于政府给官员发放的工资"。这种说法并不是指高管的薪酬与官员的一样低，而是指官员的工资不受其单位的财务状况影响。因为在1990年之前，首席执行官的薪酬就已经远超公务员了。而马克斯·韦伯（Max Weber）

早就认识到官僚组织的重要性和影响力，认为任职的稳定性对于公正地履行管理责任至关重要。但这并没有说服詹森和墨菲。他们进一步抨击道："难怪这么多首席执行官都是官僚做派，而不是拼命为企业提高世界市场地位和实现价值最大化的企业家。"这正是美国"最重要的企业领导人"想听到的话。但是对于这些首席执行官来说，当那些受人尊敬的商学院学者说他们的薪酬过低时，他们也几乎不会去反驳：

> 我们是在争论CEO薪酬是否过低吗？我们是在探讨"如果将薪酬与绩效更为紧密地挂钩，CEO的平均薪酬会更高吗？"答案是肯定的。如果实施更为激进的绩效薪酬制度（同时根据绩效表现提高解雇率），那些表现欠佳的高管将会遭遇大幅降薪。时间久了，他们还会被更有能力、更上进的高管所取代。新任高管们通常表现更好，获得的薪酬也就更高。

概括下来，就是："CEO薪酬过低吗？答案是肯定的。"代理理论为新一代超级首席执行官提供了理论基础，这些人的待遇与给他们付薪酬的股东的收益息息相关，所以他们热衷于"艰难地做出"能够增加短期收益的决策，往往以牺牲长期业绩为代价。正如人类学家何凯伦（Karen Ho）所说，这是一则现代寓言。寓言中的管理层被刻画得又懒又贪，股东则成了为他们的行为买单的受害者，需要银行家打着追求"股东价值"[1]的名号来拯救。股票市场和薪酬方案开始青睐那些在缩水资产上获得更高回报的高管,以抬高影响股价的财务比率[2],因此企业采用了我们今天所知的策略:将制造业全球外包,通常外包给那些健康和安全意识相对薄弱、环境标准要求相对较低的地区;侵蚀工人权利,逃避共同责任,如不缴纳养老金;发展零工经济和积极追求在岗人员生产力最大化。对此,社会学家杰拉尔德·戴维斯(Gerald Davis)和善台·金(Suntae Kim)有一段非常生动的描述:

> 百视达影视[3]在2004年一度拥有9000多家门店,旗下员工超过了8万人。如今,它已被奈飞[4](Netflix)取代。奈飞采用了亚马逊公司的云服务,通过互联网提供流媒体视频服务,仅雇用了2000名员工。二十世纪六七十年代的大型企业集团可以大刀阔斧地跨越地球扩大商业版图,而如今,以股价为导向的公司则需要如履薄冰地在针尖上跳舞。

长此以往,收入和机会的不平等问题日益加剧。比如,企业高层收入丰厚,普通员工却发现自己的份额惨遭侵蚀。零工工人和外包工人受害最深,但受影响的不只有他们;大量证据表明,白领工人和不同领域的专业人士同样面临着这样的压力和不安。为使高管持续创

---

[1] 指企业股东所拥有的普通股权益的价值。
[2] 用于体现同一张财务报表上不同项目与项目之间、不同类别之间,或在两张不同财务报表,如资产负债表和损益表的有关项目之间的相互关系。
[3] 美国一家家庭影视娱乐供应商,曾经的影片租赁巨头。
[4] 美国一家会员订阅制的流媒体播放平台,又称网飞。

造高水准业绩，亚马逊公司推出了"目标明确的达尔文主义"管理制度。公共部门的工作人员甚至学术研究人员所承受的压力也在不断攀升。基于残酷的仿进化竞争运营理论，詹森和梅克林设想，资质更匹配、业绩更优秀的高管终将取代大手大脚、无所事事的高管。

其他方面也在发生变化。金融业在国家收益中日益吃重，制造业和其他传统行业遭受重创。年轻人也顺势调整了职业理想，相比热门的科技和金融行业，生产型经济行业显得有点冷清了。40年前，那些立志改变世界的杰出青年可能会选择加入非政府组织（NGO）或联合国。如今，青年才俊们都在忙着创立公司，争着启动首次公开募股（IPO），盼着在证券交易所上市后新股东的资金如雨点般涌向创始人和早期投资者。就连制造业的CEO也开始厌烦生产的细枝末节。企业逐渐深入地涉足金融业务。汽车制造商特斯拉于2021年购买了价值10亿美元的加密货币，这项买卖涉及的"交易"扎根金融领域和如今的政治领域而非生产领域。金融"回馈"的道德化论述为金融开辟了新的前景。所谓的"慈善资本主义"其实是瞄准了有社会影响力的项目，当目标人群达到一些节点时就能获利。社会被彻底颠覆：监狱囚犯、年轻罪犯或任何不受欢迎的社会阶层的成员都可以被重塑成潜在的投资对象，利润取代成本成为人们关注的重心。有时，这些行为会完全脱离生产活动：优步和爱彼迎等"平台"企业动用了从股东那里获得的大量资源，纯粹是为了维护自身垄断地位，并参与投机性金融项目以在证券交易所获取丰厚收益。

二十世纪七八十年代正是这种股东资本主义[1]兴起的时期,但伴随着股东资本主义的发展,个体股东民主[2]并未显露出复苏迹象,个人持股向机构持股转变的趋势倒是愈演愈烈。比如,在1952年,尽管美国股市90%的股票由个人持有,但这些股东仅占美国总人口的4%。到了2018年,大约一半的美国人口持有股票,但只有1/3的市场份额是由个人直接拥有的。英国的情况与此类似,直接持股的人数持续减少。也就是说,尽管我们中的许多人在金融市场投资了,但我们是通过新兴的中介机构、保险公司和财富管理公司间接进行投资的。少数几家大型基金管理公司集中控制了投票权,从而进一步保证了股东价值的稳定。现代企业受到外部压力的约束,积极追求经济学家所说的"租金"[3],这并不奇怪。这些"租金"其实是依靠垄断地位、利己的合同或对稀缺资源的所有权而获取的利润。地理学家布雷特·克里斯托弗斯(Brett Christophers)指出,在英国股市上市的30家最大公司中,每一家都在收取租金,他认为:"这些公司的宗旨就是收取租金;他们成立公司的共同初衷都是收取租金,食利主义深深刻在他们的个体和集体DNA中。"租金并非新鲜事物。托马斯·皮凯蒂(Thomas Piketty)指出,食利经济曾经非常盛行,尤其是在19世纪末。在巴尔扎克、奥斯汀和特罗洛普(Trollope)的作品中,一个人的社会地位、年收入和总资产之间形成了铁板钉钉的关系,我们通过"年收入为1万英

---

[1] 股东资本主义与利益关系人资本主义相对立,认为当代资本主义的特点体现在所有的企业都是为了扩大股东的财富而存在。

[2] 股东民主说是西方的一种关于强调普通股东利益的学说。股东民主旨在增加股东的选举权以及其他权利,并加强对董事和管理层责任的追究。

[3] 经济租金等于要素收入与其机会成本之差。

镑"这样的描述就可以推断出一个角色的整体经济情况。新鲜的是，我们默许了这种食利经济的回归，对其表象之下暗藏的不公平甚至暴力视而不见。皮凯蒂向我们揭示了，由于资本回报率总是高于生产性经济活动的回报率，食利经济必然会导致阶层固化、社会流动梗阻。历史上，企业租金是由殖民势力和军事力量支持的，例如，印度铁路的融资条件就十分苛刻，英国投资者借此收取了长达一个世纪的租金，这些租金均由印度纳税人承担。如今，在政府监管、政治影响和纯粹的金融力量的推动下，追求租金收益仍然是一种有失公允的压榨行为。

证券交易所处于变革大潮的风口浪尖。它是实施不公的压榨行为的支点，是资本持有者与无资本者之间展开围攻战的枢纽。大型公司的CEO通过稳步推动股价上涨，不断提高股息，即可提升股东价值，进而获得相应的报酬。投资者希望能预测未来，这与创业公司特有的风险理念完全相悖。教科书上写着，企业家之所以能赚钱就是因为承担了风险。只有设法从别人那里分一杯羹，才能创造预期的、持久的、高于平均水平的利润：垄断供应链，向顾客收取过高的费用，支付低于可接受水平的工资，逃避税收、健康和安全管控，或者转嫁环境成本。这就是我们的金融驱动型经济的运作方式：零工工人承担所有风险，自投资养老金者也是如此，而他们的雇主却不承担任何风险；抵押贷款被打包出售后，风险即从贷方身上转走，但仍留下了一大块利润；而且，就"社会影响债券"而言，这些新型金融业务的真正风险是由惯犯承担的。当污染工业迁移到南半球时，承担风险的是那里的居民，环境本身当然就更不用说了。就算足不出户，也可能会被波及。英国能源市场私有化彻底失败，如今仍无法应对供应危机，所以我们即将迎来二战结束以后从未有过的艰难寒冬，这一切要从1986年英国天然气市场私有化和1987年英国石油工业私有化说起（我们将在第5章详述）。2022年夏天，当我在校阅本书的定稿时，媒体宣布英国正遭遇严重干旱，同时每天有25亿升的水从供水系统泄漏。因为企业投资不足、过度开采，把成本转嫁给了环境，我们终于耗尽了大自然赋予我们的水体缓冲带。此类事件层出不穷——这就是我们应该关心金融的原因。

＊＊＊

旱灾似乎在隐喻某种颓势[1]。20世纪伟大的历史学家费尔南·布罗代尔（Fernand Braudel）曾指出，金融资本跃升为主流经济形式，是经济衰落的标志。曾经苍翠欲滴的经济之林，如今草木黄落；昔日生机勃勃的长势已不复存在，取而代之的是颓废的姿态。这个时代，一家亏损的出租车公司（一家出租车公司！）市值竟接近1000亿美元，比卢森堡的国内生产总值（GDP）还要高。这种演进变化并不是我们这个时代特有的。理论家乔治·阿瑞吉（Giorgio Arrighi）认为，繁荣和衰败是交替出现的，每个资本主义经济体系都需要经过一个多世纪的发展周期，才会迎来金融经济繁荣期的高峰阶段。他写道：

> 热那亚周期的具体时间是从15世纪到17世纪早期；荷兰周期是从16世纪晚期到18世纪的大部分时间；从18世纪下半

---

[1] 旱灾的英文为drought，drought这个词还有枯竭之意，因此容易使人联想到衰败。

叶到20世纪初为英国周期；美国周期始于19世纪末，一直延续到当前的金融扩张阶段。

英国周期的那个"漫长百年"得到了以利物浦为枢纽的大西洋三角贸易的蓄力支撑。伴随着对制成品的需求以及对建立新工厂和基础设施的资金需求，英国工业革命拉开了序幕。

理论家认为，金融市场的非物质化是资本主义发展的必经之路。随着生产活动的收益逐渐减少，金融业找到了自食其力的途径，加速脱离了"实体"经济。弗雷德里克·詹姆森（Fredric Jameson）写道，我们见证了"国内工业利润大幅下滑，人们忙着在金融交易中寻求新型收益，而且越来越狂热……资本本身开始自由流动，不受地域背景的限制"。这种新型的财富积累形式存在一些虚幻的因素，一些容易被掏空、被耗尽却又让人疯狂追逐的东西："各种价值幽灵……在全球偌大的虚空幻景中相互博弈……在国内外资本主义的新兴领域，资本耗尽收益后自行消亡并以'更高维的'化身重生，变得更强大、更能盈利。"这就是"大西洋的幽灵"，是鲍康查阅贩奴商的账簿时揪出的无形幽灵，也是在华尔街交易员的终端机之间来回飞舞的掠夺性抵押贷款的幻象。

令人意外的是，大家竟然普遍将金融视为另类空间的幽灵。理论家经常借用吉尔·德勒兹（Gilles Deleuze）和菲利克斯·瓜塔里（Felix Guattari）关于"游牧民族"和"战争机器"在"平滑空间"中漫游的概念，来阐述资本是如何脱离俗世，超越民族国家和地理边界，无拘无束地流动的。人们通常认为，资本流动本身就不怀好意，它像是全球精英发动了一场针对我们普通人的阶级战争，而且就在此时此地。

布罗代尔认为经济体系是多层次的：在自给维生的基本经济之上，甚至在工业生产的市场经济之上，存在着"反市场地带"，在那里，巨大的捕食者在游荡，丛林法则依然有效。无论是过去还是现在，无论是在工业革命之前还是之后，那里都是资本主义真正的归宿。即使是伟大的马克思主义理论家，也难免偏颇地认为金融世界是男人们的舞台。

这样会导致两个问题。首先，如我上文所述，金融植根于特定的机构，证券交易所就是最佳的例子。同时，这些机构本身又与物质架构、科学技术以及社会实践和社会团体联系在一起。所以，如果我们把金融比作幽灵，那它就是那种从剧院的钢丝上飞落的幽灵；如果把它比作僵尸，那它就是靠机制齿轮而非神秘铭文行走的僵尸。

第二个问题是，马克思主义理论家都太过严肃了。在过去的几年里，我已多次分享我的研究成果。我试图将研究重心定位在金融创新、金融潜能或邪恶的金融掠夺。这些研究都是有事实依据的，对于那些五花八门的背景故事，我的讲述风格可谓自成一派。通常，我会讲得比较有趣。故事中会有一些荒诞不经的人物，这些人物你可能在任何办公室或职业领域都曾遇到过。故事中，有些人细心周到且品行端正，有些人勤勤恳恳却迟钝愚昧，有些人爱慕虚荣且傲慢自大。其实，所有那些非凡的技术发明也都算不上惊天动地的发现。世事无常，人人都是在成败之间摸索前行。社会学家唐纳德·麦肯齐（Donald MacKenzie）向我们讲述了，工程师们尝试将价格从纽约光速传输到芝加哥时会频频遭到密歇根湖的潮汐和雨水的干扰。文艺复兴时期，欧洲的航海家也有着相同的困扰，他们需要应对潮汐、雨水和强盗。正是因为这些困扰，现代银行业才诞生的。在距离现在较近的年份中，我们还见识了地球上薪水最高、脑子最聪明的一帮人。他们自封为"宇宙的主宰",为了他们,国际警察曾远赴伦敦郊区逮捕一个仍与父母同住的自闭症男子。该男子绰号"豪恩斯洛猎犬"(我们将在第13章再次讲到他),被控造成美国股市闪电崩盘。他的故事简直匪夷所思。

金融本就是荒诞剧。是我们把它看得太重才导致其逐渐失控。如果将金融视作接管世界的独立实体,那就是过分抬高了它的地位。它只是一台奉命行事的机器而已!而这机器只听命于它那卑鄙的指挥官!然而,我的研究和亲身经历都表明,金融的显著特征反而是失灵。金融本质上是混乱无序的。它经常在失败的悬崖边摇摇欲坠,大多数时候能侥幸脱险,偶尔也会坠入灾难的深渊。尽管它曾引发过重大问题,在环境灾难、社会不公、生产性行业和民族国家的空心化等情况中责任重大,但它其实和宏伟蓝图、全球阴谋并无瓜葛。它既有好的一面,又有坏的一面;它是历史变迁、科技进步以及相关人物的多面野心和项目计划综合作用的结果。如果说金融无关道德,那也是不对的。看完这本书,我们会发现,金融市场有自身的道德规范,因地制宜植根于所在地域的文化、市场架构和科学技术中。甚至金融化本身,如人类学家金伯利·钟(Kimberly Chong)所言,就是一种道德立场。

我认为,金融真正的魅力在于它自带故事,情节发展跌宕起伏。它既是物质现象,又是文化现象。如果说是因为金融引起了我们的重视,它才收获了今天的地位和影响力,那么我们现在需要做的恰恰是一笑置之。否则,我们该如何面对像埃隆·马斯克(Elon Musk)这样将金融、文化和科技彻底融为一体的人物?实际上,金融是场滑稽戏。以苏格兰皇家银行（RBS）为例。2007年，RBS是全球规模最大的银行。该银行在爱丁堡郊外的工业园区新建了办公楼群，开业庆典上不仅安排了英国皇家空军低空飞行表演，还邀请了皇室成员观礼。就在这栋办公楼的某个会议室里，因为清洁工人吸尘时没有顺着地毯的编织纹路，首席执行官弗雷德·古德温（Fred Goodwin）就把他们狠狠数落了一通。可见这个人当时有多傲慢，不过他最终却是惨淡收场（2009年银行破产，古德温被剥夺了爵位），反差之大，宛如儿戏。

然而，金融可不是儿戏。尽管马斯克在社交媒体上表现得云淡风轻，但跟随他进入加密货币领域的许多投资者都处于亏损状态。RBS积极投身抵押债券市场，成功赚取了新建办公楼群的资金，而正是因为抵押债券市场，英国财政实施了长达10年的紧缩政策。桑格号事件的判定结果、贩奴商的信用票据以及与此相关的那些黑幕虽荒诞不经、匪夷所思，但一点也不好笑。我们必须严肃、谨慎地看待这些问题，绝对不能掉以轻心。但我们在讲述这些故事的时候不妨幽默一点，这样我们才能从那些习以为常的现象中探寻出其背后的玄机。

* * *

这其实也是我本人的故事。1999年的最后几周是漫长又动荡的20世纪的尾声，从许多方面看，也是我们的故事的重要节点。当时的南华克区还很破旧，我那间简陋的办公室就在该区，与伦敦金融城玻璃幕墙隔河相望。我坐在办公室里耐心地为我任职的股票与股份杂志编写圣诞特刊书摘。我是从《孙子兵法》以及本杰明·格雷厄姆

（Benjamin Graham）[1]、爱德温·勒菲弗（Edwin Lefèvre）[2]，甚至汤姆·沃尔夫（Tom Wolfe）[3]的作品中节选的片段。编辑很高兴，因为这份书摘洋洋洒洒占了几页版面，做成了整整一期的股票报道都做不到的篇幅。它传达出了对金融市场的兴奋和危机感，任何阅读该杂志并持有一些公司债券的投机者都称得上是金融海盗的接班人，金融海盗的历史可以追溯到金融业的黎明时期，那时他们被称作勇士！投机者！"宇宙的主宰"！

评论家们曾担心我们"对金融的设想无法突破瓶颈"。其实，早在1999年时，人们眼中的金融似乎有无限种可能。那时，过去的政治和经济体系的竞争已经结束，爆发核战争的威胁已经逐渐消退，双子塔还安然无恙，托尼·布莱尔（Tony Blair）的新工党政府光芒犹在。经济日趋金融化但尚未产生实质性的负面影响；至少，我们还没发现什么负面影响。全球化让世界各国边界大开。人们的思想宏大丰富：信奉科技乐观主义[4]，憧憬着繁荣和自由。在英国人的文化视角中，编剧乔安娜·哈里斯（Joanne Harris）的《浓情巧克力》中的欧洲情结和杰瑞·哈利维尔（Geri Halliwell）的着装所代表的"炫酷英伦风"并不冲突。我们，至少那些赶上了这波繁荣列车的英国部分地区（这些地区大多为大都市或郊区、居民接受过教育且日益富裕），率先经历了近10年的持续经济增长、低息借款和股市繁荣（一直持续到2000

---

[1] 本杰明·格雷厄姆，出生于英国伦敦，证券分析师，有"华尔街教父"之称。

[2] 爱德温·勒菲弗，著名记者、作家和政治家，以报道华尔街上的商业故事著称于世。

[3] 汤姆·沃尔夫，美国演员，编剧，被誉为新新闻主义之父。

[4] 指那些认为科学技术的发展是社会进步的动力，科学技术的进步必然会推动社会经济发展的思想和看法。

年春天）。这一次，商学院的学者们也是一如既往地积极活跃其中。我在某个地方看到过两位瑞典商业专家学者合著的一本书，书名是《时髦商业：才华使资本起舞》（*Funky Business: Talent Makes Capital Dance*）。书的封面上，两人戴着眼镜，秃顶的脑袋靠在一起。他们认为，马克思言之有理，确实是工人阶级最终掌握了生产机制。

在这本书的创作后期，我本人也蜕变得更有朝气、更充实、更质朴，因此这本书也见证了我个人的成长，更像是一部近乎小说的自传式民族志[1]。也正因如此，我以匠人之心字斟句酌，写作本应如此，在股票与股份领域，那些20多岁的、愚笨的职业写手都深谙此理。金融离不开与时推移的叙事，需要有人"不断重写体现社会价值的情节复杂的小说供人们传阅，不断构建相互支撑的共同体，讲述……关于世界的故事"。其中，除了围绕美元钞票、抵押债券甚至加密货币储备编造的日常故事，另有一幅梦幻织锦，绣制着经济领域的美好未来和无限可能。我精心编入杂志圣诞特刊的文章是"金融出版文化"的缩影。"金融出版文化"是一种文学形式，伴随20世纪80年代的高风险金融活动同步出现，代表作品有迈克尔·刘易斯的纪实小说《说谎者的扑克牌》（*Liar's Poker*）、汤姆·沃尔夫的小说《虚荣的篝火》（*Bonfire of the Vanitie*）以及奥利弗·斯通（Oliver Stone）执导的电影《华尔街》（*Wall Street*）等。这种叙事模式极力将金融固化为复杂、高危的行业、白人男性精英的专属领地。在一些商业自传中，如唐纳德·特朗普（Donald Trump）的《交易的艺术》（*The Art of The*

---

[1] 是一种将个人与文化相联系，将自我置于社会文化背景下来考察的研究样式和写作形式，是一种探讨研究者自我生活经验的自传式个人叙事。

Deal），这种叙事模式还塑造了当代世界的政治框架。甚至连文学小说也未能幸免。文学学者保罗·克罗斯韦特（Paul Crosthwaite）认为资本主义逻辑渗尽了每一寸文化空间；大卫·福斯特·华莱士（David Foster Wallace）、托马斯·品钦（Thomas Pynchon）和伊恩·辛克莱（Iain Sinclair）的百科全书式的小说就从文学的视角塑造了无所不知、无所不包的市场。其实，证券交易所无处不在，因为它不仅是根植于历史、地理、政治和意识形态的一个机构，它本身就是作为一种思想和意识形态存在的。我们可以把它的变迁史当故事看，但是如果我们想要改变它的发展轨迹，我们必须讲出更好的故事。

有人说，资本主义的优势在于讲究实际，即它通过"将市场规则粗暴地归为必然的、实用的和务实的常识"，禁锢了人们的思想和立场。然而，废奴主义者、银行家威廉·罗斯科亲身证明了并非人人都那么功利。他对人口交易的残忍感到震惊，但他却无法摆脱支撑这种交易的资本模式。他从事的律师业务和他经营的钱庄都仰仗这种资本模式。他那所城市的民众生计也都依赖于此。但是，他还是投票支持废奴，并因此遭到人身攻击。他用文字，尤其是诗歌，解开了禁锢奴隶们的枷锁。让我感到震惊的是，罗斯科与当代商学院的批判学者们所持的立场并没有太大差别：试图为不公正现象发声，虽然正是支撑我们薪水来源的制度直接导致了这种不公正。不过，他可比我们勇敢多了！面对社会乱象，我们虽然心怀警惕、面露讥讽，但却鲜有行动，基本上还是在随波逐流。而他却敢直面奴隶贸易。为了摧毁奴隶贸易，他遭到了码头工人殴打，被逐出了议会，还耗尽了家产，着实付出了巨大的代价。他有自己的原则。我们有吗？在哪里能看出来？商学院吗？我也不太确定。

当我们的世界面临一场又一场的危机时，学者们应该为我们的学科给社会造成的困扰承担一部分的共同责任。现代社会的许多惨剧都与商学院倡导的那些理论和概念脱不了干系，如代理理论、人力资本理论、资产定价和金融经济学、成本效益分析和科学管理。这些理念之所以行不通，是因为它们都倾向于构建一种脱离具体情境的、冰冷僵硬的行政管理体系。而在这本书中，我想做一些另类的尝试，采用有点接近"刚左新闻"[1]的写作手法。我会讲述一个一个的故事，我相信这是我们在这个复杂的世界中寻找道德指南针的最佳途径。故事中，有成功与失败，有创新和惨变，有仁义君子，也有市井小人；在讲述的过程中，有时我会深陷其中，有时我会饱含深情，有时还会羞愧难当。我们没有多少时间去修正过往，但或许仍有新颖的可取之道留待发现，我们能做的就是：用心寻找，勇敢发声，持续描绘我们对这个世界的美好憧憬。道阻且长，但我们不应望而却步。

---

[1] 又译"荒诞新闻""耸听新闻"，是一种兼具新闻客观性和小说家主观性的文体。在"刚左新闻写作"中，记者会亲身参与事件的进行，经常直接进入暴力群体的争斗中心。报道中不但描写事件中的人物，也描写个人的参与经历，写作风格夸张大胆。

目 录

第一部分　市场是如何形成的 ——001

01　芝加哥往事：从生猪期货到现价交易 / 003
02　威廉国王是怎样筹到款的？/ 020
03　小心为妙！/ 035
04　撒切尔可千万不能出事 / 052

第二部分　转动金钱科学的万花筒 ——069

05　发现价格　制定价格 / 071
06　真男人都在交易场为钱厮杀 / 088
07　自动化！崩盘！香肠！/ 106

第三部分　机不可失 —————————— 125

08　只花别人的钱 / 127

09　血战华尔街 / 146

10　帝国的伎俩 / 163

11　层层攫取 / 179

第四部分　金融的未来 —————————— 197

12　光速交易 / 199

13　资本主义的神庙 / 216

尾声　对话交易所 —————————— 233

致谢 / 254

参考文献 / 257

第一部分　市场是如何形成的

01

芝加哥往事：从生猪期货到现价交易

"场内的工人们对这一切熟视无睹，各自忙着干自己的活。猪的尖叫声和访客的眼泪并未在他们心里激起任何波澜……一道道工序有条不紊，效率之高令人惊叹。这就是猪肉生产机械化，这就是利用应用数学生产猪肉的流水线……"这就是厄普顿·辛克莱（Upton Sinclair）笔下19世纪芝加哥的大型屠宰场。辛克莱在《屠宰场》（*The Jungle*）这本书中描述了工业化的猪肉生产模式，揭露了劳动剥削，带我们领略了一个新型市场的雏形，该市场雏形当时已兼具现代化与技术化，极具芝加哥特色。到20世纪初，芝加哥已是美国最大的铁路枢纽，也是通往西部农区的门户。巅峰时期，这种生产线每年都要无情吞噬掉1300万头动物。研究芝加哥金融市场发展史的人类学家凯特琳·扎卢姆（Caitlin Zaloom）曾写道，"屠宰分割流水线"给后来的企业家亨利·福特（Henry Ford）提供了重要灵感，福特在自己的汽车工厂借鉴了这种有序的屠宰和分割模式。他尤其欣赏肉类加工业精细的劳动分工，以及屠宰场血流成河的表象下井井有条的精密秩序。但是，这些屠宰场虽为美国各地供应了罐头产品，却严重污染了居民区周围的环境：

> 本地居民会心平气和地解释说，这块土地本就是"人造的"，原用作市内垃圾的填埋场。据说，几年后，这里会彻底改观。但在大热天，特别是下雨的时候，苍蝇飞来飞去真的很烦。如有新来者问起，这样真的不会影响健康吗，当地居民就会说："也许吧，谁知道呢。"

屠宰场生意兴隆、财源滚滚，创造了巨额财富，环境却污秽不堪，亟需市政干涉。1848年4月，一批杰出的商人和政治家创建了芝加哥交易所，旨在提高城市声望，稳固芝加哥作为国家贸易中心的地位。他们将总部设在了市中心，并做了城市规划和改造，方便产品进出；所以，在芝加哥，你会感到这座城市并非为人所建。然而，随着交易所影响力的提升，贸易量随之增加，新问题也接踵而来。美国幅员辽阔，中西部地域广袤。即使在现代通信技术发达的情况下，要达成一些交易还是很耗时。更别说19世纪晚期了，那时的物流速度要比现在慢得多。

芝加哥的另一大宗商品是谷物，交易所尽力简化谷物交易流程。首先，人们用驳船将谷物运送至城市，用新型机器将这些大宗商品放入巨大的存储塔或谷仓。对于那些以标准单位计量且达到标准质量等级的谷物，人们可以通过仓库票据进行交易，必要时才将谷物出仓运输。但这种操作仍存在一些盈利障碍。以谷物为例，供应（即每年的收成）和持续的需求之间存在着天然的时差错位。商人们从购买谷物、储存谷物和转售谷物中获利，但与此同时，他们也为此占用了资金，面临价格波动的风险。为解决这个难题，一种新的合约应运而生。1851年和1852年，交易所的会员们开始采用到期执行合约，即交易双方当下已达成销售协议，但约定在未来交割。这种合约类似期货合同，交易双方还约定将来以折扣价交割，以弥补谷物交易的潜在风险。这种交易合约与贩奴商的汇票也较为相似。17世纪末，安特卫普、阿姆斯特丹和伦敦的交易所或证券交易所就已经开始进行期货交易了，但芝加哥的期货合约模式来自利物浦，利物浦的棉花交易商采用了类似的手段管控风险、释放资本。这种合约模式后来慢慢发展成了期货交易，为严酷的现代高级金融体系又增添了一个分支。

那时，谷物期货合同也是由交易双方约定好预期交割事宜后直接签订的。这些合约的优势在于，人们可以在没有实际标的物的情况下进行交易。虽是谷物期货，实际上从头到尾可能都不需要见到谷物，还可以采用现金结算。这类合约实际上是"衍生品"，类似于证券。因为一些金融合约会与其所代表的商品脱钩，投机市场自然就形成了。比如，在那些需要买卖冬小麦或猪肚的人旁边还站着一些人，他们对商品的供需不感兴趣，只是单纯地想从合同价格的波动中分一杯羹。渐渐地，投机者越来越多，交易所被迫实施正式监管，并于1865年推出了标准化合约，实施了保证金制度[1]，并限定只有会员才能交易。这些在当代期货市场也都保留下来了。芝加哥交易所的这次监管改革也是效仿利物浦进行的，利物浦棉花经纪商协会曾于1864年对其期货市场进行了监管改革。然而，这种自我监管收效一般，期货市场

---

[1] 指在期货交易中，任何交易者都必须按照其所买卖期货合约价格的一定比例（通常为5%~10%）缴纳资金，作为其履行期货合约的财力担保。

虽已成型，但依旧不太光彩。

　　费尔南·布罗代尔和弗雷德里克·詹姆森曾写道，资本始终迫切希望脱离贸易和生产业的烦琐实体，以在纯粹的金融领域更快地流通。19世纪的芝加哥就是如此。用实际商品来做投机买卖是很难的。如果这些商品很重、易腐或需要喂饲料和水，那么想进行投机交易几乎是不可能的。比起那种毛乎乎、哼哼唧唧的实物，这种由法律合同组成的新型证券显然更方便流通。人们无须把1000蒲式耳[1]的小麦从堪萨斯州运到芝加哥，就可以通过期货市场把这批小麦卖给纽约的某个人，再由他转手卖给巴尔的摩的另一个人，最后卖给堪萨斯的那位真正需要使用这批小麦的第三人。市场通过交易模拟商品拉近了物理空间，压缩了时间维度，夏收作物还长在雪地里时就已经被用于买卖。激增的合同在市场上流通、不断地被买进卖出，最后用现金结算；交易中有赚有赔，但谷物就一直原封不动地储存在谷仓里。交易所发展势头迅猛，投机者很快就占领了市场，他们并不关心养猪或种小麦这些难事，只要手中握着资本，他们就比单纯的买卖双方有底气多了。并非所有人都认为这是好事。弗兰克·诺里斯（Frank Norris）于1902年出版的经典小说《陷阱》（*The Pit*）以芝加哥为背景，讲述了一位投机者企图垄断小麦市场以获得全国每一蒲式耳小麦所有权的故事。诺里斯把人与市场的斗争描绘成了自然界的一种原始冲突，展现了一位虚张声势的交易商与自然力量做斗争的故事。小说中，狂妄自大者最终自食其果；而在现实生活中，直到20世纪初，投机者的合法地位仍饱受质疑。

---

[1] 计量单位，1蒲式耳在英国等于8加仑。

***

不管那些狂热的支持者和激烈的批评者如何变着花样措辞，在没有实体支撑的情况下，资本无论如何都不可能插上翅膀自由翱翔。新型市场的生存和发展离不开遍布西部平原的物质基础设施，如城里的畜牧场、谷仓、运河、铁路以及电报。电报电缆沿着纵横交错的铁路将整个国家的农业市场连接起来，浓缩于一个房间里。事实上，正是电报这一新兴通信技术成就了新型市场。当然，这只是科技进步推动的众多市场变革之一。

社会学家亚力克斯·普瑞达（Alex Preda）曾研究过不断发展的通讯方式是如何将市场重塑为我们今天所熟悉的样子的。股票行情机（stock ticker）出现之前，市场是杂乱无章的。即使交易已横跨大西洋两岸，商人们还是会将股票交易与其他业务混为一谈。普瑞达引用了一封写于1872年的信，寄信人是纽约的理查德·欧文（Richard Irvine），收件人是伦敦的J. A. 威金斯（J. A. Wiggins）。写信人提到苹果、桃子和牡蛎时插入了一些精选的股票报价：

贵方于去年9月20日所订的苹果，已委托兰帕德（Lampard）和霍尔特（Holt）先生随船运抵。另，我们的桃子和牡蛎品质一流，相信您会喜欢。随函附上本次交易的账单，已记入你方账户的借方。

这封信可以概括为：水果和海鲜已送达，这是账单。接着，欧文写道：

> 温馨提示：现有少量切萨皮克黄金债券和俄亥俄州铁路债券以面值的86%加上应计利息出售。这些债券为第一抵押债券（first mortgage bond）[1]，固定利率6%，备受投资者青睐。代理商刚推出这批债券时，利率曾高达14%。随函附上今日股票行情表。

我们在探寻早期的市场技术时，总会发现这样的信件。这些信件不仅汇总了市场行情，还夹带了五花八门的无关资讯。如，商贩会写道："既然您中意我们的苹果和桃子，不妨也试试我们的铁路债券吧。"

混乱不止于此。其实，欧文也是可以在纽约证券交易所购买这些债券的。纽约证券交易所设有两家市场：一家官方的，一家民间的，前者正规有序，后者混乱无章。官方市场俗称常规交易所，在这里，交易员们头戴大礼帽，身着燕尾服，端坐在场内按序报价。民间市场俗称公开交易所，公开交易所的交易员们徘徊在街头，混在来来往往的人群中，就做成了大部分的生意。这些书面信函、口头承诺、喧闹嘈杂构成了一种由社会关系驱动的市场，自成体系，不可小觑。至少，在留住客户和维持业务方面，这些因素功不可没。而且它们很适合那些将股票交易与常规库存管理相结合的商人，大部分商人都是这

---

[1] 亦称优先抵押债券。债券的持有人可以享受在债券发行人破产时优先获得补偿的权利。

样的。但是，无论是在美国、欧洲还是英国，都存在对市场操控的担忧，这种担忧主要来自外行人士，他们担心，若不亲临市场就不可能真正参与交易。

股票行情机的问世打消了这种顾虑。股票行情机是一位工程师发明的，他的名字叫爱德华·卡拉汉（Edward Calahan），曾在市场做信使。股票行情机利用电报线路传送价格，把价格打印在长长的卷纸上。在20世纪的鼎盛时期，人们抛撒到返航的宇航员和体育英雄身上的彩色纸带也是这种纸做的。尽管存在技术上的困难，如卡顿、电池硫酸储罐体积过大等，股票行情机还是迅速流行了起来。到1905年，已有23000名经纪人的办公室配备了这种股票行情机。投资者在这些办公室里聚会、闲聊、查阅密码簿。要破译纸带传送的指令，密码簿不可或缺。普瑞达举了这样一个例子，你肯定想不到，"army event bandit calmly"（这些单词逐个译成中文分别为：军队、事件、强盗、冷静地）破译出来竟然是"Cannot sell Canada Southern at your limit, reduce limit to 23"（译成中文为：以你的底价，加拿大南方[1]卖不出去，把底价降到23）。就这样，"股票经纪人的办公室"也成了市场的一部分，这种现象一直持续到最近。我的同事陈玉祥（Yu-Hsiang Chen）几年前在一些中国台湾经纪人的办公室里有幸见到了这种"即将退役的"社交工具。后来，随着电子通信服务、应用程序和互联网的兴起，股票行情机慢慢淡出了历史舞台。早在1902年，诺里斯就曾描述过一个经纪人的办公室，言辞尖锐、痛斥投机买卖道德边界模糊。那些房间就像废墟，挤满了庸庸碌碌、衣衫褴褛的男人，他们眼

---

[1] 应该是一只股票的名称。

神疲惫、脸色苍白，在一片嘈杂中，电报声嘀嘀嗒嗒，时断时续。

股票行情机彻底革新了股市。市场繁忙时，它滴滴作响；交易减缓时，它屏声敛息。它出现后，人与人之间的关系逐渐转换成了机器与机器之间的关系。我们不用再依赖苹果和桃子卖家提供的所谓的最佳投资信息，我们自己看电报纸带上的信息就可以了。市场大门就此敞开了。不再有内部人士，不再有随意的街头交易和正襟危坐的常规交易之分，也不再有总是处于劣势的局外人。现在人人都处在相对平等的位置，当然，也会有人借助股票行情机做投机买卖，对此，我们将在下一章中讨论。说到底，股票行情机就是台机器，是当时的高科技，它使市场变得客观和理性。它将投机买卖视为科学的正当操作，而非碰运气的游戏。它不断传输的神秘代码为市场行为提供了新的思考和表述空间。爱德温·勒菲弗撰写的股市经典著作《股票大作手回忆录》（*Reminiscences of a Stock Operator*）（我之前提到的圣诞特刊书摘中也包含这本书的节选片段）详细讲述了读懂行情纸带的方法。勒菲弗认为，要想玩转股市，必须会看行情纸带：通过行情纸带，人们也可以"近距离"观察市场，哪怕身在远处。勒菲弗经常把行情纸带比作市场本身。他说，行情纸带从不关注原因，且行情纸带只体现当下，不揣测未来。文学学者彼得·奈特（Peter Knight）注意到：

> 在华尔街的悲喜剧中，你基本上看不到喧闹的人群和歇斯底里的民众，也听不到过激的言语，你能看到的只是人们专注研读行情纸带的场景。财富得失的故事中那些最具戏剧性的时刻，都会不约而同地刻画这样一个情节：人们（几乎总是男人）牢牢盯着废纸篓里的行情纸带出神。

在研读行情纸带方面，勒菲弗笔下的主人公杰西·利弗莫尔（Jesse Livermore）集自律、专注、冷静于一身，且具备男子汉的超然气概。他的任务是从不断涌现的代码中找寻规律，在市场的喧嚣中挖掘真正的生财之道。有些人无法高度专注地在头脑中研究这些数字，但这些人可以通过绘制图表来分析行情纸带上不断输出的价格信息。时至今日，依然有很多人在选股时会用这种技术分析策略或"绘图"策略。投资手册上写着，研读行情纸带有助于做出准确的预测；入市者必须认真研读行情纸带，认清市场不再靠私人关系维系，人人皆依靠技术支持隔空交易。

要想做出准确的预测，必须管理好时间。曾经，在混乱的公开交易所，使用纸条传递消息，市场时间"参差不齐"，存在"不规则的间隔、并行操作和漏洞"，交易断断续续。股票行情机出现后有效地统一了市场时间，提升了市场效率，明确了市场发展方向。人们突然开始预测股票的涨跌趋势和速度。新的投机行为应运而生，人们开始追逐价格波动，甚至人为做市。普瑞达记录了一段逸事，讲述了一群投机商突然在平静的市场上提交了南方铁路的交易指令：

> 这些交易信息出现在行情纸带上时，之前还死气沉沉的市场仿佛被激活了。全国范围成千上万的股民围坐在数百台行情机前，嗅着这个时机，蠢蠢欲动。很快，大量买盘（buying orders）开始涌入；短短几分钟，南方铁路就上涨了一个半点。

股票行情机突破了空间的束缚，将混乱无序的市集升级为统一、有序、标准的市场。如今，你在建筑物外墙的显示屏上和电视屏幕下方看到的那些横向滚动的股价信息，就是延续了行情机的常规模式。时至今日，市场交易在微秒内即可完成，缓慢滚动的股票行情看似不合时宜，但它仍然是股市的通用表征。

但其实，股票行情机所带来的理性和客观也只是浮于表象。在奈特看来，"在这一时期，一些类似人类想法的力量持续挑战着机械生硬、千篇一律的金融假想，这些思潮有时是精心设计的阴谋，有时是超自然现象，隐藏在调控市场的无形之手背后"。有时，投机者出神地阅读行情纸带时会如机器般熟练，这时候他们不像是精于技巧的凡人，更像是接收到了神谕。他们像是被催眠后走火入魔般进入了"自由流动的资本"领域，与"价值幽灵……在全球偌大的虚空幻景中相互博弈"。市场既合乎常理又神秘莫测，股市行情机与19世纪社会上非常流行的"对话板"[1]和其他降神会工具并无太大区别。在股票行情机构建的看似可靠、科学的交易机制附近就潜伏着市场的幻影和它的暗黑魔法。

* * *

屠宰场的生猪很可怜，屠宰场的工人也（几乎）好不到哪儿去，在系统化的劳动分工中，他们负责残忍地砍杀、切割，那些场面就算

---

[1] 也称通灵板，欧美流行的一种占卜方式，外形为平面木板，上面标有各类字母、文字、图形等符号。

亚当·斯密（Adam Smith）[1]笔下的公正旁观者[2]看到，也定会惊恐不安。从这些生猪和屠宰工人的境遇中，我们看到了芝加哥交易所的发端。此后不久，芝加哥交易所就成了全球最大的金融市场之一。随着新的规则、措施和合约的出台，投机交易在只与基础商品间接相关的金融工具领域开始萌芽。可靠的股票行情自动接收机规范了市场时间，同时也成了实施市场行为的新平台：涨跌趋势和速度了然可见，收益也变得更加清晰。市场上出现了一种新的角色——冷酷无情的市场投机者，因为他们有很强的自我约束能力和客观理智的判断力，他们比较容易战胜较弱的对手，这一点从滚动传输的行情纸带中隐约可见。

芝加哥能成为全国性的金融市场，不仅仅是因为人们需要通过铁路运输货物，信息也循着同样的轨迹。股票行情机构成了新的"市场"实体，但这个"市场"依然需要在现实落地。毕竟，买家不可能在行情纸带里与卖家见面。铁路和电报系统将经济体系引入了芝加哥后，芝加哥交易所先后在一系列宏大的建筑中设置了越来越多的大型交易室。这些交易室紧密地连在一起构成了独立的市场实体，并把触角从这座大都市延伸到了整个地球。诺里斯的书以"陷阱"（英文名字为Pit，也有交易场的意思）为名，把交易场比作骇人的旋涡这种不可抗拒的自然力量，认为投机者在试图驯服市场的过程中，实际上是

---

[1] 18世纪英国经济学家、哲学家、作家，强调自由市场、自由贸易以及劳动分工，被誉为"现代经济学之父"。

[2] 此为亚当·斯密在《道德情操论》中提出的一个重要概念。简言之，公正旁观者既是依靠同情共感观察事实的见证者，又是以正义为标准不偏不倚对事实进行评判的裁判者。

在与自然力量搏斗。在我看来，交易场就像人力计算机的处理器。人们在交易场中输入指令，就会陆续形成交易价格。因此，从交易场释放出的信息就是市场。计算机嗡嗡作响，推动着市场运转。当然，这种说法略显平淡，而且超出了19世纪的小说家的历史语境。

交易场布局简单，通常由八角形的阶梯台子围合而成。起初，交易员们只是挤成一团站在交易所的交易室里，他们的视线很难越过前方人群的头顶。为了获得更好的视野，有人干脆搬来桌椅，爬了上去。1870年，交易所正式采纳了这项权宜之策，首次布置了八角形交易场。1885年，一座彰显公民金融权力的新大厦落成，主体就是交易场，楼内还装点了各种名人画像，农业、商业、财富和社会制度领域的人物均有。不久，随着贸易规模的不断扩大，原有的建筑已无法满足需求，于是交易所又建了一幢大楼，采用的是艺术装饰风格（Art Deco）[1]，这幢大楼至今仍耸立在拉萨勒街[2]头。这幢大楼里的主体也是由交易场组成的交易大厅。大厅宽敞开阔，因为设计师们明白，保持视线畅通对市场的运作至关重要。在这幢楼里，人们借助电报、气动管道[3]甚至电话等新兴的通信技术，足不出户就可以获取世界各地的信息。这座大楼于1930年竣工，融合了现代工业风和华丽张扬的艺术装饰风。扎卢姆曾巧妙地指出，那些植物和花卉图案一板一眼、千篇一律，本质上与期货合约相差无几，和真实的世界永远隔着一点距

---

[1] 世界建筑史上的一个重要的风格流派，发源于法国，兴盛于美国，主要特点就是大量运用鲨鱼纹、斑马纹、曲折锯齿图形、阶梯图形、粗体与弯曲的曲线、放射状图样等做装饰。

[2] 芝加哥一条重要的南北向街道，拉萨勒街穿过中央商务区——卢普区的一段被视为芝加哥的金融区。

[3] 一种信件传输方式，当时的人们会通过气动传输管道发送信件。

离。可以说，建筑风格本身就奠定了业务的基调，从这种建筑风格就可以看出，这里的交易看重的是商品生产和运输的机械化流程，而非商品背后的实体。

很快，这种阶梯式的八角形交易场在世界各地流行起来。20世纪八九十年代，扎卢姆一行参观了这些交易场，发现这些交易场的基本布局与过去相比基本没什么变化。开市和收市均会敲钟，这样可以在约定的时间内集中交易，从而增加市场的流动性。根据交易法则，每一次出价或报盘，即每一次尝试买进或卖出，都必须对着交易场大声喊价。信使负责把交易指令传入交易场，再把交易结果带出来盖章和记录，而交易员们则忙着和对手斗智斗勇，抢着把利润带回家。场内交易员无须了解经济学和商品资源预测。对他们来说，商品都会转化为外部涌入的交易指令。他们只知道如何交易。他们察言观色，努力从对手的喊价中及时挖掘出潜藏的恐惧或怯懦。这可是个重体力活，需要吵嚷、推搡，还需要打手势。他们使用的是一套复杂的手势信号，这套手势是从前一个世纪发展而来的。手掌向内表示买入，手掌向外表示卖出。他们可以用手指表示价格的最后一位数字；场内的人都知道其他位数的数字，所以没必要每次把整个数值都表示出来。从场内传送到外部世界的价格必然滞后于场内厮杀现场的实时价格，但这些价格还是会流出来，通过股票行情机报送至全国的经纪人办公室里，在那里，现实世界中的利弗莫尔（Livermore）[1]和贾德温

---

[1] 股票投资家，美国股票史上最为知名的传奇人物。爱德温·勒菲弗的畅销书《股票大作手回忆录》讲述了利弗莫尔的生平经历。

（Jadwin）[1]正伺机而动。如果你去看接近收市的交易场的照片，会发现照片中尽是花花绿绿的交易单据和交易信息，那正是通过这些非凡的人力计算机形成交易价格时留下的实物碎片。

扎卢姆注意到场内一些人的身形，有些壮硕程度堪比美国足球运动员，有些加高了鞋跟——地下室有个鞋匠专门负责给个头矮的交易员加高鞋跟。交易员们还会探讨如何控制自己的声音，他们的喊价声音要足够尖锐，这样才可以穿透交易场，但又不能太尖锐，这样反而容易露出恐慌，同时叫声还要与跳跃和表情协调一致。交易场喊价声的强弱节奏反映了股市的涨跌，而从场内环境中的噪声则能看出交易的深度。交易中必须凭直觉当机立断：'在把他们的身体训练成为接收和传递市场数字基础信息的工具时，第一步就是要学会不去计算。"这种反理性操作更倾向于要求他们达到出神入化的境界，就像那些研读行情纸带的投机者所进入的那种恍惚状态，而不是让他们冷静、理性。能保持与市场节奏的共振一直是场内交易者应具备的必要技能。在诺里斯的小说中，主人公感觉自己甚至能"通过指尖感知到市场的波动，觉察到市场的交易量在增加还是减少。他知道什么时候该治理它，什么时候该迎合它，什么时候该让它平静下来，什么时候该让它热闹起来，什么时候该推它一把，什么时候该让它忍受暴虐。"

既然这种交易依赖原始的、身体本能的反应，那么从事这种交易的人就需要具备与之相匹配的个性。扎卢姆发现，交易员们把自己包

---

[1] 诺里斯的小说《陷阱》中的主人公。小说描写了芝加哥交易所的小麦投机买卖。贾德温是经营小麦的商业资本家，在交易所里被投机商人挤垮。

装成了没有底线甚至道德败坏的大男子主义者。她记录下了他们的争吵和肢体冲突，2000年，社会学家唐纳德·麦肯齐参观了芝加哥的交易场，也做了类似的记录。一位交易员给麦肯齐看了自己的眼镜，一天的交易结束后，他的眼镜上沾满了唾沫星子；另有人回忆说，他可以双脚离地，悬在那些挤压他的人的身体之间。交易员们可能不会成为朋友，但他们日复一日、年复一年地在一起共事。因此，交易时，他们会考虑彼此的习惯和策略。"在交易场里，"扎卢姆写道，"社交信息是建立在对当地环境的深入了解之上的。交易员根据特定竞争对手和同行的情况与动机来制定交易策略。"

然而，如果有人认为这种混乱是由于缺乏管理，那可就错了。事实上，在组织和管理方面，交易场有一套复杂的规范和流程。资深的交易员，通常是那些打算从事大规模、高风险交易的人，会努力挤到交易场的前排，那里视野更好，更有优势。与那些努力抛售仓位的经纪商或其他做市商交易时，交易员必须做好承担损失的准备，但日后可能会弥补回来。场内讲究规则和资历，交易员们会根据无形的层级体系认清自己的位置。最重要的是，场内交易员都言而有信，即使是简单的口头协议，他们也照样信守承诺。如果有人做不到，或未能遵守任何这些规则，就不能参加未来的交易。在一项如今已成为经典的研究中，社会学家韦恩·贝克（Wayne Baker）阐述了这些行为模式是如何决定交易场的理想大小的；经济学理论认为，人越多，流动性就越好，价格也就越合理。但贝克指出，如果人群太庞大，不方便管控，整个市场都会跟着遭殃。为保全市场的核心特性——视口头交易为可靠的协议，社会管控必不可少。这一核心特性已经延续了一个世纪，也是其他一切的基础。

扎卢姆和麦肯齐都告诫我们不要对交易场抱有浪漫的幻想。除了交易场本身那种张扬、嘈杂的叫喊声，我们还应注意到人们沙哑的嗓音和疲惫的身体，以及那些破产甚至自杀的悲惨故事。此外，这些人力驱动的计算机究竟是如何高效运行的，我们也说不准。麦肯齐写道："公开喊价的交易方式是建立在互惠互信的关系网之上的，这种微妙的关系网日后可能会发展成为非正式联盟，对场内其他交易员或外部客户产生不利影响。"作为维持市场运转的要素，社会关系很容易导致市场偏离人们期望中的高效市场[1]，尽管这个目标从未实现过。

20世纪80年代有一部喜剧电影，名字叫作《交易地点》（又译《颠倒乾坤》，英文名为 *Trading Places*），情节夸张，但颇受好评。在大结局中，你可以看到这个世界是如何运转的。几位主角通过具体且明晰的口头协议，成功操纵了冰冻浓缩橙汁期货市场，使戏弄他们的反面角色破产。我们可以看到，那时的交易场里有时钟、开市钟、收市钟、信使和时间戳。交易结束后，空旷的交易场里到处散落着纸张。影片中还充斥着关于压力和溃疡的下流玩笑。同时，我们会发现，有些情节处理欠妥。比如，两张陌生面孔竟能挤进交易场的中心，与素不相识的人进行交易，这在现实中不大可能发生。但不可否认，这部影片把这幅100多年来基本未变的交易场面清晰地刻画了出来。在政治变革、经济发展和新兴技术的共同推动下，人们在交易所宽敞的交易室和其他地方都开辟了交易场。但接下来，我们将共同回顾另一个重要政治时刻，看看先进的新兴技术如何使这些交易场沦为

---

[1] 源于"高效市场假说"，即假定经纪人足够理性，并且每一位经纪人都知道其他经纪人也是按同样方式行动。

摆设。至此，我们已经掀开了证券交易所的第一层神秘面纱，剥除了它表面的假象，发现它只是一个植根于历史、科技以及早期商人日常业务的机构。下一步，我们将回到17世纪的伦敦，穿过喧嚣、扒开污秽，揭开民族国家与证券交易所之间盘根错节的关联。

02

威廉国王是怎样筹到款的？

2010年5月6日英国大选后，首相戈登·布朗（Gordon Brown）下台，"新工党"结束了在英国政坛长达13年的统治。当时，全球的金融体系几近崩溃，英国内阁又常因琐碎事务争吵不休，整个国家步履维艰、疲于应对，开始寻求变革。

我们不能简单地将这个结果看成布朗的惨败或其他任何人的胜出。保守党领袖戴维·卡梅伦（David Cameron）需着手组建少数派政府。但是，大选结果揭晓后，股市动荡不安，次日一早便出现暴跌。专家建议稳定市场，所以卡梅伦迈出了大胆的一步：邀请尼克·克莱格（Nick Clegg）和自由民主党共建联合政府。这一决策彰显了包容度和全局观，在历史上留下了关键的一笔。政治评论员约翰·伦图尔（John Rentoul）在《独立报》[1]（*Independent*）上撰文，设想了另外一种可能。他勾勒出了另一个故事，即克莱格与在新领导层指引下重新焕发生机的工党联手的故事。"如果克莱格当初做了不同的选择，"

---

[1] 英国最有影响力的全国性日报之一，鼎盛时期每天发行量达40万份。

他写道，"我们现在生活的国家就会是另一番景象：经济状况比现在略好，公共服务比现在完善，而且很可能还留在欧盟。"也许吧。但我不确定克莱格是否会拒绝。

在我的记忆中，那时候，政府格外重视金融市场的反应。政治家们组建这个古怪的、意识形态不相容的联盟，似乎并不是为了妥善地为英国选民服务，体现选民的意志，而是为了安抚市场。这个联盟最终甚至摧毁了自由民主党——英国的第三大党。大选后局势一度紧张，来看看媒体是怎么记录那些日子的。《每日电讯报》5月9日报道："保守党和自由民主党昨晚试图安抚金融市场，称他们即将达成一项经济协议，从而使戴维·卡梅伦能够掌权。"5月10日，《金融时报》报道称，"保守党和自由民主党领袖都希望尽快达成协议，组建稳定的内阁，以安抚民众，稳定金融市场"。当时英国最大的几所金融机构已经倒闭，为阻止全国金融体系彻底崩塌，数十亿英镑都用来包扎其深深的裂缝。在那种形势下，双方领导人却匆忙携手取悦市场，似乎有失体面。简而言之，英国濒临破产，唯一的资金来源是通过债券市场取得的国际借款。政客们迎合市场、故作姿态，报纸和电视新闻上的陈述、报道和评论，只不过是在讨好银行经理，避免国民的房子被收回。英国政府为向市场证明它有能力偿清债务，不得不承诺收紧财政，此后经历了长达10年的紧缩。此时，我们不禁想问：金融市场为何变得如此重要？为何21世纪的政客在等着金融市场的声明时会战战兢兢？

答案是：一直都是这样，从来没变过。

相比芝加哥市场，伦敦市场历史更为悠久。历史学家安妮·墨菲（Anne Murphy）注意到了一段精彩插曲，正是这段插曲带动伦敦股市走向了首个繁荣期。1687年，威廉·菲普斯（William Phips）船长结束了寻宝之旅，满载着从加勒比海西班牙沉船上打捞出来的白银，沿着泰晤士河航行凯旋。所有股东均获得了初始投资50倍的收益。行为放荡的阿尔伯马尔公爵（Duke of Albemarle）也参与了投资，因而得到了大笔分红。一时间，伦敦股市陷入狂热，形成了繁荣期的必要条件：人口富裕。其中，商人尤为富裕，此前因与法国旷日持久的战争，他们在国际贸易中的商机受阻；而且在那段时间，东印度公司、哈德逊湾公司和皇家非洲公司等少数股份公司不再引入新股东，且定期派发高达50%的股息。墨菲查阅档案时发现，17世纪90年代初，8家股份公司构成了市场的核心骨架，其中包括上面刚提到的公司以及几家亚麻织品公司、玻璃制造公司、白纸公司和铜矿公司。与此同时，良莠不齐的小型企业也越来越多。

市场形势瞬息万变。研究伦敦证券交易所历史的专家兰纳尔德·米奇（Ranald Michie）发现，17世纪末，股票交易大幅攀升。"1689年之前，"他写道，"英国只有大约15家大型股份公司，资本为90万英镑，业务主要集中在海外贸易领域，如哈德逊湾公司和皇家非洲公司。到了1695年，股份公司的数量已上升至150家，资本达到430万英镑。"这意味着，短短几年，资本已增加至原来的5倍。25年后，南海泡沫时期，又有190家实体公司成立，希望从丧失理智的股东那里筹集2.2亿英镑；如果这个异想天开的数字当时得以兑现，那就意味着资本在30年间增长至220倍。当然，伦敦第一次的股市泡沫之后紧跟着第一次股市崩盘，很多人被套牢。讽刺漫画画家威廉·霍加斯（William Hogarth）曾短暂抛开他惯常的酒色题材，以股市泡沫为主题画了一幅可怕的讽刺画（名为《南海阴谋》）。画中有一座旋转木马，上面坐着一个妓女、一个牧师、一个家庭主妇和一个驼背的人，木马上还有一位苏格兰领主，但他所骑之马的面孔是幼童胖乎乎的脸庞；有一只猴子打扮得人模人样，却有一位诚信之人被置于车轮上遭受棍棒殴打，而幸运女神则被魔鬼用镰刀砍得支离破碎。霍加斯的这幅画没有任何多余的笔墨，将精练与深刻发挥到了极致。人们指责市场过于女性化，不由分说地把污名扣给了女人。有大字标题竟赫然写着，"我们被这些妓女给毁了，而且，还是一群又老又丑的妓女！"

股份公司就是我们通常所说的那些企业，是法律实体，其股份可以脱离公司交易。臭名昭著的东印度公司就是世界上最早的公司之一。1600年新年前夕，女王伊丽莎白一世授予该公司皇家许可状，该公司正式宣告成立。正如米奇所说，这些公司的财务结构决定了他们更适合从事海外贸易或金融投机业务，而非国内稳定的商业活动，投资这些公司的股票需要具备一定的专业知识。这些股票还涉及法律问题。金融资产仍被认为属于债务，因此也被称为"无形动产"，在法律上与债务人个人紧密相关，不易转让；社会学家布鲁斯·卡拉瑟斯（Bruce Carruthers）和阿瑟·斯廷奇库姆（Arthur Stinchcombe）曾就此主题著述，认为一位在1672年至1679年间交易了13次的"约翰牛"（John Bull）[1]是皇家非洲公司最活跃的股票交易员。然而，荷兰商人已经找到了绕过这些障碍的办法。1689年，荷兰执政威廉·奥兰治（William of Orange）入主英国登上王位，随即调整了英国的法律和惯例。其中，商事法，即中世纪商法被纳入法律，相应的监管制度也

---

[1] 是英国的拟人化形象，源于苏格兰作家约翰·阿布斯诺特的讽刺小说《约翰牛的生平》，随着小说的风靡，逐渐成为英国人自嘲的形象。

得到了调整。如此，金融合同便可以自由交易。此处，卡拉瑟斯和斯廷奇库姆援引了1704年通过的《期票法案》（*Promissory Note Act*）为例。经纪商和交易商开始使用标准合约，交易变得更加直接。但问题是，很少有人愿意购买这些证券，因为它们流动性不足、比较新奇，而且风险太大。墨菲对此表示赞同，并指出：即使在1691年至1693年，即股市首个繁荣期的高峰时刻，交易量也相对较小，并且主要集中在几家公司，由那么几位资深交易员完成。

1693年，情况发生了变化。这一年，政府发行了国债，一种永久的、可转让的、带息的债券。在此之前，政府债务一直都是短期的，即需要时借入，到期时偿还。但新国王威廉使英国卷入了与法国的冲突，旷日持久、代价惨重。从1689年到1702年，国家的公共开支几乎增加了两倍，财政部突然陷入资金短缺且金额巨大。更糟糕的是，议会并未因此黜奢崇俭，政府公信力逐日下滑。1694年，官方彩票"百万大冒险"筹集到了100万英镑，但1694年最重要的举措当属英格兰银行的成立。这家股份公司的唯一使命就是：借给政府120万英镑。政府每年偿还其10万英镑，外加一笔费用。年回报率为8%，合理适度。当时因为战争，也没条件开展其他类型的商贸活动。股票于1694年6月21日开启认购，7月2日账簿上已登记得满满当当。

接着，一系列方案相继出台。到了1697年，股东们已经不愿再为政府提供资金了，但银行却不断增加贷款。1698年，英国政府抛出了开发印度的特许经营权（用今天的话来说），一家新的东印度公司应运而生，前提是它承诺向政府借出200万英镑的股东资金。旧的东印度公司不接受这位新对手，随着时间的推移，旧的东印度公司慢慢占了上风，并于1709年与后者合并。南海公司的故事与此类似。南海公司是一家股份制公司，拥有对南美洲的贸易垄断权，肩负着向政府借出巨额资金的使命。这种运作方式类似管道运输，资金从管道的一端由私人股东流入公司，再从另一端流入政府，而利息则会倒流回来。此时，政府债券依然缺乏流动性，但公司股票很容易交易。交易量的增长不仅体现在股票市场，彩票和年金市场也生机勃勃。举个例子，方便大家感受这次贸易扩张的步伐。1720年是股市繁荣期的高峰年份，交易量为22000笔。而50年前，那位约翰牛先生只做了13笔交易。

投资者得知这些债券背后有政府撑腰，认为押注这些债券是相对安全的选择。国家公信力下降时，二级市场[1]允许谨慎的投资者将债券以折扣价出售给更有信心的投资者，后者愿意承担风险，以期获得更多的回报。新的金融机构，如保险公司和银行，需要从其持有的资本中产生收益，同时又能够动用这些资本。于是，这些机构开始买卖这些债券，就像那些在商业投机中持有现金的商人一样。这些股份公司在亏空的国库和钱袋鼓鼓的英国商人之间构筑了一条不可或缺的渠道。国债就这样诞生了，而伦敦的股票市场是作为政府政策的重要帮手出现的。整个18世纪，伦敦的股票市场都在为好战的政府充当原始的洗钱工具。"到18世纪中叶时，"米奇写道，"英格兰银行、东印度公司和南海公司向政府提供的贷款金额已高达4280万英镑左右。"

* * *

每个市场都需要"做市商"。做市商站在生产者和消费者之间，

---

[1] 一般指证券交易市场。

平衡供需波动，运输商品并建立市场。因为有他们的存在以及他们买卖的意愿，才有了市场。他们可能是周六杂货市场的摊贩，可能是在市郊建起耀眼的汽车村的汽车经销商，可能是19世纪美国中西部的谷物经销商，也可能是向全球输送原油的能源交易商。股票和债券虽然不是什么实物，但在市场运作中并无二致。卡拉瑟斯和斯廷奇库姆的研究表明，资产流动是市场运转的基本前提，且资产流动性强本身就是市场的一大实绩。他们认为，资产流动取决于三种机制：某种形式的持续交易，愿意维持交易价格的做市商的存在，以及某种合法的标准化商品的存在。我们可以看到，这三个条件中的最后一个条件已经具备：证券已诞生，且证券交易合法又合意。接下来，我们需要找到做市商。

  伦敦市场的繁荣是因为有大量的买家和卖家。他们大多为商人，通常在从事其他业务时顺便做一些投机买卖。正如墨菲所说，经商技能在金融市场上是高度适用的。那些从事股票交易的人被称为股票交易商（这个称呼一直沿用到1986年10月）。不过，在约翰逊博士（Dr. Johnson）的字典里可不是这样的，他尖刻地将这些人描述为"通过买卖基金赚钱的卑鄙小人"。丹尼尔·笛福（Daniel Defoe）也直言，那些操纵市场的交易商所冒的风险只不过是失去声誉而已，况且他们"通常早已失去"声誉；他们可能还要违背道德，当然"这点不值一提"。皇家交易所（Royal Exchange）是伦敦商品市场的中心，交易员们最初就扎根在那里，但他们人数众多、吵吵闹闹、乱作一团，而且他们的股票不像交易那些有形的商品期货一样有贮藏室。很快，他们就被赶了出去。于是，他们开始在交易所附近扎堆聚集，最常光顾的就是城里交易巷（Exchange Alley）的两家咖啡馆——乔纳森咖啡馆和加勒韦咖啡馆。那里治安混乱，到处都是扒手和不择手段的商贩。

那时，年鉴和价格表开始随传单之类的文件一起发放，新闻媒体逐渐萌芽。1697年，一位叫约翰·卡斯坦（John Castaing）的人制作了一份股价表，伦敦证券交易所由此发端。但是，这些印刷出来的信息滞后且不一定可信，比不上亲临喧嚣的市场获取的信息那么真实有效。交易员们就从英国各地，甚至荷兰，赶来现场交易。就这样，在这片笃信财富源于稳固的土地上，出现了这么一批交易商，交易物很新奇，交易还似乎突破了法律的限制，超出了法律的管辖范围。这多少让人有些不适。传统习俗也随之消失了：女人，甚至中老年未婚女子和寡妇，都可以平等地参与这个市场。此时，对抽象的金融市场，她们的很多同代人甚至还一无所知。1716年，有人抓住舆论风向撰写了匿名文章，狠狠抨击了这种现象：

> 这些所谓的"股票交易商"就是一窝害虫，他们掠夺并摧毁一切产业及本分的收益。因为任何贸易公司一成立，或任何敲诈公众的邪恶项目一落地，就会立即被分割成股票，送去交易巷交易，没人考虑这些项目是否有内在价值……

事实证明，监管无效。1697年法案限制了交易商的数量，但收效甚微。于是议会又做了新的尝试。1734年，议会通过了约翰·巴纳德爵士提出的《巴纳德法案》（The Barnard Act），力图"阻止臭名昭著的股票交易"。该法案基本上没起到任何作用，但它确实成功将"定期交易"定为非法行为。由这种交易产生的债务被归为赌债，无法通过法院强制执行，交易员只能设法自我保护。

1761年,一家会员制收费俱乐部接管了乔纳森咖啡馆作为其唯一的经营场所,同时禁止非会员入场。这是人们在剔除不良分子方面所做的首次尝试。但有一位非会员交易商认为,因为自己不是会员就被排除在市场之外是不公平的,他向法庭提起诉讼,并最终胜诉。俱乐部只好对外开放。1773年,另一群经纪人在针线街选了一幢大楼再做尝试,这次他们在法律层面得到了更多的认可。米奇提到:

> 这幢大楼的入场费是每天6便士,所以只要愿意,所有人都可以进来……假设一个经纪人每周来6天,那么他全年需要支付的费用就是7.8英镑,与乔纳森咖啡馆规定的8英镑入场费惊人地接近。受这种模式启发,一批较为富有的股票经纪人意识到,他们可以设立一家公共机构供同行使用,通过向他们收取使用费获利。

讽刺的是,交易商选址针线街时看重的那些因素后来反而威胁到了其主导地位。那时候,负责管理政府债务的英格兰银行一直在扩张,该银行当时正在建造自己的大楼,楼内的圆形大厅很快成了股票交易的热门场所。厅内不仅涌入了交易商,还混进了扒手、街头小贩和妓女。他们侵占了银行的空间,也扰乱了那里的秩序。有交易意向的客户只能走进混乱的人群,"大声喊出"自己的需求,喊完之后,马上就会有多个经纪人过来将其包围。尽管伦敦证券交易所已经建造了一幢大楼,共同应对这种局面,市场仍然拥挤不堪、鱼龙混杂、闹闹哄哄、乱作一团。

历史发展也并非平流缓进。经济史学家菲利普·米罗斯基(Philip

Mirowski)发现,18世纪的英国股票市场实际上出现了萎缩。从18世纪初到18世纪50年代,交易的股票数量占发行股票数量的比例几乎一直在下降。另外,

> 从1710年到1720年,股价普遍上涨,之后几年急剧下跌,在1725年到1755年左右基本持平……18世纪60年代经济迅猛发展,18世纪60年代末,股价开始持续下跌,一直跌到80年代中期,人们普遍认为这一时期的英国经济处于史无前例的扩张期。

在此期间,商贩们在其他领域发现了赚钱的门路,尤其是通过大西洋奴隶贸易和其邪恶的人身信贷体系赚得盆满钵满。

* * *

就算2010年卡梅伦和克莱格这两位先生在市场需求面前卑躬屈膝,其实也没什么大惊小怪的。证券交易所虽为支持政府的工具,也有其自身的运行规则。伦敦的新兴交易商沦为局外人,反映了当时有些人难以接受这些新兴的交易方式。这种情况至今未变,市场与国家仍常就公认的市场规范展开博弈。自古以来,思想家们一直在试图区分围绕我们所需要的物品所进行的合法交易和那些单纯追求利润的交易,区分围绕种植或制造展开的"生产性活动"和亚里士多德所说的"钱生钱"的概念。因此,交易商常被称为卑鄙小人、害虫和恶棍,《巴纳德法案》曾试图禁止"定期交易"。股市在民族国家的管辖

范围之外开辟了一个边缘空间，议会对此无能为力，社会也不得安宁。与此同时，股票市场始终需要法律，有时甚至需要费力索取法律保障。

在第二章中，我们探讨了，在农业发展和通信技术的共同推动下，芝加哥交易所应运而生，接着很快出现了到期执行合约。如此，人们可以以抽象形式交易农产品，农民的利益可以免受价格波动和天气变化的影响。从17世纪开始，伦敦的交易商们就在做定期交易，即汇票交易，由此催生了一批专业投机者。19世纪末，抽象的金融交易激增。芝加哥大学历史学家乔纳森·列维（Jonathan Levy）曾编写过关于金融衍生品交易的法律纠纷。他指出，在1885年至1889年间，纽约交易所共计售出了85亿蒲式耳小麦。但在这4年里，这个城市的实际消耗额只有1.62亿蒲式耳。列维分析了人们是如何经过漫长的市场道德文化争论在法律和道德上接受了金融衍生品交易的。

追根求源，这场争论主要围绕几个核心问题。首先是赌博问题。俗称抢帽客的交易员们想出了一种名为"平仓"的策略，使得他们可以在约定的交割日期之前的任何时间点完成交易，这样，他们就可以等到价格合适时再结束交易。平仓只是合同演变过程中的一步，在此之前，人们已放弃了实物交易，转而凭"粮仓收据"交易，"粮仓收据"就是那些代表这座城市某个粮仓中的粮食的票据。没过多久，交易员们就不再需要任何商品实物了。这不免让人疑惑：他们到底在交易什么？有位谷物仓管员戏称，他们交易的是明尼苏达州的风而非小麦。法院审理案件时基于的理念是：只有存在转让货物的真正意图时，交易才是合法的。单纯的投机行为太接近赌博，法院通常不会差别对待那些在风险管理中有合法利益的人和那些只想从交易中赚钱的人。许多投机者自己也不相信期权交易会对公共利益有所贡献,但依然不做不休。1888年,芝加哥交易所的一位资深成员曾说:"你们听到查理(交易所所长查尔斯·哈钦森,Charles Hutchinson)说的话了吗?查理说我们是慈善家!天哪,我们可是赌徒!你是赌徒!你是赌徒!我也是赌徒!"虽然这位资深成员正是哈钦森的父亲,但也并未言过其实。

这不仅仅是公德问题。这也是种植和运输实物商品的人员与场内交易员之间的私人争端,关乎工作的本质。农民们认为,为土地上种植的作物定价是他们"自文明社会以来就有的"的权利,现在竟有人在这方面做手脚。他们试图将耕作的辛劳和产品的实际价值与在交易场中流通的基于短期利益和投机风险的抽象产品进行对比。他们从事的是实实在在的体力劳动,而交易场上的交易则是碰运气的游戏。而投机者在回应中强调,他们的工作中需要付出脑力劳动,辩称他们进行的是负责任的风险管理实操。在这方面,他们与美国人寿保险推销员的境遇极为相似,那些保险推销员的工作是在人的寿命与生死大事上下赌注,所以也曾面临过类似的道德质疑。这些交易员还给出了一种更为务实的说辞,他们说:魔仆已经出瓶[1],我们又不能把这些抽象的金融产品再塞回脑子里。假如美国立法者关闭交易场,象征这些商品的幽灵只会在其他地方流通。期货市场的形成彻底切断了连接生产劳动和金融体系的钩环。"在交易场里,"列维写道,"无形资产的投机交易以新的形式裸露在更多更广的民众面前。"

讽刺的是,这场争端最终还是靠民众的参与才解决的。随着期货

---

[1] 喻指一旦有某种不好的力量被释放出来,就很难再将其收回或控制住。

交易的增长，所谓的"对赌行"也逐渐兴起，在这些对赌行，民众可以利用商品价格的波动开展交易。和经纪人的办公室一样，对赌行也通过股票行情机接收价格信息，但无法向交易场下达交易指令，民众在赌行行主的账簿上下注。这些对赌行也向小农户开放，因为有些小农户在寻求办法免受价格波动或天气恶劣带来的损失，但这些小农户的订单太小，抢帽客根本不把他们当回事。与交易所不同，对赌行的客户确实是在赌博。他们是在与行主进行零和博弈[1]，也就是说，如果他们赢了，行主就必然会输。对赌行模糊了赌博和投机之间的界限，也干扰到了合法的正规交易。对赌行游走在法律的边缘，频繁地更改名称和地址，几乎不留记录，甚至要求客户签署货物预期交付的凭条，而预期交付正是交易所对抗赌博指控的主要辩护证据。有很多年轻人因一时鲁莽过度下注导致自己和雇主倾家荡产，这样的例子比比皆是。

历史学家大卫·霍赫费尔德（David Hochfelder）写道，这种博弈确实是人为操纵的：对赌行利用低保证金和"洗售"[2]从客户那里榨取资金。在"保证金交易"中，投机者只需缴纳占总交易额一定比例的资金作为押金，经纪商就会将交易额余款全部贷给投机者。如果股价对交易不利，保证金比例随之下降，经纪商就会要求投机者缴纳额外的资金，即"追加保证金"。本书会提到这种操作手段。在19世纪的芝加哥，对赌行就是采取这种手段，故意将保证金设定得很低，从而

---

[1] 博弈论的一个概念，属非合作博弈。它是指参与博弈的各方，在严格竞争下，一方的收益必然意味着另一方的损失，博弈各方的收益和损失相加总和永远为"零"，故双方不存在合作的可能。

[2] 指操纵者在卖出证券的同时自己又买入该证券，证券的所有权并未发生转移。

在相对较小的价格波动中清空客户的头寸。

客户是与对赌行而非市场进行赌博，因此他们的交易永远不会影响到实际价格。然而，对赌行却可以在市场上交易，且通常会做一些对他们有利的交易。如果他们因订单积压而感到担忧，他们就会去交易所下单，通过提高或降低价格，"淘汰"掉一批不走运的客户。这些"洗售"伎俩在勒菲弗的《股票大作手回忆录》也有提及。除此之外，对赌行还是利用了民众无法区分它们和交易所这一点，从它们更"合法"的表亲[1]那里抢走了大量的生意。交易所试图说服法院承认对赌行的赌博行为和他们自己的慈善投机行为之间的差别，但收效甚微，因为法院认定交易所更想避免竞争，而非建立道德规范。

这项纠纷最终还是解决了。对赌行巨头C.C.克里斯蒂（C.C. Christie）起诉了交易所，称其与西联电报公司达成协议禁止向对赌行发送股价。这场法律纠纷的争议点是股价的所有权问题。1905年，该案被提交给最高法院，由首席大法官奥利弗·温德尔·霍姆斯（Oliver Wendell Holmes）负责审理。霍姆斯的裁决对对赌行不利。他认为对赌行是赌博的场所，而场内交易员是合法的交易者，"平仓"可视为合法的交割。此外，他还说，这些"合规的人"进行的投机交易相当于"社会的自我完善和调整"。此话一出，金融衍生品交易一下子变得既合法又可取。霍姆斯在法律上明确了股市的新角色：风险管理。随着20世纪接近尾声，这一角色也变得越来越重要。其实，要说"一下子"就做成了此事，或许有些夸张了。据霍赫费尔德估计，这场诉讼"耗费了交易所约12万美元，历时25年，涉及248项禁令、27个司法管

---

[1] 即交易所。

辖区、20个城市和11个州"。

* * *

由此可见，民族国家与金融市场的关系并不融洽，这点可以追溯到现代政治体系的初现。关系之所以紧张，是因为国家对金融市场的需求似乎往往超过金融市场对国家的需求。当然，这是一种非常片面的解读。实际上，是国家提供了法律基础设施，市场才得以蓬勃发展；纵观股市的历史，大部分时刻都是国家在为市场的发展提供动力。在欧洲，18世纪末的对法战争让欧洲交易所损失惨重，英国政府又需要大量的资金，这才最终确保了伦敦作为金融中心的主导地位。到1790年，国债诞生仅一个世纪，便已高达2.44亿英镑。在美国，第一次世界大战期间大规模发行的"自由公债"将那些对赌行的赌徒变成合法的市场参与者。证券交易所诞生于投机、繁荣和萧条并存的历史时期，伴随着不断涌现的科技创新，如股票行情机、电报和铁路。但法律、科技和投资热潮并不完全是市场的产物：正如我们在芝加哥的交易所和伦敦的咖啡馆看到的那样，它们也是人类意志的体现。是精心制定的社会规范让证券交易所得以运转。

03

小心为妙！

现在，让我们退回至另一时期。出现在你眼前的是一间极大的屋子，上方罩着硕大的穹顶。房屋高度达100英尺[1]，直径长达70英尺，神似罗马的圣彼得大教堂和伦敦的圣保罗大教堂。其实，这只是伦敦证券交易所的巨型交易场，人们口中的"老房子"。因为场内墙壁和柱子上都贴着蓝纹大理石，有人就借用一种奶酪的名称幽默地叫它"戈尔贡佐拉大厅（Gorgonzola Hall）"[2]。厅内没有多少摆设，只有几个摇摇晃晃的架子，四处都是快要散架的黑板，上面写满了密密麻麻的数字。每家交易商在场内都有固定的地盘，那一块块黑板就代表了他们各自的"摊位"，而经纪人则在场边的"包厢"里处理业务。这些"摊位"和"包厢"通常都是子承父业、代代相传的。交易所甚至不允许女人踏入半步。交易时间，多达3000人挤在那片穹顶下，或守着各自的"摊位"，或在人群中穿梭。在一些影像资料中，我们可

---

[1] 1英尺=0.3048米。——编者注
[2] 戈尔贡佐拉是一种意大利干酪，味浓，有蓝纹。

以看到一些身着深色套装、内搭白衬衫、系着领带、没戴帽子的男士，他们三五成群，神情自若，或交谈，或漫步。

他们也有自己的消遣方式。我们在一幅蚀刻版画上看到，一群留着初期的嬉皮士长须、穿着礼服外套的年轻交易商，竞相把股票行情机上用的一卷纸带抛到穹顶高处的横梁上。他们还会搞恶作剧。不管天气如何，每位体面的交易所成员都会戴着圆顶礼帽、拿着折叠伞来工作。到了下雨天，有人喜欢把伞撑开，在里面装满花花绿绿的碎纸屑，再把伞卷好，认为这样很好玩。他们还喜欢取绰号逗乐，这些绰号说起来和上面这些玩乐项目一样颇有来头。有人被叫作"小鸡"，有人被称为"灯塔"，因为他"总是晃动着脑袋，不免让人想起灯塔上闪烁的灯光"。还有人的外号是"乌龟"，"这个人有点驼背，常年戴着圆顶礼帽，穿着棕色的套装，手里攥着一把伞。看到他的鼻子，任何人都会联想到乌龟。过去，他常在市场里来回晃悠"。在矿业市场上，有位又矮又丑的人被体贴地唤作"脚下留情"。生意淡下来时，他们可能会在某个周五下午心血来潮唱起歌来。交易商们会假定一个同行是法国人，然后对着他唱《马赛曲》（*Marseillaise*）[1]，同时"砰"地关上桌盖——交易所文员用的是老式课桌，仿佛是在开炮。就这样，3000名男士齐声高歌，歌声在穹顶下回荡，大家在嬉闹中演完了这场同仇敌忾、"无伤大雅的滑稽短剧"。这一切就发生在那个过去的时代，那个迥然不同的世界，但其实离我们并不太遥远。"老房子"最终于1966年关闭，那一年英格兰在世界杯足球赛中夺冠，也是目前为止距离我们最近的夺冠年份。

---

[1] 法国国歌，又译《马赛进行曲》。

众所周知，证券交易所的变迁与科技发展、场所改造、贸易形势、历史演进、国家政策等密不可分。但其实，它与人们的社会交往、生活习惯、情感关系和文化习俗同样息息相关。曾几何时，交易所里常年人头攒动、熙熙攘攘。我曾将那时的交易场比作人力驱动的计算机。在呼喊吵嚷、推搡争抢中，这些人力计算机争分夺秒地处理着不断涌入的买卖指令，陆续形成交易价格。

昔日的芝加哥就是这样。论粗暴和残酷，伦敦的交易市场并无二致，只不过披了一层相对绅士的外衣。在芝加哥，投机倒把者习称抢帽客。而在20世纪的伦敦，大家依然称呼他们为"交易商"。追溯历史，不难发现，这一行当伴随了交易中心的前世今生。早在17世纪，伦敦交易巷就已经出现了证券交易商，他们就是约翰逊博士口中痛斥的那些卑鄙小人。当时的交易实行"单一资格制"，即交易商经由自己的账户，代经纪人执行指令，经纪人负责与客户对接。人们认为，这样可以防止交易商冒用客户名义将亟待处理的投机性流动资产引入市场。

伦敦的交易现场也更为灵活。当芝加哥人还挤在阶梯式交易场内冲着彼此高声喊价时，伦敦的交易商们就已经可以自由地穿梭在交易厅里，与同行相互攀谈，携手逼迫对手放出底价。交易也不局限在某个特定的场内，而是分散在厅内的各个区块，服务不同的领域。比如，在厅内最高端的矿业市场，政府经纪人从事着金边证券交易；而在取名不当的卡菲尔人[1]市场，人们则进行着南非股票的交易。交易商们的摊位除了公告板，别无他物。大商行可能会利用墙体或柱子围

---

[1] 对非洲黑人的蔑称。

隔出固定的摊位，摆上临时用的架子，甚至座椅。小商号就只能在人群中干站着了。公告板上罗列着正在交易的股票名称，名牌做成了磁贴，似乎在努力赋予这些看似临时的摊位一些恒常感。正如有些人说的，交易商们"盼着第二天还能在这里拥有一席之地"。初级交易员俗称"蓝纽扣"，负责用红色或蓝色粉笔在黑色开盘价旁标注价格信息。这种公告方式有时会被钻空子，因为只要滞后更新价格浮动信息片刻，就能有效模糊市场行为，进而给交易商带来可乘之机。

交易所内有一类工作人员沿袭了传统的大礼帽侍者装扮。这些"侍者"的职责是确保交易顺利进行。他们的日常事务较为繁杂，其中一项是要能在熙熙攘攘的人群中迅速定位到要找的人，尤其是那些为了给客户寻找最优价格而在场内四处走动的经纪人。首先，他们会通过一种类似早期船用传声筒的通话管吹响口哨，把人群召集到通话管的另一端，然后对着通话管向经纪人喊话。如果实在找不到哪位经纪人，他们就会点亮一张号码牌，等待那人认出自己的号码后举手示意。找到人后，他们会告诉那个人该去哪个电话间或会议室。电话机安装在大厅外的亭子内，电话亭内铺设的是自动升降地板，人走进去后，它就会下沉，同时弹出标识，显示有人正在使用。另外，这些"侍者"还负责管理场内摩肩接踵的人群，在看似乱糟糟的环境中维持良好的交易秩序。他们甚至还要负责敲响令人瑟瑟发抖的"死亡之槌"，宣告企业破产。在那些无情的时刻，随着他们手中的两根槌子落下，合伙人的资产移交给管理人员，那些资不抵债的公司就正式走到了生命的尽头。

买卖交易依照标准的言语规范进行，证券交易所的《交易守则》（*Code of Dealing*）中详述了具体的规范内容。下面这则示例摘自社会学家胡安·巴勃罗·帕尔多—格拉（Juan Pablo Pardo-Guerra）的一项研究：

"XYZ现在什么行情？"

答："125.8。"

经纪人："我收到的是限价指令（有规定成交价），我想成交250股，但每股价格差了½英镑。"

交易商："我可以单向交易。"

经纪人（期待合适的价格）："很好，可以交易。"

交易商："我可以加价½英镑。"

经纪人："不好意思，客户要在127½买进。"

看到这番对话，我们可能会一头雾水，但交易商却是十分明了的。至此，双方没谈拢，交易未果。在交易中，双方必须使用特殊的交易用语，以免不经意间陷入意外的争执。比如，他们可能会说"我仅仅是在提供报价"来强调交易尚未达成，就像律师可能也会"不持任何立场"地提及某个观点一样。报价可能会以一英镑的几分之几来表示，如，有人会这样喊："7.9375，高出了上个报价……非常不易。" 1971年以前，交易都是以英镑、先令（s）和便士（d）来结算的，这使得本就复杂的计算变得愈发烦琐。交易商必须对数字和价格特别敏感——他们不仅要在交易过程中保持这种敏感度，平时也要牢记谁可以接受以什么价格成交。经纪人提出报价和交易要求后，交易商必须马上响应，因此他们最好做到对场内每个人的需求了如指掌。和场内的交易员一样，交易商无须了解任何公司的发展前景，也无须关注国家经济的长期预测报告。他们只需要知道谁想买进以及谁想卖出。正如一位经纪人所说，所有的信息都"在场内"，它包括"每一个眼神、每一滴汗水、每一次举手投足。单从初级交易员的眼中，你就能看出他们的老板是做多还是做空，以及他们有多想出清自己的头寸"。一位交易商说："那时候，我真的觉得，我能猜中哪些人什么时候会来找我交易；我能读懂他们的心思，判断出他们在做什么生意……有时还能解析他们的步态，知道他们是否已绕着柱子走了两圈。"

与芝加哥一样，伦敦的市场也要求人们在口头交易中遵循相关守则。交易关乎承诺，谈妥即视为生效，哪怕结算时间在很久以后。所有的社会机构都在推崇口头交易的这项首要原则，伦敦证券交易所的标语就是"Dictum meum pactum"，字面意思为"我的承诺就是我的合同"。对于那些已经达成的交易，交易所几乎从未撤销过。交易所只负责监管"支付和收款"，这一立场对卖方更为有利，而交易商若想从卖出的股票中获得报酬，他们就必须一次不落地为买入的股票付费。因此，交易商的目标不是持有股票，而是尽快将其转手，以降低风险并获得源源不断的佣金。股价一直在波动。交易达成后很久才会生成书面报告，首先会显示在场内的公告板上，然后流至新闻专线和交易大厅下面办公室内辛劳如白蚁的结算员。交易日当天，交易所的工作人员会时不时地到各个交易场收集价格信息，连夜核对并发布在《每日公定牌价》（*Daily Official List*）和《金融时报》（*The Financial Times*）上。但是，当这些印刷品印好发行时，场内的口头交易早已改变了股情。鉴于股价记录的滞后性，"我的承诺就是我的合同"这项原则就显得至关重要，因为只有口头协议得到兑现，市场才能正常运转，哪怕一方需承受相当大的经济损失，也必须信守承诺完成交易。针对毁约者，市场有项制裁措施，并不是那么正式，但非常有效，即毁约者再次交易的难度系数会非常高。这也有点类似针对小学生的奖惩制度。曾有传闻称，《周日快报》（*Sunday Express*）曾发生过股价泄密事件，有人利用盗取的信息进行了交易，最后却发现编辑桌上的那则新闻竟然假的；那些窃密者反倒因此赔了钱，他们得知后哭笑不得、狼狈不堪，事情就这样不了了之。但是，这事如果发生在现在，一定会惊动警方，窃密者甚至会因此锒铛入狱。

* * *

交易所有一套职业发展体系，这套体系从学徒起步，不设门槛，无论是伦敦东区的年轻人，抑或是老精英的小儿子，皆可加入。于是，伦敦东区的穷小子和牛津、剑桥毕业的高才生有了交集。"我喜欢和你聊天，"一位资深交易商对一位从牛津大学贝利奥尔学院毕业的年轻人说，"因为你是市场上唯一一位谈吐得体的人。"虽然交易股票——通常被内行视为赌博行为——需要的只是敏锐的头脑，但也为工人阶级出身的人们提供了发展机会，但交易所在细枝末节处仍存在阶层差异。"伊顿佬"[1]纷纷涌向高端商行成为金边证券经纪人，而哈克尼和伊斯灵顿的小伙子们只能在市场上不那么起眼的角落里寻找机会。他们中发展最好的能成为经纪人，而经纪人中发展最好的就是那些从事国债或金边债券交易的人了。在所有的商行中，最顶尖的当

---

[1] 指在伊顿公学接受过教育的校友，他们通常来自富裕家庭并享有社会特权。

属浩威证券，它是政府自设的经纪行，前身为霍尔银行。关于它，记者马丁·范德·韦尔（Martin Vander Weyer）有过这样一段描述：

> 霍尔银行是一家属于基特·霍尔（Kit Hoare）的私人银行。基特·霍尔是伦敦金融城的一位绅士，他击碎了旧的金融壁垒，重建了一套新的金融秩序，这套秩序被广泛沿用。有同代人透露，基特·霍尔曾是一位叱咤风云的海盗，在他的海盗生涯中，他没放过任何一艘船。据说，他做生意时，只需点头认可或握手成交，从来不需要用笔记录任何东西。所有利润丰厚的买卖，他都会绞尽脑汁分上一杯羹——如有必要，他可以假装找不到要去的地方，在商业银行的走廊里徘徊游荡，收集情报。

然而，当时的女性并未吃到优绩主义[1]的红利。米奇详细记录了女性为获得出入交易所的这项平等权利所进行的斗争。1966年，也就是"老房子"关闭的那一年，穆丽尔·贝利（Muriel Bailey）小姐，一位口碑极好的经纪行职员，为了申请其经纪行的合伙人职位，需要成为交易所的会员。因为要成为合伙人，必须得是交易所的会员，但要成为交易所的会员，必须得是男性。二战期间，贝利小姐负责管理一家经纪行的办事处，随后几年成功建立了庞大的客户群。她认为自己不应该被交易所拒之门外，一直没有放弃申请会员资格。证券交易所理事会提议接受她的申请，只要她保证不踏入交易大厅。但即使这样，

---

[1] 一种观念，即社会与经济的奖赏应当依据才能、努力和成就等优绩来决定。

交易所的全体会员依然断然拒绝了这一提议。这件事发生在1967年。之后几年，交易所会员的偏执和偏见也未能改观。1969年，他们拒绝接纳外籍人员（定义为"未在英国出生的人"）入会。1971年，他们再次投票通过了禁止女性入会。凡此种种与交易所本身的立场也脱不了干系。1962年，交易所拒绝了汽车公司菲亚特（Fiat）的上市申请，理由大概是菲亚特太意大利化了。直到1973年1月，交易所会籍才开始对女性职员开放，但一直到当年夏天，交易所才废除了禁止女性进入交易大厅的规定。1973年1月，已是伍德夫人（Mrs. Wood）的贝利小姐当选为会员，时年66岁。

　　交易所拒绝女性和外籍人员等入会，是不希望有人破坏其神圣的地位，挑战其世俗的权威。禁止贝利小姐踏入神圣的交易厅，更是出于这两方面的考量。想要成为交易商，必须经历漫长的学徒生涯，在办事员到初级职员的岗位上历练后，最终才能成为交易员，甚至合伙人。接下来要讲一个故事，故事的主角布莱恩·温特弗拉德（Brian Winterflood）年轻时就是这样一步步奋斗上来的。他身材矮小，性格开朗，虽然已经80多岁了，但仍然精力充沛。他是一位比较有名的人物，因为关于他的趣闻逸事比比皆是，而且他的见解也非常独到。他曾直言不讳地支持英国"脱欧"，面对媒体非常健谈。媒体对他也不薄，给他开了专栏，详述了他漫长的职业生涯。当然，有些情节纯属无底线捏造，比如，温特弗拉德谎称，之前在北极游轮上遭受冻伤没有得到及时医治，导致他的手指最近被截肢。报道称，船上的医生无视他的请求，拒绝给他做手术，温特弗拉德回到陆地上后才获得医治。

　　有一次，我和温特弗拉德临时决定共进午餐。在温特弗拉德的交易室（交易室的名字就是Wins'）里等他的时候，我满怀敬畏地近距离观察了那些交易员。他们一个个卷着袖子，把头埋在一堆没来得及清洗的咖啡杯和机械式油泵桌面饰品中，目不转睛地盯着屏幕上瞬息万变的数字浪潮。温特弗拉德和我原本约好在办公室见面的，但他没来。前台斯泰西过来告诉我，温特弗拉德先生来电说，他在办公室附近找不到停车位，所以只好来接我出去。交易桌上的小伙子们——在伦敦金融城，性别和职业依然密切相关——开玩笑说，老板的劳斯莱斯后备箱常年备着一个野餐篮，但一直没有机会圆他的野餐梦。但是，温特弗拉德并没有带我去野餐，而是带我去了一家低调的意大利餐厅，餐厅位于如今已焕然一新的南华克区。那是他最喜欢的餐厅，在那里，他可以像老友一样和服务员聊天，小口嘬着他称之为"枪手"的鸡尾酒，这种鸡尾酒由安古斯图拉苦啤酒和姜汁啤酒混合而成。而他那辆不起眼的行政汽车则被扔在残疾人专用的停车位上。第二次见面时，他讲述了不久前在游轮菜单上看到的一种陌生菜品——Poivron。他告诉我，他能看懂大多数法文菜单，但被这个菜名难住了。一位菲律宾服务员说"Poivron"是法国的一个地区，他仍旧觉得不太对劲。这种神秘的食材其实是韭葱。原来，外人眼中坚定支持英国脱欧的布莱恩·温特弗拉德私下里竟然这么有趣。

温特弗拉德是小型证券公司的传奇代表。他的职业生涯与市场的起起落落密切相关；他的名字几乎是小型证券公司的代名词。小时候，他和家人一直生活在伦敦西郊的乌克斯桥镇。后来有位老师问他将来打算靠什么谋生，并慷慨相助，他才有幸来到了伦敦金融城。

"我说我不想开公共汽车，因为我父亲就是个电车司机，"他回忆说，"我就想多赚点钱。"

"嗯,"老师回答说,"如果你想赚钱,你就应该去容易赚钱的地方。我有个朋友是一家股票经纪行的合伙人,不知道你是否愿意去伦敦金融城。"

"好啊,我愿意。"温特弗拉德不假思索地答应了。就这样,他从最底层的信使开启了他的职业生涯,谁曾想,后来竟成了小型商行里最有影响力的人物之一。

"感谢上帝,我选择了这条路,"温特弗拉德说,"那时候整日在金融城里奔波,逐渐了解了这座城,也了解这里的人。那些经历很奇妙,特别奇妙。"

如果不是出身权贵,在这个行业立足可能会很困难。温特弗拉德退伍后发现,他在证券公司的同辈,不仅被免除兵役,还被提拔为合伙人。

> 我和那位蓝纽扣是传信搭档,他恰好有什么后台……当我回来的时候,我看到他已经在合伙人名单上了……我想:"这里不适合我,我没有任何关系,也没有出生在富贵人家。"

于是,温特弗拉德在一家交易行找到了一份工作,在那里,没有背景也能获得上升的机会。想做交易商的话,要先从信使做起,然后是"蓝纽扣"和"红纽扣",不同的名牌颜色代表着不同的职级以及相应的权力和责任。资深的交易商不佩戴名牌,初级职员必须记住他们谁是谁,以免出言不逊、自讨没趣。蓝纽扣负责在交易商和经纪人之间传递信息,在公告板上标注价格。他们向雇主提出问题,从雇主那里学习知识和技能。雇主既负责理论教学，也负责现场指导，在为晚辈的职业发展提供帮助的同时，也为交易所的未来打好了人力基础。历史学家布莱恩·阿塔德（Brian Attard）曾记录了另一位伦敦东区的"蓝纽扣"汤米对往事的回忆。其中，汤米提到了自己对帕特·杜拉彻（Pat Durlacher）的崇拜：

> 他是个出类拔萃的交易商……他不介意我问他问题，不介意告诉我他都做了什么，不介意告诉我为什么他在没有进行任何交易的情况下改变价格……我认为他是史上最优秀的人之一……他的远见卓识令人折服……如果他认为判断有误，他就会毫不犹豫地减少头寸；如果他认为判断正确且能获利，他也会毫不犹豫地增加头寸。

初级职员长期从事着时间长、薪水低的工作，日复一日地用手算和滑尺检查交易物，学习管理公司的"账簿"，掌握交易所的礼仪。几年后，他们中的幸运者会被提升为"交易员"，开始获得交易权。转正升级后，会有人把年轻的交易员从交易厅送到合伙人的办公室，在那里授予他们名牌，颇具证券交易所特有的仪式感。汤米回忆起自己成为"正式职员"的那一刻，依然心怀敬畏：

> 我被叫到合伙人的房间，他们问我："你愿意当一名交易员吗？"我随口答了句："不知道。"我当时完全呆住了。我没料到，以我的条件还能当上交易员。于是，我赶紧改口道："我愿意，我很想试试。"然后，我就转正了，那

个早晨,我此生难忘。

温特弗拉德没有经历过那种合伙人当面授权的转正仪式。"我倒是记得有个特别讨厌的高级合伙人。"他回忆道。

> 他喜怒无常,每天都在赌马。他把生活过得一团糟,后来抛弃家庭跟另一个女人私奔了。我获准进入交易所大厅的那天,他把手插进口袋里……对我说:"好,温特弗拉德,你转正了,"然后把手伸出来,递给我一样东西,那是我的名牌,我的入职名牌,接着,他又加了一句,"小心为妙吧你。"

"Mind your eye"是人们常说的一句古话,意为"当心"。在拉丁语中,有一种幽默的说法可以来表达这个意思:men tuum ego。温特弗拉德还记得,初为合伙企业的正式交易员时突感责任重大,他持有交易账簿,用合伙人的钱,依赖合伙人的无限责任进行交易。合伙人们对自己的财产和"侍者"敲槌环节尤为关注:

> 人们在(交易)时,我喜欢站到他们身后观察。这时,如果高级合伙人突然冒出来吼一声"当心",我就会被吓到……记得有次他在交易所外的赛马场赌马,那天手气很差,回来后,他坐在交易场内说:"你今天都干了些什么?"我说:"嗯,没做很多事,先生,但有一两件事你可能会喜欢。"他走过来看了看那一页账簿,我说:"您注意

到了吗,先生,这里,这里。'他却来了句:"只有失败的经验才有价值。"

学徒制体现了维系交易所运行的社会架构。学徒必须先花数年的时间了解交易所的人和物,才能接近金钱。最终,有望换来一个"正式任命的职位",即交易所的一个席位,成为会员。然后,才能真正开启职业生涯,凭借个人的性格、能力和运气,在某个领域或项目中建立声誉,成为获得坦噶尼喀[1]特许经营权的专家、保险专家、套利专家、期货溢价专家,牛股或熊股专家。最终,他们或许能像温特弗拉德和交易商汤米一样,赢得合伙人的身份,开始向下一代传授技能。正是因为存在层层进阶的学徒制度和各司其职的会员架构,伦敦证券交易所才能如此经久不衰。但也是出于同样的原因,它才如此因循守旧、故步自封。

* * *

在第二章中,我们探讨了芝加哥期货交易所的诞生,了解了农业市场以及铁路、电报和市政项目的融合如何促成了早期金融衍生品市场的形成。起初,这些市场就是由商业利益驱动的经济实体;直到后来,法官霍姆斯公开表态称,"这些合规的人进行的投机交易相当于社会的自我完善和调整",此类交易才获得了道德上的认可。第三章探讨了伦敦市场是如何从交易巷咖啡馆混乱无序的交易中发展起来

---

[1] 坦桑尼亚的一部分,位于非洲东部。

的。与芝加哥一样，伦敦市场也是围绕政商共同关注的领域蓬勃发展的。芝加哥交易所的发展与芝加哥这座城市的显赫地位密不可分，而伦敦证券交易所则似一辆铆足了劲的大车，在新成立的股份公司，尤其是英格兰银行和东印度公司的股权架构的推动下高速前行，通过它可以买卖新的国债。伦敦的交易员成为国库和商人之间的桥梁，前者谋求资金用于对外战争，后者则希望自己的资本能获得安全可靠的回报。

也就是说，我们已经勾勒出证券交易所诞生和发展过程中涉及的物质层面、政治层面和历史层面的纠葛。我们已经看到，作为商业组织，证券交易所（和衍生品交易所）是如何被其成员的商业利益所驱动的。交易所依赖国家给予支持，赋予合法的地位，这往往会削弱人们创建交易所的热情。到了20世纪60年代和70年代初，当交易商们还在高唱《马赛曲》的时候，伦敦证券交易所已经陷入困境。如18世纪一样，亟需筹集资金的国家发行了如此高利率的国债，股票投资相比之下黯然失色。鉴于严格的监管措施，小规模公司基本上无法公开发行股票。政府将伦敦证券交易所视为监管者，赋予了它类似公共机构的角色，交易所的经理们也在潜移默化中认可了这种定位，所以才会拒绝菲亚特上市。但是，这样一来，业务量就减少了，交易所会员的发展空间也跟着缩小了。随着一些会员的退出，企业会员惨遭资本流失和技能缺失，但高额的个税加重了个人的负担，使其很难拿出资金支持合伙企业重组资本。由此引发的整合和兼并大潮持续了10年之久。英国各地的交易所纷纷倒闭，业务纳入伦敦证券交易所。19世纪铁路和造船业股票兴起时，格拉斯哥（Glasgow）、爱丁堡（Edinburgh）、阿伯丁（Aberdeen）和邓迪（Dundee）证券交易所在苏格兰应运而生。1964年,它们统一并入了苏格兰证券交易所。1973年,苏格兰证券交易所也关闭了。伦敦证券交易所的企业会员也未能躲过这次兼并大潮。1960年,伦敦证券交易所拥有405家企业会员;到了1970年,合伙人的数量基本没变,但会员企业却只剩下223家。

经济复苏后,这些企业会员可能会发现自己因为缺乏竞争对手而处在了更好的位置。但当时,会员们都在忙着做点小生意,勉强维持生计。温特弗拉德夫妇在衬裙巷(Petticoat Lane)尽头的瓦兰斯路(Valance Road)开了一家小饰品店,店名取作"弗拉德家"(Fludds)。其他人的情况还不如他。温特弗拉德回忆说,他遇到一位同事在卖地毯小片——"不是整块地毯哦,是地毯小片!"很难相信,金融从业者也曾如此落魄过。交易商们的嘴边每天念叨着"2先令6便士",那是他们上下班的地铁交通费。交易所还是老样子,似乎不愿意做出任何改变。交易所的会员所有制结构阻碍了变革,规范和准则也一直没有更新调整。不过,阿塔德认为,也只有在20世纪60年代,工薪阶层的年轻小伙子才有望跻身合伙人行列。在追求时尚的60年代,人们在交易所里唯一能看到的变化就是年轻交易员们的穿着打扮:衣领是软领、鞋子是古巴跟高跟鞋,他们还留着鬓角,穿着马海毛套装。"我们引领了变革,"有人感叹,"想想那时候,我可真傻呀。但当时自我感觉很好。"再往前数十年,交易所可是坚决不能接受这些风格的。1953年,温特弗拉德还在做信使时,有次没穿符合规定的黑色鞋子,他刚迈入交易所的大厅,就被人喝止:"棕色靴子!棕色靴子!"

2017年1月,过完80岁生日不久,布莱恩·温特弗拉德就在证券交易所敲钟,正式宣告结束其职业生涯。这位曾靠经营小饰品店维持生计的男人如今已是千万富翁了。他可以包一架私人飞机去法国科西嘉岛的私人度假屋，也可以在佛罗里达的度假村里过冬，那里每晚都有排舞[1]表演。他创建了温特弗拉德证券公司（Wins），并于20世纪90年代早期将其出售，但此后多年仍继续负责经营公司业务。据报道，该公司于2000年盈利达1亿英镑。他是怎么走出困境，实现财富大逆转的？这些一贫如洗的做市商又是如何在短短20年的时间里，从世人眼中的穷光蛋变成大富豪的？在另一场非同寻常的金融变革中，我们可以找到这些问题的答案。

[1] 即排成排跳的舞蹈，源于美国70年代的西部乡村舞蹈，属全球化健身运动类别的一个分支。

04

撒切尔可千万不能出事

二战后,在"老房子"硕大的穹顶下,交易厅的一隅,赛狗场股票曾风靡一时。有一位身形异常高大的男人经常出现在这里,他的名字叫西德尼·詹金斯(Sidney Jenkins),有人叫他"狗王"。他在所有休闲领域的股票交易上都拥有极好的口碑。1960年4月1日,愚人节当天,西德尼·詹金斯和他的儿子安东尼(Anthony)成立了西德尼·詹金斯父子有限公司。20世纪60年代初,西德尼的另一个儿子约翰也加入了该公司,从初级职员做起。安东尼说:"我们是家族企业,大家彼此熟识。谁什么时候成的家,什么时候通过驾照考试的,我们都一清二楚。那时候,日子过得很惬意。"

这家公司专门经营休闲股票,主要涉及赛狗场和度假村两个领域。在航空公司还未向英国公众开通飞往西班牙海滩的廉价航班之前,巴特林斯度假村和珀汀斯度假村的生意十分火爆。这门生意在市场中被视为"不正当"交易,但它又不存在"不正当交易"的典型特征——金融投机行为。西德尼·詹金斯本人可能算是"狗王",但他把生意打理得很好。他的公司声誉极好,而他个人与相关股票发行公司的董事也都私交甚厚。詹金斯一直不敢涉足过度交易[1]，"破产之槌"也令他心生不安，因为只要交易所的大礼帽"侍者"一敲槌，就意味着一家交易公司倒下了。他小心翼翼地做着风险交易，从不向他人借钱和股票。"父亲说'我就想晚上能睡得踏实一点'，"安东尼回忆说，"那时候，我们的生意做得不错，员工也都很能干，父亲就说：'那我为什么要过度交易呢？'过度交易一直是他不敢尝试的领域。这不难理解，要知道，那时候，父亲在交易所目睹侍者敲响了那么多次'破产之槌'，见证了那么多家公司的破产。"

詹金斯家族有两点令人印象深刻：一是身材高大，二是举止得体。有个小伙子曾在一家经纪行做事，他忆起，第一天上班就独自一人走进交易厅（不知道为什么没人带，应该是特殊情况），一进门就被卷入了熙熙攘攘的人群，十分无助："我毫无头绪地逛了一圈，发现好像迷路了。这时候，一位高大的男人弯下腰，对我说：'第一天上班吗，孩子？'我说：'是的，先生。'他说：'有什么我能帮你做的吗？'于是，我就跟他说了我的困惑，给他看了看我必须搜集的价目表。这个男人就是西德尼·詹金斯。"此外，还有一位经纪人认为这家人过于慷慨："举个例子，假如你有一家慈善机构，你想筹集一些善款，这家人就会于周五下午在交易厅中央放一只桶，亲自把桶装满，或者让人把桶装满。"总之，他们口碑极好，这点在当时证券交易所的交易厅里至关重要。

从这些生动的回忆中，我们可以瞥见赫赫有名的伦敦证券交易所在20世纪80年代初的大致轮廓：组织严密但略显呆板、交易量不大、

---

[1] 指短时间内来回交易次数过多或者仓位过大的交易。

交易商们都比较慎重，他们大概需要每天晚上整理账本，指着稳定的进账才能踏踏实实睡个好觉，哪怕少点也行。1981年，西德尼·詹金斯离世，安东尼继任高级合伙人，但是没做多长时间。一年后，安东尼的弟弟约翰接任。约翰专门从事"场外交易"，他经手的那些股票甚至没有在伦敦证券交易所上市。经交易所豁免后，交易商可以交易这些股票，但是他们必须遵守"配对交易"[1]规则。对此，约翰是这样解释的：

> 那时候完全禁止持有（未上市股票的）头寸，所以你必须设法把买家和卖家的信息匹配在一起。一天结束的时候，无论你买了什么，你都必须全部卖出，你不能做空或做多，所以你必须完全持平，我以前还挺喜欢那样做……那时候应该是80年代初……当时我一天可以赚1000英镑，而我要做的就是配对、配对、再配对。没人愿意干那活，没人愿意填各种表格，没人愿意跑来跑去同时还要不断思考和调整，比如，客户愿意买1049股吗？我知道他想买1000股，不知道他能不能接受只买963股？你必须把这些信息拼凑在一起，再做决定……不过，话说回来，在那个年代，我可是一天能赚1000英镑啊！

一天1000英镑，来钱确实快。那是20世纪80年代初，当时西德尼·詹金斯父子有限公司还是伦敦证券交易所规模最小的交易公司。

---

[1] 一种金融投资策略，主要是通过做多一只股票同时做空另一只与其存在某种相关性的股票而获得平稳收益。

1984年，这家依然微小的公司在5分钟的交易中赚了100万英镑。1986年，它被投资银行吉尼斯-马洪收购，后又被日本银行巨头野村银行收购。到了1987年，这家公司成了一家国际银行的交易部门。如果它在一天的交易中损失了1000万英镑，它可以在接下来的几天里追回大部分损失。这样看来，一切都在悄然改变。

从20世纪40年代后期到60年代末，铁幕[1]两边的生产力和生活质量都得到了持续提升。究其原因，主要是工业领域的就业机会增多了，很多农民进入城市在工厂就业。经济学家将这种经济现象称之为粗放型增长，即增加了新的生产要素，而非集约型增长，那是利用同样的资源设法获取更多的产出。在西方自由主义国家阵营，以1944年布雷顿森林协定[2]为中心的政治经济体系奠定了美国在全球经济中的领导地位。该体系将美元汇率与黄金挂钩，将其他货币与美元挂钩，新建了国际货币基金组织和世界银行等国际金融机构，以促进跨大西洋运转。经济相对较弱的国家可以选择将美元作为外汇储备货币，以维持金融稳定。中东生产商施加的剥削性政治压力在一定程度上保证了汇率稳定、美元坚挺，以及进口石油价格低廉，美国国民经济因此受益。国际货币流动促进了全球金融市场的增长，到20世纪70年代，美国监管机构已逐渐放松了监管力度，放任了伦敦的那些大型美元货币市场的发展。英美监管机构战略性地忽视了"欧洲美元"[3]市场，拓展了美元的市场深度，增强了美元的市场流动性，为其成为全球储备货币创造了条件，而英国也在创建

---

[1] 苏联和东欧等社会主义阵营在对西方国家的关系中所建立的障碍及彼此间的隔绝。
[2] 第二次世界大战后以美元为中心的国际货币体系协定。
[3] 指储蓄在美国境外的银行而不受美国联邦储备系统监管的美元。

这些市场和相应基础设施的过程中获得了经济利益。这些"欧洲美元"市场是当今全球离岸金融业务的发端，运行顺畅，创造了不菲的价值。后来，苏俄[1]也加入了该体系，以安全的方式匿名存入600亿美元。

好景不长。国际金融市场逐渐变得难以控制，甚至开始对过度膨胀的美元施压。1971年，美国放弃了金本位制[2]，并试图让美元贬值以改善其出口前景。这给那些在中央储备中持有美元的发展中国家造成了巨大的损失。这些发展中国家有很多是生产石油的，于是他们联合起来抬高了石油价格。伊朗国王声称："那些工业国家之前依靠廉价石油取得了巨大的进步，赚取了惊人的收入。现在他们必须认识到，那些好日子已经到头了。"随后，西方国家遭受了多重经济冲击，英国和其他许多国家一样，在经济衰退和通货膨胀的双重大山下苦苦挣扎。从1974年1月到3月，煤矿工人因通货膨胀导致的工资缩水而举行罢工，燃煤发电站燃料因此短缺，英国每周的工作日甚至被迫减至3天。除此之外，后凯恩斯主义[3]的影响力和社会接受度也在缓慢下降，因为它似乎无法应对当时的危机。取而代之的是弗里德里希·哈耶克（Friedrich Hayek）[4]和米尔顿·弗里德曼（Milton Friedman）[5]的理念。他们倡导自由市场，主张实施货币控制政策，逐渐被越来越多的人认可。自由市场主义者思想激进，组织严密，向往安·兰德（Ayn

---

[1] 俄罗斯苏维埃联邦社会主义共和国。

[2] 以黄金为本位币的货币制度。

[3] 凯恩斯主义经济学主张国家采用扩张性的经济政策，通过增加需求促进经济增长。凯恩斯的追随者对凯恩斯的经济理论进行了解释和补充。西方经济学界把这种在凯恩斯理论的基础上发展起来的经济理论称为"后凯恩斯主义"或"新凯恩斯主义"。

[4] 奥地利出生的英国知名经济学家、政治哲学家，1974年诺贝尔经济学奖得主。

[5] 美国著名经济学家，芝加哥大学教授，1976年诺贝尔经济学奖得主。

Rand）[1]笔下的个人主义乌托邦。这些理念得到了广泛传播。1979年，保罗·沃尔克（Paul Volcker）领导下的美国联邦储备系统（美联储）采取了与凯恩斯主义相悖的明确的货币控制政策，将美元利率推高，使得大量资本回流美国，而其他国家却因此陷入了绝望的衰退。

由于人们从工业生产中获得的价值越来越少，资本开始在金融经济中流通。在这种情况下，资本的自我指涉倾向越来越明显，即人们不再将资本投资于生产性资产，而是投资于债务、衍生品和其他类型的金融工具。人们不喜欢看着金融资产静静地躺在资产负债表上，而是设法将它们打包并四处转移。资产本身形成了闭环，人们也调整了商业模式来赚取更多的资产。华尔街出现了新的概念，如证券化和金融工程，这一概念巧妙地将金融模式和债务证券与铁路、桥梁、工厂以及工业生产的其他实体标志混为一谈。由此，我们这代人自己的金融化时代也正式拉开了序幕。在20世纪80年代中期，这一切看起来像是黎明破晓前的那缕曙光，至少对那些得利者来说是这样的。

当前的自由贸易史学认为，以玛格丽特·撒切尔（Margaret Thatcher）为首的保守党政府打破了传统壁垒，撕毁了规则手册，简化了繁文缛节，将伦敦扶上了全球金融中心的宝座。下面这段文字发表于2020年，内容颇具代表性："剧变将至。论变革的魄力，还有谁比得过撒切尔夫人？墨守成规的老伙计们是该让一让了。放松监管，鼓励竞争，让市场蓬勃发展吧。"事实上，政府在针对金融领域的问题上表现得非常怯懦，如果非要说是政府出台的政策改变了伦敦，那也

---

[1] 俄裔美国人，20世纪著名的哲学家、小说家，强调个人主义的概念、理性的利己主义以及彻底自由放任的市场经济。

是新政府最早进行的那批改革产生的意外收获。1979年，保守党政府废止了限制资本流入和流出的法规。之前的"外汇管制"甚至限制了游客的度假资金。之所以那样设计，是为了保持英镑的稳定。那是战后金融方案的一部分，该方案以布雷顿森林体系和金本位制为中心。现在，这个方案正在逐步瓦解。

伦敦证券交易所时任主席尼古拉斯·古迪森（Nicholas Goodison）爵士称，外汇管制严重威胁了英国的金融中心地位。但讽刺的是，外汇管制最大的受益者却是交易所本身，因为货币管制使得海外投资者无法交易英国公司的股票，从而保护了交易商的利益，他们可以拿到满意的固定佣金。涉及英国"蓝筹股"[1]（市场上最大的那些公司发行的股票）的交易订单都比较大，成本还比较低，利润颇丰。因此，外汇管制一取消，纽约等地的经纪人就开始交易英国公司的股票。他们的公司早就在伦敦设立了办事处。20世纪70年代，受日益增长的国际证券和"欧洲美元"市场的吸引，许多跨国企业在伦敦开设了办事处。他们可以精心挑选大宗订单，以低廉的交付价格与受固定佣金制度束缚的伦敦交易商展开竞争。这样一来，伦敦证券交易所就陷入了尴尬的局面，外国竞争对手抢走了利润丰厚的交易项目，但它仍须对规模较小、成本效益较低的交易项目提供固定价格。没有了交叉补贴[2]，交易商也陷入了困境，他们向交易所施压，要求改变规则。交易

---

[1] "蓝筹"一词源于西方赌场，在西方赌场中，有3种颜色的筹码、其中蓝色筹码最为值钱。证券市场上通常将那些经营业绩较好，具有稳定且较高的现金股利支付的公司股票称为"蓝筹股"。

[2] 交叉补贴是主导运营商运用其市场主导地位进行的一种妨碍竞争的定价行为。其思路是，通过有意识地以优惠甚至亏本的价格出售一种产品，而达到促进销售盈利更多的产品的目的。

所是愿意的，但再次让人感到讽刺的是，保守党政府竟成了改革的主要障碍。1979年，公平贸易办公室（OFT）将交易所告上了法庭，指控其存在限制性行为。古迪森试图公开谈判，但政府担心八卦小报会乱写，没有同意。针对OFT的攻击，交易所不断为自己辩护，也因此在单一资格制和固定佣金制中越陷越深，而这些正是政府希望改革的制度。

然而，1983年，撒切尔赢得了第二次大选。有"铁娘子"之称的撒切尔采取了强硬的对抗性政策。新任命的贸易与工业部大臣塞西尔·帕金森（Cecil Parkinson）愿意与交易所谈判。经过谈判，双方达成了一项协议——《古迪森—帕金森协议》。协议取消了最低佣金的规定。单一资格制也随之被取消，因为佣金可协商后，经纪人之间可直接交易，作为中间商的交易商被迅速淘汰出局。变革定于3年后实施，即1986年。那年的10月27日，星期一，就是伦敦启动金融"大爆炸"的日子。

在此之前，伦敦证券交易所的运作方式非常特殊。它实行"单一资格制"[1]，所以经纪人无法用自己的账户进行交易，也无法在交易所大厅以外的办公室里结算交易。交易商代经纪人完成交易，但从不与客户见面。这项制度伴随交易所走过了两个世纪，巧妙地阻止了暴利投机行为。除了交易商提供的报价之外，经纪人没有任何信息可向客户提供，而交易商为了抢到生意，只能开出低廉的价格。单一资格制和固定佣金制组合在一起，使得交易所在其交易机构身份之外，还充当了监管机构，维护了能让普通投资者正常交易所需的准则和规范。

---

[1] 即经纪人和交易商分工明确，各司其职，不能兼任。

不利之处在于，对客户来说，交易成本高昂，而且只有那些提供咨询服务的经纪人才能进入市场，所以普通客户其实是被拒之门外了。这样看来，我们似乎应该认同专家的话："这一切都太过保守了"。投资银行施罗德（Schroders）的董事长安德鲁·比森（Andrew Beeson）当时曾在一家小公司做股票经纪人，他说那就是一个舒适的"垄断联盟"。1985年时，大家可能会认为脱离该联盟似乎不会有更好的发展，甚至可能有点畏手畏脚。如今，我来到了银行的高管办公套房里，看到屋里摆放着经典的切斯特菲尔德长沙发[1]，墙上挂着"老大师"[2]的画作，灯光照明设计得一丝不苟。在这里，我见到了业界大佬比森，他身材高大、着装精致、言语周全。这时候，我们借助上帝视角再来看刚才讨论的这个问题，就会发现那时候的人们根本没必要担忧。

说到这，我意识到我们还应该关注一下市场社会学的另一个重要现象：那些苦心竭力爬上有利地位的人一定会千方百计保住他们的位置。保住位置，就能使大家接受并习惯那些对他们有利的因素，并将这些有利因素"固化"在市场结构中。因此，正如社会学家格里塔·克里普纳（Greta Krippner）所言，"每一次市场交易背后都有着一段斗争和争论史……从这个意义上讲，每一个市场行为都蕴含着国家意志、文化习俗和政治局势"。当时的情况似乎并不乐观：交易所面临着与国外金融力量的竞争，很多公司被迫削减佣金以维持业务量。但是，公司要想在这个刚刚解除外汇管制的金融丛林中生存，就

---

[1] 一种扶手与靠背同高的沙发款式。
[2] 尤指欧洲13至17世纪的绘画大师。

必须扩大规模、赚取更多的利润，同时还要能够整合更广泛的服务资源。因此，伴随着对单一资格制和固定佣金制的改革，还出台了第三项规定，即允许外国公司成为证券交易所的成员。但像西德尼·詹金斯父子的那间小公司和其他规模不大的公司，靠什么才能引起全球投资银行的兴趣呢？

* * *

20世纪80年代的英国充斥着政治暴力，工业领域也动荡不安。据媒体报道，在1984年6月18日的"奥格里夫之役"中，警察骑在马背上用警棍不断敲击抗议者的头部，一些抗议者则朝着警察投掷瓶子和石块作为回击。这场突如其来、力量悬殊的武力对抗粉碎了矿工们的斗志，人们从中看到更多的是政府的独裁专政，而非民主协商。撒切尔政府推行的变革摧毁了苏格兰的工业、英国东北部的煤矿业、约克郡和南威尔士的煤矿业和设计制造业、黑乡（Black Country）[1]的钢铁厂以及斯托克（Stoke）的陶瓷业。在伦敦东区日渐萧条的沃平码头区，鲁珀特·默多克（Rupert Murdoch）试图削弱印刷工会的力量，印刷工人因此对默多克展开了各种攻击。这场争执实质上是阶级斗争，一方是工业生产中心的工人阶级，另一方是撒切尔政府在全国范围内扶持起来的新有产阶级，由店铺老板和小企业主构成。斗争的终极目标是将政治权力从工人阶级手中转移到有产阶级手中——将劳动力转化为资本。

---

[1] 位于英格兰西米德兰兹，原为重工业地带。

通过对抗来摧毁工会——武装镇压奥格里夫之役中罢工的矿工和"围攻沃平"中的印刷工会——只是撒切尔政府的手段之一。另一种从长远来看更有效的方法是,努力从道德层面获取更多资本的支持,即壮大有产阶级的队伍。她确实这样做了。在她的众多政治追随者中,"塞拉一族"就是典型的例子。他们从工人阶层跃升为有产者,新买了市政福利房产,能在专属的私人车道上擦拭自己的汽车。"塞拉"指的是福特塞拉,是当时典型的经济型中档家用汽车。战后人们之间达成的团结一致、互相支撑的社会契约随着与之相伴的经济制度一同终结。新思潮蔑视集体行为,推崇个人主义和家庭价值观。撒切尔曾借用自由市场经济学家米尔顿·弗里德曼的话说,"根本不存在社会这种东西"。新思潮中还不乏对国家干预的蔑视,认为国有资产——无论是市政福利房产、基础设施、重工业还是公共事业——都是浪费和不民主的体现,这种观点同样源自弗里德曼。政府需要摆脱其传承的国有产业,这些效率低下、官僚作风严重的庞然大物需要大批私营企业和周密的市场纪律来整顿。

通过一系列大规模的私有化举措,政府将这些机构(现在已是公司)的股份出售给公众,通常以保证快速获利的低价售出。然而,作为英国的公民,没人意识到他们本来就拥有那些刚刚被卖回给他们的资产,也没人担心,废除国有化行业中的交叉补贴定价策略,可能会让私有企业只攫取市场中利润丰厚的部分,舍弃利润薄弱的部分,造成长久的歧视和不公。更无人想到,致力于追求股东回报最大化的企业势必存在投入资金不足的情况,为子孙后代留下不尽如人意的基础设施;长此以往,私营企业将不愿也无法与更廉价的外国劳动力竞争,最终多数只能被迫关闭,在英国的大部分地区留下一片片后工业时代绝望的荒原。

恰恰相反。私有化被奉为天赐甘露，有了它，仿佛可以日进斗金，民众也因此燃起了对股市的强烈兴趣。此时，市场上出现了一类新型投资者，塞拉一族也可以在其与日俱增的资产组合中增加一些英国天然气公司的股票。这类新型投资者甚至还有专属的名字——希德（Sid）[1]，这个精心挑选的名字显然是为了吸引新的保守党支持者。它代表着那些普通的中年人，他们于婴儿潮时期出生，经过辛勤劳动逐渐过上了富裕的生活。政府请人为新股发行制作了一系列巧妙的电视广告。希德是广告片中的主角，但是一直没有露脸。我们只是看到一群陌生人口中念着"如果你看到希德，就告诉他新股发行了"这句广告语，传递着新股发行的消息。这些人中有邮递员、送奶工、乡村酒吧里的男人、外出购物的老太太，他们都是参与股市投资的主要群体，是支持保守党的新兴主力。在英国各地，人们操着不同的方言说着这同一句广告语。当你们发现街头巷尾的男女老少都在忙着给希德传递消息，而希德始终没有出现时，你们就应该明白，这句广告语明显是说给你们，说给所有观众听的，并不是说给某个特定的人。经济模式在悄然改变，虽然变化还没有那么大：广告结尾处的旁白建议致电指定的经纪商——N. M.罗斯柴尔德父子公司，用的是吐字清晰的英国上流社会口音，坚定地捍卫了既定秩序。

对于交易所场内的交易员来说，天上真的掉下来大馅饼了。第一个大事件是1984年11月英国电信公开发行股票。幸运的投资者赚了几百英镑，而投机商则赚得盆满钵满。虽然许多交易公司的规模还很

---

[1] sid原意为试验新汽车侧面碰撞对乘客会有何影响用的侧撞试验假人。

小，政府的经纪人在分配财富时却做到了一视同仁。其中规模最小的要数西德尼·詹金斯父子有限公司，该公司在电信行业完全没有经验，但获得的份额几乎与大公司相同。"小伙子们听说了英国电信要有大动作，"约翰·詹金斯（John Jenkins）说，

> 于是，他们去见了办事处的经纪人，说："我们想试试。"我们和英国电信没打过交道，也没有做过任何电子业务，什么都没有。他们直接去找办事处的经纪人，就得到了和所有做市商相同数量的股票……90万股英国电信的股票。我们在首发的当天早上第一时间卖掉了这些股票，赚了近100万。

"我们实际认购的股票大约有95万股，"约翰的哥哥安东尼坦言，

> "要知道，像阿克罗伊德（Akroyd）和韦德（Wedd）这样的大公司，也就赚了140万。对于我们这种小公司来说，能分得95股，已经是非常不错了，因为我们拿到了全部的利润。即使这样，我也并非百分百满意，因为再划算的交易都会有风险。"

无论卖出与否，认购股票的交易商都必须在第二天付款。"如果玛吉·撒切尔（Maggie Thatcher）出了什么事，"安东尼想，"或者又爆发战争了，那么手里攥着这些股票，就意味着要么大赚一笔，要

么倾家荡产。"对于陷入这种担忧的安东尼，我们很难共情，也很难相信，在英国政治经历了翻天覆地的变化，市场热情突然高涨的情况下，这些交易公司真的会愿意承担这么大的风险。英国电信的首发股票是伦敦证券交易所有史以来最赚钱的一批股票。接着，更多的公司紧随其后开始发行股票，如1986年的英国天然气公司，1987年的劳斯莱斯和英国石油公司。（1987年10月，在20世纪最严重的股市大崩盘爆发几天后，英国石油公司的首发股票遭遇停牌。承销商，尤其是美国的承销商，在这笔交易中损失了数亿美元。看来，安东尼确实不是杞人忧天。）

由于伦敦证券交易所放宽了对外资所有权的限制[1]，20世纪80年代，伦敦向所有人敞开了它的百宝箱。对于寻求向东发展的美国公司和向西发展的欧洲或澳大利亚公司，它充当了桥头堡的角色。这是获准进入庄严的伦敦证券交易所的好机会，在此之前该交易所已对外封闭了200年。要在交易所获得一席之地，最简单的方法是收购一家已经拥有会员资格的公司，因此各方竞购者络绎不绝。外国买家发现交易商因买卖这些公开发行股票获利丰厚，就以高价将其抢购一空。詹金斯父子公司被吉尼斯-马洪公司收购，而吉尼斯-马洪公司很快又被日本野村银行收购。比森的公司在1984年被格林德莱斯银行收购，后又立即被澳新银行（ANZ）吞并。基特·霍尔的浩威证券是金边证券经纪公司中最有实力的，因此早早就被太平洋安全银行收购了。太平洋安全银行来自美国洛杉矶，涉足领域甚至还包括"房地产"。它以810

---

[1] 外资所有权控制是指东道国通过行政、法律和经济手段限制外国资本在合资经营企业中所占的股权份额。

万英镑的价格收购了浩威证券公司29.9%的股份，这个价格给人一种"英镑符号在眼球后面上下跳动"的感觉，让人眼前一亮。确实，以当时的标准来看，这笔交易的金额是超乎寻常的。与此同时，巴克莱（Barclays）与交易公司韦德、德拉克（Durlacher）和经纪公司德佐特&贝文联手，成立了20世纪80年代实力强劲的BZW银行[1]。花旗集团合作了3家经纪公司，分别是维克斯·达·科斯塔（Vickers da Costa）、斯克林杰·肯普·吉（Scrimgeour Kemp Gee）和J. & E. 戴维（J. & E. Davy）。花旗集团在美国的竞争对手大通曼哈顿仅合作了两家经纪公司，即劳里·米尔班克和西蒙&科茨。此外，1986年，大通曼哈顿董事长还将其私人公司奎尔特·古迪森100%的股份出售给了法国巴黎银行。

　　交易商们惊得目瞪口呆。"1980年时还那么艰难……"比森说，"而短短4年后，突然有人要给我们1100万英镑。而且，是给所有合伙人分钱，我们当时的心情堪比过圣诞。"注意此处比森的措辞："给所有合伙人分钱"。这些人不是员工，也不是股东，而是在1986年10月碰巧处在了那个位置上的人。金融大爆炸不仅瓦解了交易所那套走过了200年风雨的体系，还彻底摧毁了城市的社会基础设施。在此之前，大部分公司都采取合伙经营模式。交易商利用老板的钱开展交易；因为合伙人每天都会仔细查看账目，交易商只能格外小心谨慎、如履薄冰。学徒挣不到什么钱，但他们可以通过努力，在交易所谋得一席之位，成为合伙人。晋升为合伙人后，他们就能过上舒适、安稳的日子，有朝一日甚至可能成为富人。如此，每个人的长远利益都和

---

[1] 全称为Barclays de Zoete Wedd。

公司的命运绑定在了一起：一旦公司破产，每个人都是输家。

但是，突如其来的大爆炸将这一切撕得粉碎。合伙人们一夜暴富，还带走了本属于未来合伙人的那杯羹。所谓的长远利益已不复存在。交易商纷纷离场，年轻人（多为大学毕业生）成了交易员中的主力。他们需要坐在电脑屏幕前，花费大量时间用来交易。业余时间，他们会奔向高级酒吧或宝马经销店；宝马比奔驰更适合年轻人，比保时捷更亲民，已成为城市里年轻的时尚达人首选的座驾。那些经营良好的公司通常由高调的企业家领导，很会迎合交易员的喜好，所以理查德·布兰森（Richard Branson）的维珍集团[1]、安妮塔·罗迪克（Anita Roddick）的美体小铺[2]、特伦斯·康兰（Terence Conran）的爱必居家居用品店和保罗·史密斯（Paul Smith）高档时髦的套装店在那些全球资本中心都发展得不错。与此同时，人们的工作压力骤增，交易员每天的工作时长是几年前根本无法想象的。年轻人要做的就是不顾风险疯狂赚钱。奖金文化取代了合伙人文化，人们慢慢淡忘了那些艰难的日子，就像从未经历过。更糟糕的是，证券交易所的新会员与老会员在企业文化上水火不容，老牌交易公司力不能支。据温特弗拉德回忆，有家公司曾发生过下面这样一件事：

> 这位公司的高级合伙人收到了1200万英镑的出价，就迫不及待地把这个好消息告诉了其他合伙人，并感慨道："先生们，上帝在眷顾我们啊。"大家听了，一个个欢欣鼓舞。

---

[1] 英国多家使用维珍作为品牌名称的企业所组成的集团。集团业务范围包括旅游、航空、娱乐业等。

[2] 高质量面部肌肤及身体护理产品零售商。

结果，不到12周，那笔交易就消失了，不复存在了。只能说，上帝确实曾经眷顾过他们！这些合伙人是美国人，他们像美军第五骑兵团[1]一样来到我们这里，以为自己无所不知。但事实并非如此，因为不了解我们的文化，他们付出了巨大的代价。

不过，那时正值经济繁荣期，谁顾得上在乎这些呢！大爆炸后的357天是伦敦金融城的财富高峰期，也是20世纪80年代牛市的顶峰。

股市持续上涨需要稳定的资金流。其中大部分资金来自私人投资者，这些新晋的"塞拉族人"从床垫下翻出所有的积蓄，或至少得从建房互助协会取出自己的存款，投入不断上涨的股市。"塞拉族"人人如此，女性也不例外。然而，仅仅一年后，股市就停止了上涨，给许多人一记重击。这记重拳不仅落在了私人投资者身上，也落在了年轻的金融新贵身上。在此之前，这些涉世未深的金融新贵甚至还未体会过投资有赚也有赔。而在1987年10月19日的那个黑色星期一，他们切切实实地体会到了。至此，20世纪80年代的金融故事就要讲完了，翻过这页历史之前，我们还需了解一些新现象，一些关于金钱的新发现。

---

[1] 比喻在某种情况下强势介入的团体。

第二部分　转动金钱科学的万花筒

05

发现价格　制定价格

《气泵里的鸟实验》（*An Experiment on a Bird in the Air Pump*）是德比[1]的约瑟夫·赖特（Joseph Wright）[2]于1768年创作的油画作品，现藏于伦敦的英国国家美术馆。画作立意非凡，发人深省。画中人物栩栩如生，走近他们之前我甚至故意放轻了脚步，想看看我突然冒出来能不能把他们吓一跳。我看到，他们围着一只玻璃罐，罐里有一只长尾小鹦鹉。罐内的空气一点点被抽走，不堪忍受的小鹦鹉奄奄一息，就要在窒息中痛苦地死去。亮光打在围观者的脸上，捕捉到了他们在那一瞬间的表情。光源是什么，我们不得而知，因为它被装有头骨的一大罐液体遮住了。坐在一起的那两个男孩目不转睛地注视着实验的进展，而他左边的那对年轻夫妇好像对这只可怜的鸟并不感兴趣。一个男人手指着那个罐子，正激动地向那两个男孩讲解着什么。他顶着一头乱发，裹着一件红色的晨袍，里面的衬衫还敞着领口，看

---

[1] 英格兰中部城市，坐落于德文特河畔。
[2] 英国画家，因主要活跃在家乡德比，常被称为"德比的赖特"。

着像一心扑在实验上的狂热分子。他的另一只手悬停在气泵的黄铜机件和旋钮上方。那时候,气泵属于精密仪器,外面还套着结实的木框。两个小女孩看到小鹦鹉这么痛苦也跟着坐立不安:一个用手捂住眼睛,另一个紧紧抓着姐姐的裙子。旁边有个男人指着那只鸟,正在安抚她们。他在说什么呢?或许他在说:"好了,这是科学。不要伤心了,这场实验非常了不起,专心看吧。你们还是小孩子,长大就懂了。"画中还有一个男孩正准备关上挂在天花板上的鸟笼,眼神中夹杂着怨恨和忧伤。画的最右边是一位老人。他把下巴抵在拐杖上,茫然地盯着眼前的仪器,仿佛陷入了沉思。跳出这些,我们还会发现,画中人物衣着华丽,屋内的实木家具晶光瓦亮,所用仪器造价高昂,背景中的门廊上方还有重工新潮的壁画灰泥装饰。种种细节,无不彰显着画中人的富贵奢华。在画的一角,月光透过大扇窗棂洒落进来,苍白惨淡。这是发生在乡间别墅内不同寻常的一幕。这些细节隐没于幽暗不明的背景中,不在赖特利用光线重点刻画的明暗对比中。

　　1771年,赖特还创作了一幅《寻找魔法石[1]的炼金术士》(*The Alchemist, in Search of The Philosopher's Stone*),这幅画也同样经典,我们可以将它与《气泵里的鸟实验》做一个对比。两幅画中都有光散发出来,照亮了画面,捕捉到了人们当下的表情,但两者的场景设置截然不同。而且《寻找魔法石的炼金术士》中的光不像乡间别墅中的光那么柔和,它是烧瓶内的物质燃烧后发出来的光,因此更炙热、更耀眼。画中,烧瓶底部被固定在三脚架上,烧瓶长颈连着一根金属管,管道通向斑驳破旧的砖砌烟囱。借着光线,我们可以看到室内用

---

[1] 旧时被认为能使其他金属变为金银或能使人长生不老的仙石。

石头砌了多道哥特式拱门，整体装潢偏教堂风；透过哥特式的竖框窗户，同样可以看到天上的月亮。烧瓶的旁边，跪着一个男人。这个男人满头白发，蓄着浓密的长胡子，裹着一袭破旧的长袍，看起来年事已高。火光从他的脸庞下方照上来，而他的眼睛正盯着天花板，看起来很像在祈祷。他的脚边散落着炼金用的瓶瓶罐罐、卷轴和地球仪。他的身后有一张书桌，书桌旁的两位少年面色凝重，正指着他窃窃私语。画的中间位置有一只清晰可见的钟表，那是这幅画唯一一处现代痕迹，显得有些突兀。

这两幅画反映了18世纪的科研变化，从私密的、玄妙的、孤独的个人追求发展为公开演示的广泛的社会行为。赖特的这两幅画从不同的层面描绘了现代实验科学的诞生，由此联想到金融领域，我们也获得了解读金融业务的灵感。我们发现，一些创业者单枪匹马投身市场，有时甚至是误闯市场，发现了价格的存在，就试着在黑暗中摸索定价效率[1]；与此同时，另一些企业家则通过一些文雅的方式进行着关于价格的物质性和社会性的公开探索，内容涉及价格的工具价值、专业知识，以及人们关于构成正确价格的要素的共识。通俗地讲，前者是经济学概念，后者是社会学概念。我们还可以借用这个类比来帮助回答：价格到底包含什么因素？这些因素为什么如此重要？要探究金融业务的本质，必定绕不开这两个问题。

我们接着这个类比往下说。炼金术士在实验室里独自钻研，偶然看到某种化学物质燃烧时发出耀眼的光芒，后将其命名为"磷"。据说，这磷是通过煮沸尿液得来的。金融人士大概认为金融业也是这

---

[1] 指价格反映信息的能力，或者说是价格反映所有相关信息的速度和准确性。

样运转的。个体交易者，有些消息灵通，有些吵吵闹闹，皆为利润而战，在他们各自为谋的博弈中，价格渐渐趋于一致。交易者承担风险，并通过利用期权定价理论[1]等知识应对风险；他们如同巨兽，用勇敢和冒险换取相应的回报。而另一幅画中的实验更像是一场公开演示，在这个过程中，为了达到特定的效果，暂时将自然法则搁置一旁；也像一场戏剧，糅合了最新的技术和知识，来公开一项发现。以我们现在的眼光来看，气泵似乎不怎么起眼，但在18世纪中期，它可是尖端仪器。如果泵出了问题，实验就会失控，也就得不到理想的结果了。其实，现在也是一样。随便采访一位实验科学家，向他了解一下实验室的工作日常，你总能听到工作台倒塌、仪器故障之类的故事。要让这些东西正常运转可没那么容易。那么多微小的部件中总会有蠢蠢欲动、不守规矩的，更别说当代先进科学的复杂仪器还有自己的个性，整个行业都得小心翼翼地对待它们。实验科学涉及的内容杂乱且非常耗时；就算不用作乡间别墅里的消遣项目，它也称得上五花八门的戏剧表演，算得上博学的教授获取会议和学术期刊认可的有力证明。金融业也是如此。它是一种团体活动，只有受过良好教育、出身富贵的社会精英才有资格参加。随着市场跟随太阳在全球范围内运转，测试和实验的过程也在不断推进。像科学家们一样，金融家们也在辩论：他们在21世纪的豪华酒店（对应画中的乡间别墅）会面，尝试解决争端，开发新的业务和新的赚钱门路。

我们来进一步探讨。科学社会学家认为，人类是借助实验仪器、经过科研实践，在社会关系和制度体系的框架内，发现一系列科学事

---

[1] 也称为期权定价模型，是一种旨在确定期权正确估价的理论。

实的。如果我们问什么是事实，他们会回答：万事万物。科学事实并非一动不动，故意露出片鳞半爪，等着我们去发现，而是科学领域的专家费力收集起来的。要获得这些事实必须得非常小心，因为它们也有一套运行机制，它们依赖这套机制的各个因素协同作用才得以存在。科学事实是制造出来的。这并不是说它们不够真实。事实的形成非常不易，事实不是观点，收集和整合事实会遇到各种各样的困难，意识到这些，我们就能更加认真地对待它们。但用不了多久，事实就会被归化、僵化、内化。人们将其视为理所当然的存在，将最初发现它们时的艰辛抛在脑后。但科学的演进反而需要这样的过程和态度，否则我们就得不断去定义那些最基本的发现。用布鲁诺·拉图尔（Bruno Latour）[1]的话来说，事实就是实验仪器和科学实践的"黑匣子"。只有陷入死局时，我们才会打开黑匣子，检查里面的东西是否存在问题。

价格也是如此。一个人的储蓄组合或抵押贷款的价值是绝对真实的。我们试着去理解价格并非自然存在的东西，并不是要以某种方式降低它的地位。但就像事实一样，价格也是在公开探讨、工具助力、社会干预和专业知识的协同作用下形成的。那么，价格中都包含了什么因素呢？答案是：一切因素，如电线、屏幕、电报或行情机纸带、人们共同遵守的交易惯例、计算方式、市场参与者最新颖的实践和知识、市场监管和费尽心思的游说、全球政治经济形势的转变等。形成物品的价格，就相当于在超级庞大的群体中达成集体协议，而这个

---

[1] 法国哲学家、社会学家、人类学家，提出了对现代与前现代、自然与社会、人类与非人类等基本概念的区别的质疑。

协议是由以上所有因素归结而成。在新的价格形成之前，这个价格会保持不变，持续时间不定，可能长达一年，也可能短则一天，甚至一微秒。

以伦敦同业拆借利率（LIBOR）[1]为例，该利率是每日计算的基本贷款成本。唐纳德·麦肯齐深入研究过LIBOR后认为，LIBOR之所以受关注，是因为多年来它一直被护在黑匣子中，金融界将其视为基本的合理事实。银行之间总是互相借贷。参考屏幕上提供的实时借贷价格，交易商就能轻松推断出贷款的成本。LIBOR办公室严格按照常规的每日定盘程序，向银行家们搜集货币的拆借成本。每天上午11：10之前，16家入选银行的代表会致电伦敦码头区[2]的同一间办公室，提供最合适的报价。麦肯齐说，有时某些银行代表忘记提供报价，办公室就会主动打电话给他们。然后，办公室将接收到的报价按大小顺序排序后，去掉最高的25%和最低的25%，算出其余数据的平均值，在上午11：45公布，这个平均值就是英国银行家协会的LIBOR。整个过程遵循的是典型的经验法则[3]，但正如麦肯齐所说，从社会学角度来看，这些数据还是很有说服力的。公布LIBOR，相当于公开了银行的预测信息供大众审视。同时，在形成LIBOR的过程中，最高的25%和最低的25%报价已被剔除，这意味着过于保守或过于激进的建议都已被剔除。

---

[1] 指在伦敦银行内部交易市场上的商业银行对存于非美国银行的美元进行交易时所涉及的利率。LIBOR常常作为商业贷款、抵押、发行债务利率的基准。

[2] 伦敦码头区，是位于英国伦敦东部，泰晤士河沿岸的水滨再开发地区的名称。

[3] 又称拇指法则，指一种可用于许多情况的简单的、经验性的、探索性的但不是很准确的原则。在经济学中，该法则指经济决策者对信息的处理方式不是按照理性预期的方式，把所有获得的信息都引入到决策模型中，而是只考虑重要信息，忽略掉其他信息。

如要撼动LIBOR，需要各方齐心协力。

每天上午11：46之前，没人会想起这项日复一日的简单计算，但它是整个附加金融交易体系中上层结构的基础。大约350万亿美元的衍生品价格与这个数字挂钩。麦肯齐写道：

从计算LIBOR的办公室针对恐怖事件或其他意外的应对措施中，我们就能看出这项计算有多么重要。首先，附近有一座配备类似的办公大楼时刻处于待命状态；专线已接通至负责计算的工作人员家中。此外，在250千米外，还有一个人员配备好的备份站点，也可以进行LIBOR的计算。

尽管LIBOR是被完全护在黑匣子中的，形成LIBOR的站点并不对外公开，但这个站点至关重要，为防止意外，甚至需要配齐两个备用站点。

作为一种利率，LIBOR反映了有关全球信贷供需的所有信息。让我们通过这两幅画提供的类比信息来思考这个问题。人们谈论它，使用它，好像它是通过实验发现的，是呼应金融人的好奇心浮现出来的自然物品。这不免让人联想到炼金术士跪在沸腾的烧瓶前的场景。然而，当麦肯齐阐述它的形成经过时，我们又会发现，这个过程更像是公开演示的气泵里的鸟实验。它利用了信贷经纪人的声带和白板作为实验器材；参考了专业交易员对他们能贷到多少款以及以什么利率贷到款的判断；在透明的环境中，未免声誉受损，这项定期的计算一直都进行得很公正；在最高层面则是关于包容和排斥的博弈，决定了哪些人能参与操纵定盘，哪些人不能。过程十分混乱，充满了争议和不确定性。竞争标准变来变去，丑闻层出不穷。同时，这个领域还具有排他性、秘密性和隐蔽性，也就是说，金融事实其实还是那些有资格处理这些问题的专家的专属领域，当然，世事皆如此。

2012年，多家银行串通操纵LIBOR的丑闻曝光。交易员被起诉，银行被处以巨额罚款。仅巴克莱一家就被美英两国的监管部门罚了数亿美元。这项调查在英国持续了7年，耗资6000万英镑。美国房主集体诉讼，称LIBOR造假直接导致它们丧失了抵押品赎回权，房屋也被收回，所以他们要求得到相应的赔偿。关于这类新闻，我们不妨代入炼金术士的价格观来解读，即正确的银行利率只有一个，任何与之偏离的利率都是不正确的。而这个正确的利率就存在于黑暗中，在那块等待被照亮的阴影中。这种说法很难激起人们对LIBOR造假真正的愤怒。LIBOR造假确实不对，但不能算是道德问题，更像是课堂考试中答错了题。所以，交易员们注意不要再犯错了！

像那些科学实验一样，价格的探索也需置于事实舞台上接受锤炼。接受了这一观点，我们就不难理解金融的另一重要特性：价格总是与政治息息相关的。从更社会学的角度来看，交易员的罪行不是报价不妥，而是为了私利扭曲原本正常的社会学进程，利用银行的社会影响力和特殊地位（并非所有人都有机会被征求对最佳借贷利率的看法）来中饱私囊。因此，一篇新闻报道曾写道，即使没有人的贷款受到造假的LIBOR影响，监管机构也应惩治这种犯罪行为。由于这桩丑闻，英国银行家协会失去了对这一利率的管理权，在撰写本书时，金融市场的参考基准正从LIBOR转向那些不那么依赖"专家判断"的指标，如"成本和风险"。这些说法皆出自英国央行行长安德鲁·贝利（Andrew Bailey）之口。事实证明，炼金术士的信念牢不可破。

＊＊＊

事实上，过去30年来，金融的发展一直是由社会惯例和计算技能的革新推动的，而这些革新常被夸大为神秘的炼金术。在20世纪的最后30年里，银行家们充分发挥了他们的聪明才智，推动了一系列重大创新，改变了金融的形态，也改变了我们今天生活的世界。以前，一些人通过社会和教育背景成功夺得了地位和权力。而现在，聚焦各种交易活动的金融实践体系成了获取地位和权力的通道。银行开始开展自营交易，越来越多地参与到我们现在称之为"证券化"的过程中。"证券化"是一个新词，指的是将其他种类的资产转化为证券（通常是债券）；传统的"兼并和收购"业务被一种新型的金融项目管理所取代，即协调各机构的资源来筹集和处理巨额资金。这两种模式以不同的方式催生了新型金融产品，以新颖的金融运算方法为支撑，要求重建金融领域的监管和文化框架。当然，要将这些变革付诸实践向来都很艰辛。

我们先来聊聊证券化。在第三章，我们了解了芝加哥交易所是如何形成农产品期货投机市场的。第四章回顾了关于期货交易的法律和道德争端是如何交由最高法院裁定的。争论的焦点是农产品，首席大法官霍姆斯发现投机商存在"平仓"或提前结算的做法，但仍然认为，如果需要的话，货物是可以交付的。这种说法从法律角度区分了合法投机与赌博。但金融期货不属于这个范畴。金融证券永远无法交付，因为它只不过是对未来不确定的收益来源的所有权。金融期货仍然是不道德的、非法的，也没有什么政治价值。有人认为，1929年的金融大萧条跟期货市场脱不了干系。说到这一点，美国立法者至今仍心有余悸。

20世纪60年代对大西洋两岸的金融交易商来说都是一段艰难的日子。作为干预型政府的监管机构，伦敦证券交易所日渐衰败。在美国，商品价格受到严格的监管，基本没有投机交易的空间，交易员只能无所事事地坐在交易场的台阶上看报纸。为应对开拓新业务的迫切需求，芝加哥交易所与芝加哥商品交易所（Merc）携手努力增扩交易场所。因期货与物价指数挂钩，仍属非法金融产品，芝加哥交易所就将业务重点放在了股票期权[1]上。虽然芝加哥监管机构对此非常不满，但因为股票证书是可以交付的，期权在理论上也算是合法的。唐纳德·麦肯齐和尤瓦尔·米洛（Yuvall Millo）回顾了这段历史，讲述了芝加哥期权交易所（CBOE）是如何于1973年应运而生的。

第一步是建立期权交易的可信度。交易所聘请了宣传人员和律师来普及期权交易的新理念，坚称期权交易不同于轻率、鲁莽的赌博行为，是靠谱的、科学的行为。19世纪的股票操盘手和股票行情机纸带阅读者曾借用统计学知识和对商业报表的客观分析，为他们的投机行为披上了科学理性的面纱。芝加哥的交易员们也开始套用主流经济学的说辞，为他们的行为辩护。

---

[1] 指买方在交付了期权费后即取得在合约规定的到期日或到期日以前按协议价买入或卖出一定数量相关股票的权利。

股价"随机游走"[1]的假设已存在约一个世纪之久，最早由巴黎经纪人朱尔斯·雷格纳特（Jules Regnault）于1863年提出。在整个20世纪50年代和60年代，伯努瓦·曼德尔布罗（Benoit Mandelbrot）、哈里·马科维茨（Harry Markowitz）和尤金·法玛（Eugene Fama）等数学家进行了一系列更为复杂的分析，进一步巩固了这一概念，形成了现在的"有效市场假说"（EMH）。众所周知，EMH声称所有可用的信息（以及一定数量的"干扰信息"）都已反映到了价格中；信息是以不可预测的方式出现，所以价格的变动是随机的。这一假说出来后，人们预测市场未来的希望也随之破灭。市场的未来无法预测。像杰西·利弗莫尔这样的投机者在股票行情机上看到的信息只是干扰信息的碎片，只不过人们善于在没有规律的地方挖掘规律。市场本就变幻莫测。

股价的随机性意味着股票交易存在一定的风险。交易员们称，金融期权可以作为应对风险的防范措施，就像农产品期货在应对天气和农产品市场条件变化中所发挥的作用那样。经济学家米尔顿·弗里德曼（就是我们之前提到过的那位经济学家）撰写了一篇文章，论证了货币期货交易的益处，并因此从芝加哥期权交易所获得了5000美元，相当于今天的4万美元。其实，除了强调期权交易的实用性，那些支持期权交易的人士能做的工作还有很多。事实上，他们也确实做了。

EMH是当代主流金融理论的基石。基于EMH发展出了一系列的理论和实践技术，很多都可以追溯到20世纪中叶的文化繁荣时期。

---

[1] 认为股票交易中买方与卖方同样聪明机智，股票价格形成是市场对随机到来的事件信息做出的反应，现今的股价已基本反映了供求关系；股票价格的变化具有随机漫步的特点，其变动路径没有任何规律可循。

哈里·马科维茨的投资组合理论[1]就是其中之一，它奠定了现代资产管理的基础。另一个是期权定价理论。因为费希尔·布莱克（Fischer Black）、迈伦·舒尔斯（Myron Scholes）和罗伯特·默顿（Robert Merton）三位学院派经济学家在期权定价方面取得的重大突破，期权定价理论成为20世纪经济学领域公认的最重要贡献之一。布莱克于1995年去世，默顿和舒尔斯因为这项贡献获得了1997年的诺贝尔奖。期权定价模型旨在帮助交易员构建反映真实期权的投资组合，以得出准确的价格。在这个过程中，该模型就像一台定价引擎，根据预测不断调整混乱的期权市场。同时，这些新颖的数学运算方法藻饰了这种新型交易，有效地推动了其合法化进程："我们现在可以调用当代经济学的全部主流力量来反驳任何非议期权的声音。"

1973年，为专注开展期权交易，芝加哥期权交易所成立。当然，还有一些别的因素共同促成了它的成立。1969年，理查德·尼克松（Richard Nixon）当选美国总统，美国证券交易委员会（简称美国证交会、SEC，美国的金融监管机构）的领导层随之发生了变化，建立了更有利于期权交易的金融制度。利奥·梅拉梅德（Leo Melamed）[2]和其他人携手促成了监管改革和文化变革。1973年，期权定价模型发表后，在接下来的几年里，市场参与者越来越多地采用该定价模型，巩固了衍生品交易作为当代金融引擎的地位，塑造了我们今天普遍认可的金融范式。在这种范式中，金融是构建在复杂的数学运算基础之上的，而没有接受过数学科学专业研究生教育的人是无法理解这么复杂

---

[1] 是指若干种证券组成的投资组合，其收益是这些证券收益的加权平均数，但是其风险不是这些证券风险的加权平均风险，投资组合能降低非系统性风险。

[2] 美籍波兰人，全球公认的金融期货创始人，被誉为"现代期货市场之父"。

的数学运算的。这些运算主要依靠交易员的经验和判断力,而这种核心技能的变化远不如期权交易支持者们所说的那么大,不过这些都无关紧要。如果价格与政治相关,那么定价就是一种权力行为;金融经济学这门新科学就是市场的门卫,决定着谁可以踏入市场大门从中获利,谁必须留在市场大门之外。

麦肯齐和米洛指出,期权交易获得合法地位所依赖的集体行为与有效市场假说所依赖的理性利己主义和个人行为完全背道而驰,这一点有些讽刺。芝加哥经济体系的建立需要一种明显有异于芝加哥特色的合作形式。若想用一种金融逻辑将在交易场内身经百战的交易员排挤出去,那这种逻辑必须基于约束这些交易员整个职业生涯中的契约和体系。但是,正如我们在前几章所讲的,市场对集体行为、社会惯例和利益互惠的依赖程度远远超过了期权交易最狂热的支持者愿意承认的程度。

* * *

金融数学的发展及其形成的关卡助力解决了金融界的难题:谁吃掉谁?谁是捕猎者,谁是猎物?美国中产阶级似乎属于后者。20世纪70年代末80年代初,华尔街的那些眼睛盯上了抵押贷款,认为机会来了。战后几十年,美国郊区发展迅猛,人们渴望拥有自己的房产,购置房产逐渐成了美国梦的重要内容,房主们的欠款叠加起来数额颇丰,对于那些从事债务买卖的人无疑是块诱人的蛋糕。问题是,当时的政府监管严重偏向借款人的利益。商业抵押债券的发起人、所罗门兄弟银行[1]的交易员刘易斯·拉涅利（Lewis Ranieri）曾分析说，抵押贷款"对借款人太有利了，其他参与者，甚至长期投资者的利益都严重受损"。尽管如此，放贷人还是欣然接受了这样的安排。抵押贷款债务由保守的小型储蓄银行持有，这些银行被称为"储贷银行"，即英国的房屋互助协会，可提供低风险住房贷款。此外，房利美[2]和房地美[3]这两大政府赞助企业还承保了其中一部分贷款，试图扩大符合资质的借款人规模，从而提升住房拥有率。

这些承保机构还提供了一些机制，通过这些机制，储贷银行可以转售贷款增加资金供给。他们购入贷款，将其制成债券打包出售，但只吸引到了专业投资者。作为一种投资渠道，抵押贷款存在若干问题。它额度偏小，且依附于个人，本质上是不稳定的。比如，郊区房主史密斯夫妇可能会失业、死亡或者办理转抵押。转抵押问题不容忽视，因为出于对房主利益的维护，有关法律规定任何人可在任何时候偿还抵押贷款，不收罚金。由于存在"提前还款风险"（从买方的角度命名），那些追求长期稳定性的养老基金会、企业和政府投资者都不太会考虑抵押贷款。如果利率下降，投资者手中的债券不会升值，而房主则会将贷款转抵押给更优惠的金融机构，退还给投资者一堆现金，而这些闲置的现金一时半会儿很难找到好去处。随着利率的下降，大多数债券的价格会迅速上涨，但抵押债券的价格几乎不会有什么大的波动，因为大家都知道，房主已经在偿还基础贷款了。

---

[1] 华尔街的著名投资银行，1910年成立，1990年代末被旅行者集团并购（现属花旗集团）。

[2] 即联邦国民抵押贷款协会，美国最大的政府赞助企业。

[3] 即联邦住宅贷款抵押公司，美国第二大政府赞助企业，商业规模仅次于房利美。

1977年，美国银行与拉涅利在所罗门兄弟银行的团队合作推出了首款个人抵押债券。与复杂的现实情况相比，这款债券的模式显得简单清晰。它采用了拉涅利提出的证券化结构，将许多个人抵押贷款收集到一个资产池中，将资产池划分为多个层级或区块。承担最低风险的层级受偿最早的提前还款，但利率最高；房利美和房地美承保的抵押贷款如出现违约也会被视为提前还款。承担中等风险的层级受偿接下来的前提还款，承担最高风险的层级受偿贷款时间最长的抵押贷款。这种结构的精妙之处在于，你不需要知道这些个人抵押贷款都属于什么层级，它们会按照提前还款的时间自行分类。但你可以估算出每个层级的偿清时间，还可以根据统计数据，从总体上对提前还款的可能性（风险）与承诺的利息收益有一个恰当的了解。作为一种标准化的工具，抵押债券将现实中的不确定因素转化为了稳定的、可预测的回报流。

这种债券就像知识机器，它可以将一种知识转化为另一种知识，将复杂的生活经验转化为统计数据，形成科学的价格。完成了这些转化，债券就可以作为通用的金融工具自由流动并用于交易。"经过标准化处理后，"迈克尔·刘易斯曾写道，"这些票据就可以卖给美国的养老基金会、东京的信托公司、瑞士的银行，卖给住在蒙特卡洛港（Monte Carlo）[1]游艇上逃税的希腊航运大亨以及任何有钱投资的人。"受此认知影响，信用评级机构将最高的信用等级AAA授予高级债券，这相当于一个经济健康的国家的国债信用等级。这种超级安全的高级债券利息虽低，却远高于国债的等值回报，因此对养老基金会

---

[1] 蒙特卡洛是摩纳哥公国的一座城市，位于欧洲地中海之滨、法国的东南方。

和公共部门颇具吸引力。抵押债券售出后，抵押贷款业务也跟着水涨船高。

众所周知，在所罗门出现之前，抵押贷款机构皆因害怕损失本金，所以极力规避风险。但是抵押债券却可以使它们将风险转移出去，只留下佣金。当然，出售高风险贷款的回报（利率）肯定比出售安全贷款的回报要高，在这点上，储贷银行的动机与交易员的想法完全吻合。债券发行者的利润来自从借款人那里得到的利息和支付给投资者的利息之间的差额。因为抵押债券的多样化搭配特性，它的风险要低于那些原始抵押贷款，超级安全的AAA级债券的利息确实非常低，所以流出的资金永远少于流入的资金。但付给投资者的债券利息基本上是由市场利率决定的。要扩大资金流入和流出之差，或所谓的"息差"，唯一的办法就是以更高的利率放贷。要做到这一点，就必须发放风险更高的贷款，而这正是储贷银行打算做的事，因为这样可以将风险转嫁出去。

发放这种高风险的贷款需要借助新的技术手段。长期以来，贷款决策主要依赖专业判断，通常是当地贷款机构的判断，这些机构的代表熟悉当地的实际情况，能有效筛选出那些信用良好的人。但这些专业意见仅仅提供了二选一的决策参考：贷或不贷。假设风险和回报成正比，那么相比贷给那些只能以2.5%的利率偿还贷款的人，贷给那些相信自己能够以25%的利率偿还贷款（或者绝望到愿意尝试）的人其实是更具风险的选择。这种现象可以用自证预言效应来解释，因为那些拥有良好信用记录的人通常可以获得较低的利率；你越不需要钱，你就越能以更低的利率借到钱；而贫穷的人则只能向放高利贷者和发薪日贷款[1]机构求助。而那些要求更严苛的信贷市场则需要再加一种贷款决策依据。在过去的几十年里，美国出现的信用评分法为发放这种高风险、高回报的贷款提供了有力的参考。信用评分最初是为购买消费品而设立的；将其应用于房贷，不仅可以区分良好和差劣的信用等级，还可以区分不同程度的信用风险。

如此，这两大障碍——对损失本金的担忧以及在广大借款人群体中实现风险与回报匹配的困难——都被克服了。人们可以从贷款和金融业务中获得巨额利润，这在10年前根本不可能。华尔街正式开始左右美国中产阶级的命运。新的抵押贷款带活了房产市场，也使得抵押贷款债券得以保持稳定。似乎每个人都是赢家：银行发行债券，投资者购买债券；储贷银行售出贷款，只留下了佣金，但摆脱了风险；最终的借款人能够在不断上涨的市场中买到房子，实现美国梦。然而，界线也就这么划定了，人们被分成了弱者与强者、捕猎者与猎物。这些新型交易以深奥的数学运算和金融经济学的新兴理论为后盾，微妙地改变了华尔街在美国的地位。随着这些交易的兴起，金融逐渐成了精英人士的专属领地，欠缺教育和文化背景的人很难涉足。全国各地的小型贷款机构和房主纷纷卷入了以曼哈顿为中心的新资本圈，一个完全由投资银行主导的资本圈。在这种情况下，如果说价格是知识，知识是力量，那么那些决定如何定价的人就是最有权力的人。

---

[1] 是一种小额、短期贷款，用于贷款人下一次发薪之前临时急用所需（因此还款日期也就是下次发薪之时）。

06

真男人都在交易场为钱厮杀

在曾经沉闷的商业银行界,另一种捕猎者正在疯狂肆虐。T.布恩·皮肯斯(T.Boone Pickens)、詹姆斯·戈德史密斯爵士(Sir James Goldsmith)和"小罗兰"("Tiny" Rowland)等企业掠夺者就因在资本主义的广阔平原上无情猎取利益而名噪一时,甚至颂声载道。他们的事迹辗转相传,逐级演变成了小说中的精彩情节。弗雷德里克·福赛斯(Fredrick Forsyth)曾在其1974年的小说《战争猛犬》(*The Dogs of War*)中刻画了一位狡诈的实业家詹姆斯·曼森爵士(Sir James Manson),这位爵士身上就有他们的影子:"他很清楚伦敦金融城是个什么地方。在他眼里,伦敦金融城就是一片纯粹、原始的丛林,而他本人就是漫步其中的一头黑豹。"小说中的曼森和现实中的罗兰均在非洲大陆开展大部分业务,但作为殖民主义者,他们又都蔑视那些地方,猖狂如海盗的曼森就曾放言:"抢劫银行和装甲车只是小试牛刀,将整个共和国收入囊中才算功成事立。"

如果现实中的这些掠夺者真的是猎人,那么他们的猎物会比曼森的猎物更容易消化。20世纪50年代和60年代,企业集团已经开始盛行。只要管理者认为可以有效利用资本,企业就会收购其他公司,创建无业务关联的商业帝国。企业集团是时代的产物,是经理资本主义[1]的发展成果。在这种模式下,企业将资金投入生产和销售中,管理者负责组织生产、赚取有效的资本回报。相关法律法规和债务税收减免政策都对企业集团有利,这使得借款收购现金流丰厚的企业成为明智之选。有些愤世嫉俗的人可能会认为,在最高税率达到90%的时代,高薪并无多少益处,虚报开支倒是可以获利更多。从这个角度来看,当代时尚产业的精干企业所能提供的东西,还不如那些配有喷气式飞机、高尔夫度假村、名人随从的全球商业帝国。(多说一句,我并不是说当代首席执行官渴望拥有私人飞机或配有专属司机的豪华轿车。也许精益经营就像税收一样,更适合普通人。)

20世纪80年代,企业集团时代结束了。记者们喜欢用这些企业的绰号来嘲弄它们,我最喜欢谈论的是"兼有枪支和面包的汤姆金斯"。汤姆金斯作为一家巨型企业集团,既拥有史密斯威森公司[2],又拥有霍维斯面包店。事实上,这种杂乱无章的控股组合并不符合商业逻辑,企业集团的热度散去,股价低迷。掠夺者乘虚而入。他们可以以比现有股价高得多的价格收购这些企业,声称在向股东返利。但他们支付的金额仍然低于他们所购买的资产的价值,他们还可以分拆公司,出售业务和资产,赚取差价。他们的步子迈得越来越大,交易规模也越来越大。但是,后来情况发生了改变。对此,人类学家丹尼尔·索莱莱斯(Daniel Souleles)写道:

---

[1] 指所有权与经营权的分离。
[2] 美国最大的手枪军械制造商,以制造左轮手枪闻名于世。

1978年，现在的私募股权[1]集团科尔伯格-克拉维斯-罗伯茨（KKR）[2]还只是一家投资银行，它以3.55亿美元的价格收购了制造业集团乌达耶。KKR之前也曾出价打算收购某公司股票并亲自接管那家公司，但此次收购乌达耶的这个价格超出了那次出价的4倍。不过，此次收购乌达耶，KKR仅出总价的1/300。剩下的钱，也就是收购价的99.7%，KKR会通过借钱来支付，而这些钱要么从投资者那里获得，要么从银行贷款。

地理学家萨拉·霍尔（Sarah Hall）曾言，证券化是维持金融精英地位的一种手段。如果真如他所说，那么现在我们所讲的就是另一种手段。投资银行家通过创建以自我为中心的体系为自己赋权并搭建新的金融架构，敛取巨额资金用于市场掠夺。

KKR找到了敛财之道。"这种做法并不常见，"索莱莱斯说，"每当有新的、持久的盈利模式出现后，人们通常很难一下子将它精确地描述出来。但KKR在收购乌达耶时做到了这一点，它的模式很简单，即很少的自有资金和相当多的借款。KKR在杠杆收购（LBO）[3]方面的创新为业界树立了标准，这个标准沿用至今。"

这种策略的大胆之处在于它要求目标公司借钱收购自己。这样一

---

[1] 即私募股权投资，指投资于非上市股权，或者上市公司非公开交易股权的一种投资方式。

[2] 老牌的杠杆收购天王，金融史上最成功的产业投资机构之一，全球历史最悠久也是经验最为丰富的私募股权投资机构之一。

[3] 又称融资并购、举债经营收购，是一种企业金融手段。指公司或个体利用收购目标的资产作为债务抵押，收购此公司的策略。

想，就完全明白了。小型投行不可能借到足够的钱来收购庞大的企业集团，但企业集团可以借到足够的钱来收购小型投行。企业集团会通过发行债券来筹集资金，以伊凡·博斯基（Ivan Boesky）[1]为首的华尔街交易员正是基于这种目的率先发行了低质量的"垃圾"债券[2]，这种债券对借方来说风险大、代价高。但如果借方是目标公司，谁还会在意呢？或许只有企业集团的员工、客户和供应商在意吧，因为是他们最终要为这笔贷款买单。此外，买家还可以用高额债务成本抵税。显然，KKR看到了目标公司被市场忽略的价值。就这样，KKR的协议改变了收购的规则，被印在复杂的大幅图表上，高调地挂在高管的办公室里。期权定价公式为随后的交易创新建立了框架，因此杠杆收购交易构成了此后私募股权所有交易的基础。

掠夺者将这些企业集团拆分出售，关闭集团内"业绩不佳"的公司，对集团进行重组，调整员工的职位和工作地点，或者干脆解雇他们。当时突然兴起一股思潮，认为只有股东的利益才是最重要的，但那些无所事事又沉溺于奢侈生活的高管剥夺了股东们应得的份额。这恰好给企业掠夺者的举动找到了正当的理由。或许事实确实如此。《门口的野蛮人》（Barbarians at the Gate）一书描绘了雷诺兹-纳贝斯克的高级管理层整日沉迷于私人飞机和乡村俱乐部，利用公司惊人的现金流（20世纪80年代中期每年12亿美元）来满足他们的各种奇思妙想，留下了关于这种现象的经典记录。书中列举了公司内各种挥霍无度的行为：公司配备了多个褐红色加长豪华轿车车队，司机穿着定

---

[1] 华尔街传奇人物，让人谈之色变的"股票套利之王"。
[2] 亦称"高息债券"，是一种非投资级的债券。这种债券利息高、风险大，对投资人本金保障较弱。

制的车队制服;公司还聘用了一大批顶级运动员;首席执行官的德国牧羊犬罗科咬伤了一名保安,为逃避惩罚,公司用飞机将其火速带离现场。"数百万美元,"雷诺兹-纳贝斯克首席执行官F. 罗斯·约翰逊(F. Ross Johnson)总是说,"就这样从指缝中匆匆溜走了。"

这篇道德故事明显更偏重男性叙事,比如书中在提到公司陷入债务深渊时,竟然是通过描述强制安逸骄奢的高管遵守财务纪律来展现的。而那些高管因为做出了改变,可能还会获赠大量股票;詹森和墨菲都曾提出,只有让首席执行官也成为股东,才能期望他们为股东着想。但是这样一来,那些安逸骄奢的高管会变得富有、精干,企业掠夺者也赚得更多了,只有仓库和工厂,或者那些曾经存在仓库和工厂的地方,才能感受到偿还债务的痛苦。雷诺兹-纳贝斯克收购事件最终结局令人唏嘘,糖果业务因管理不善和成本削减损失惨重,曾经盈利颇丰的烟草业务也因经历诉讼与和解严重萎缩。

人类学家何柔宛(Karen Ho)指出,这些主张股东至上和委托代理[1]的新潮叙事将股东"描述成了受害者,认为他们被管理者非法剥夺了在现代企业中应有的地位"。按照常理,既然这些企业所有者遭遇了不公,那他们就有权讨回应得的报酬。这种理念在一定程度上助长了以正义(和道德)为名追求股东价值的激进行动。所以不难理解,人们打着讨回股东价值的旗号,以牺牲集体利益和劳工利益为代价,大规模转向个人持股,支持相应的股东民主。关注股东权利,有助于转移人们对杠杆收购效果的审视。那些收购大多效果不好:股东价值

---

[1] 委托代理理论倡导所有权和经营权分离,企业所有者保留剩余索取权,而将经营权利让渡。该理论被视为现代公司治理的逻辑起点。

下跌，利润大幅下降，企业士气、生产力和就业机会等严重受损。但我们也需意识到，既然劳动力过剩、就业机会减少，那在盎格鲁—撒克逊资本主义[1]模式中，它们也就失去了原有的价值。华尔街只是金融界的冰山一角，它的崛起反映了人们金融观念的转变，也体现了金融业的自身重构。银行家们本就乐见其成，再加上还能大捞一把，自然愿意推波助澜。

* * *

金融发展得越精致、越科学、越深奥，那些赫赫有名的业内人物就越庸俗。在迈克尔·刘易斯的《说谎者的扑克牌》中，那些抵押贷款交易员个个重达300磅，还疯狂进食5加仑桶装的鳄梨酱。纪录片《监守自盗》（Inside Job）中的交易员们都是吸食可卡因的堕落之徒，他们还把支付性工作者的费用算在公司账上。在这些人物中，最有名的要数迈克尔·道格拉斯（Michael Douglas）饰演的戈登·盖柯（Gordon Gekko）[2]。戈登·盖柯是一名卑鄙的企业掠夺者，他的面孔和他的演讲已深深烙进了我们的经济意识中。汤姆·沃尔夫在其小说中首创了"宇宙的主宰"[3]这一说法，将故事设定在20世纪80年代的市场中心，虚构的经纪公司皮尔斯与皮尔斯的交易大厅：

---

[1] 以英美为代表的发达资本主义国家所实行的自由市场经济体制模式。该模式体现了新保守主义的国家最小化、市场最大化的原则。

[2] 电影《华尔街》中叱咤金融界的股市大亨。

[3] 汤姆·沃尔夫在小说《虚荣的篝火》中创造了这个词，用以描述那些每年拿数百万美元奖金的炙手可热的投资银行家。

交易厅十分宽敞，面积约60英尺乘80英尺，但天花板却只有8英尺高，仿佛一块厚重的石板压在头顶。厅内弥漫着压抑的气息，走进去会看到灼眼的强光、扭曲的剪影，听到刺耳的咆哮声。那耀眼的光线来自朝南的一面玻璃墙，透过它可以俯瞰纽约港、自由女神像、斯塔滕岛、布鲁克林和新泽西海岸。那些扭曲的剪影来自场内男士的手臂和躯干，这些男士都很年轻，几乎没有超过40岁的。他们脱掉了西装外套，焦躁不安地走来走去，大清早就大汗淋漓。他们大呼小叫，吵吵闹闹，声音交织在一起就形成了刺耳的咆哮声。而这咆哮声，就是受过良好教育的年轻白人在债券市场上为金钱号叫的声音。

交易场是男人们为金钱厮杀的战场，在这里，只有赚到真金白银才称得上真正的男人。20世纪80年代的重工业造就了上一代人心目中的男人形象：蓝领工人，汗水渗透衬衫，晕成一枚枚小月牙。交易场的氛围就如同那时的加强版，只不过衬衫的牌子是布克兄弟[1]的，背景的河流中流淌的是资本，而不是熔化的钢铁。沃尔夫为了搜集小说素材曾亲临所罗门兄弟银行的交易室，那间交易室里有"大老二"级别的人物，也就是刘易斯笔下的"食人鱼"[2]。这些形象已固化成金融符号，根植于我们共同的叙事想象中，活跃在与市场相关的故事中。

在金融发展史的每个阶段，书面文据、叙事技巧和修辞艺术都如

---

[1] 美国知名男士服饰品牌。
[2] 形容那些在金融交易中表现得像掠食者一样凶残和无情的人。

影随形。金融行业涉及书面和口头两个领域，金融市场的基调是由文据风格奠定的。普通的金融工具都是书面文据，如纸币、支票、账簿和合同等。即使在数字时代，我们在超市柜台刷卡或刷手机支付时，背后也有一套庞大的书面记账基础设施体系在支撑。抵押债券仅仅是以异常复杂的合同和法律文件为支撑的书面承诺，承诺未来从一揽子抵押贷款所得的资金中偿还利息，但那些合同和法律文件却看得人眼花缭乱。这些见解来自文学学者玛丽·普维（Mary Poovey）。她认为，从17世纪开始，那些虚构的故事（那时事实与虚构之间还没有鲜明的界限）帮助人们理解了新的信贷经济以及支撑其运作的各种价值体系。在17世纪，对于在货币制下一直使用铸币[1]交易的人们来说，要理解抽象的信用概念真的很难。我们已经看到，人们对证券交易商怨气满腹，因为他们把所有踏实经营的合法产业分割成股份，将它们洗劫一空，把实实在在的生产性劳动变成了虚无缥缈、转瞬即逝、不堪一击的东西。普维认为，作为一种不断完善的文学体裁，小说一直在帮助读者练习信任、容忍延时、评估人品，鼓励他们相信那些无形的东西，这些都是应对新的市场体系中必不可少的技能。民众需要先接受借贷是一种基本的社会契约，才能理解文据的金融价值。这些努力为后来的信贷摩天大楼奠定了基础，文据也从贩奴商的汇票发展到2008年的担保债务凭证[2]。

300年前，丹尼尔·笛福写了《鲁滨逊漂流记》。上小学时，我就听说过这个故事，但几个月前我第一次读到这本小说时，发现它与我

---

[1] 指由国家铸造的具有一定形状、重量、成色和面值的金属货币。
[2] 是把所有可能的现金流打包在一起，进行重新包装，再以产品的形式投放到市场的凭证。

印象中的那个寻常故事相去甚远：里面有奴隶制，有食人族，还有白人至上主义和欧洲基督教扩张主义。克鲁索（Crusoe）对天主教徒不感兴趣，但也不愿看着他们被异教徒吃掉。他见到什么就射杀什么，只要有危险的野兽出现，不管是蹒跚而来还是大声嘶吼，他都会立刻杀了它们，剥下它们的皮装进袋子里，后续还会用一些兽皮制成帽子。他就是17世纪那种勤勤恳恳的小市民，是小资产阶级的典型代表。他写日记，在柱子上刻日历，用从沉船上捡的分类账簿记账。克鲁索把17世纪英国精英的世界观灌输给了他的小岛，管理着岛上不断增长的勤劳的居民。他的工具是账本和枪，英国和其他欧洲国家也都是靠这两种手段建立了各自的帝国。

克鲁索是小说中的执笔人，而笛福是时代的风云人物，他所处的时代有时也被称为"计划时代"。作为一名多产的小说家和纪实作家，他是最早一批靠写作谋生的人。谋生的同时，他也在努力通过文字塑造这个世界。组织学者[1]瓦莱丽·汉密尔顿（Valerie Hamilton）和马丁·帕克（Martin Parker）提出应关注笛福的小说与同一时期涌现的大量公司之间的相似之处。"丹尼尔·笛福是个多面手，"他们写道，"他不仅搞发明、经商、写作、从政，还做过特工，职业生涯颇具时代特色。他早期出版的《计划论》（*An Essay upon Projects*，1697年）就将这一点体现得淋漓尽致。"笛福将计划定义为"巨大的任务，大到无法管理，因此很可能一无所获"。然而，有些计划确实成功了。比如菲普斯船长的寻宝之旅点燃了伦敦那些想成为股东的人的欲望；克鲁索经受了常人难以想象的磨难，成功将一座原始的荒岛变

---

[1] 专门研究组织理论和实践的学者。

成了井然有序、生机勃勃的理想国。汉密尔顿和帕克将英格兰银行视为深谙这些计划之道的舵手,它从乔纳森咖啡馆里几位交易商的小规模买卖,逐渐发展为一座"永恒的石头建筑",牢固地矗立在伦敦金融城的中心。

普维认为,笛福也遵循了自我设定的非凡计划,试图通过印刷品来煽动信仰。她写道:"在小说里,虚构的情景不必参照现实世界,所以在里面使用无效货币也不会引发负面联想。而在经济理论领域,人们通过引入一些抽象概念,中和了信用工具固有的虚构元素。他们声称这些概念是真实存在的,却不将其与具体的实物挂钩。"

或者,通俗点讲,在文学领域,新流派的诞生是因为像笛福这样的作家拒绝为其创作的故事的真实性负责。信用制度的诞生也是这么来的,只不过是在经济学领域。与此同时,越来越多的金融记者致力于"揭开伦敦金融城的神秘面纱,让晦涩难懂的金融语言为普通英国人所熟悉,这似乎有助于把经济理论融入日常生活,而且必然会使投资股票成为可以接受的理财方式。"《经济学人》(The Economist)杂志早期颇有影响力的编辑沃尔特·巴杰特(Walter Bagehot)就是其中的代表人物。后来,又出现了像斯坦利·杰文斯(Stanley Jevons)[1]这样的专家和经济理论家,他们的边际主义理论和经济科学主义的发展既依赖纪实叙事,也依赖抽象概念的应用,甚至还要借助悬置怀疑[2]的处理方式,而这些正是小说家们勤勤恳恳打磨出来的。经济或

---

[1] 英国著名的经济学家和逻辑学家,边际效用学派的创始人之一,数理经济学派早期代表人物。

[2] 指在创作过程中,作者暂时悬挂或保留对某个观点或事实的怀疑态度,以便在获取更多证据或信息后进行更全面、客观的判断。

"金融"之所以能自成一体且自我指涉，是因为有大量的叙事和叙述表达在做支撑。由此可见，金融就是一个一个的故事，叙事方式至关重要。

* * *

20世纪80年代，那些市场的大型掠夺者开始频频出现在小说中。他们在虚构的世界中横行霸道，如同在费尔南·布罗代尔描述的现实世界的"反市场"领域中一样。这些"宇宙的主宰"有一个共同点：都是男性。说到这儿，我们可以退回到皮尔斯与皮尔斯公司的交易大厅，再看看那些在债券市场上号叫着争夺金钱的年轻人。文学学者莉·克莱尔·拉伯格（Leigh Claire La Berge）认为，在20世纪80年代牛市最终崩盘的前几天出版的《虚荣的篝火》一书"巩固了一种美学模式，在这种模式下，新兴金融阶层开始认同自己在经济上的地位和目标"。《虚荣的篝火》本着历史现实主义理念，有意识地模仿了狄更斯（Dickens）或巴尔扎克那些经典的现实主义作品。这是新时代的一座新城，也确实需要一位新的编年史家来记录它的浮华与险境。在沃尔夫的笔下，金融是一个复杂的世界，里面充斥着杠杆收购、债券收益率和其他类似的、怪异的、高风险的、不安全的元素，唯有盘踞其中的"大老二"才能触及它的内核。所以，我们需要一位身着白色正装的文学巨匠郑重地推开它的大门，挖出里面的故事，一字一句地讲给世人听。

金融圈精英遍地而且排斥外人，沃尔夫深知描绘这样的圈层绝非易事。然而，拉伯格说，沃尔夫还是成功打入金融圈并详细讲述了他的所见所闻：

> 《虚荣的篝火》详细列举了城市汽车的不同风格、债券交易大厅的礼仪规范和行为准则、私立幼儿园的入学规则，以及如何在公共场所阅读《华尔街日报》。那些愿意做沃尔夫的观察对象的人也收获了对金融更深的了解，意识到金融深奥莫测、难以定义，是富有的白人男性专属的领地。

作为准入调研的交换条件，沃尔夫与华尔街达成了一项协议，承诺不会质疑华尔街的金融业绩。他在小说中用了很多感叹号，也生动地再现了人物的嘟哝和抱怨：

> 沃尔夫记录了人们服用兴奋剂，以及在性兴奋、焦虑和愉悦状态下的感受。在男性的感官世界里，金融的形象是清晰立体的。对此，男人们深有体会。如，谢尔曼（Sherman）[1]隔着桌子怒视着妻子的时候，心里正盘算着债券销售，嘴上还忙着为婚外情辩护。这时，谢尔曼的内心想法是："朱迪（Judy）[2]对此一无所知，对吧？是的，一无所知。"

沃尔夫提出了"宇宙的主宰"这一说法，和迈克尔·刘易斯通过各自的作品心照神交，二人都是20世纪80年代金融过度化现象的伟

---

[1]《虚荣的篝火》中的主角。
[2] 谢尔曼的妻子。

大记录者。20年后,刘易斯发现了另一个需要解读的危机。他的小说《大空头》以另一种方式呈现了金融界的封闭性、性别差异和复杂性。那些站出来揭露银行腐败乱象的人物之所以能洞察清楚,只因他们是局外人。刘易斯的《大空头》后改编成了同名电影,由亚当·麦凯(Adam McKay)执导。电影《大空头》用更直接的手法刻画了男性的冷静、理性和掌控力,却将女性塑造成诱惑和危险的象征。在一个场景中,首席大空头决心亲自了解美国的抵押贷款市场,于是就去询问一位脱衣舞娘是否能顺利偿还抵押贷款。话还没说完,她就停下了舞步,惊慌失色、声音嘶哑,而我们的男主角却打电话给办公室达成了一笔交易。他坦言,"确实存在泡沫"。透过这个故事,我们可以看到关于市场参与权的旧理念仍在暗处涌动,这种理念关乎性别、阶级和种族,是市场运行中挥之不去的阴影。

　　沿着电线,透过屏幕,并不能参透金融。金融还是一种文化产物,有自己的立场。或许是情节的铺排与现实的纠葛产生了共振,虚构的情节开始在真实的金融世界上演:会议安排在脱衣舞夜总会;安排妓女招待客户;用污言秽语来彰显男人味;讲黄段子逗乐;屏幕前的交易员们冰冷无情,即使在遭受特别严重的损失后,也只是朝垃圾桶吐一口就可以继续"剥头皮交易"[1],不需要任何时间消化情绪。"剥头皮"这种说辞本身就意味着搏斗、竞争,具有性别指向性。

---

　　[1] 场内自营交易者利用极小的价格波动,在极短时间内,通过下单速度上的优势把握买卖间的价差,赚取极小的利润,这类追求高盈利率的超短线交易就是"剥头皮交易"。

《华尔街之狼》（*The Wolf of Wall Street*）[1]中就有这样一个男性荷尔蒙爆棚的经典场面。乔丹·贝尔福特（Jordan Belfort）将他的团队称为战士，对着他们喊话："就看你们的了！你们每一个人，我训练有素的斯特拉顿人[2]，我的杀手们，我绝不妥协的杀手们。我的战士们，不要挂电话，要么卖出去，要么去死！"在这种叙事情境中，金融家可以设想自己是猎人，是股市的土著居民；毕竟，对于按佣金计酬的人来说，常挂在嘴边的一句话就是"杀了它，吃掉它"。

* * *

市场与性别的历史关系更为复杂。早期的英国股票市场为女性提供了机会，可能是因为当时没有法律或社会习俗阻止她们参与这项新颖的活动，但绝没有那么简单。进入市场后，她们似乎也表现不俗。这在17世纪的社会引起了不小的骚动，挑战了社会习俗。人们将市场的混乱嘈杂和捉摸不定归因为女性的情绪波动，甚至歇斯底里。投机活动在某种程度上被视为女性行为，而男性的矜持则与土地和房产联系在一起。女性背负上了造成南海泡沫破灭和许多市场参与者破产的污名。还记得那句"我们被这些妓女给毁了"吗？我们在之前的章节中讲到过。笛福认为，女人的信用对经济至关重要，金融人应把控制她们的激情视为己任。到了19世纪40年代，在铁路股票的狂热投机时期，投资手册敦促男性以客观、谨慎的态度面对市场，摆脱歇斯底里

---

[1] 马丁·斯科塞斯执导的一部喜剧片，讲述了华尔街传奇人物乔丹·贝尔福特的故事。

[2] 影片中，股票公司的名称为斯特拉顿。

的投机行为，要求他们表现出专注、敏感、慎重，保持对公司的了解和对事件的观察。投资铁路股票的人应与设计铁路的人一样秉承工匠精神。

市场男性化也有益处。最近的学术研究表明，在维持市场现状方面，男性有着更多的话语权。同时，当代政治经济学中流行的自由理念与男性气概之间也存在着紧密的联系：经济核算、企业运营、风险承担以及最终的风险管理从根本上来说都是男性化的概念。有种观点认为，人们可以及时发现风险并转移风险，或者可以通过谨慎的管理将风险完全控制在市场之外。对此，许多女权主义评论家称，那是男性化的傲慢，而这种傲慢最终将导致信贷危机。而莱斯利·萨尔辛格（Leslie Salzinger）认为，风险是驱动金融引擎的燃料，"交易实践和交易文化中外显的、歇斯底里的、女性化的那些方面与抽象的、理性的男性化市场之间对比明显，让人感觉……我们或许可以依赖他们构筑的风险世界，用以平衡新自由主义经济的发展，使其稳定可靠、富有成效"。这并非空洞的理论，是萨尔辛格花费大量时间观察交易员工作后所得。"男人在交易桌上的社交，"她写道，"似乎都是靠'不正经的行为'来维持的。"交易员们的见面礼就是：你捶我一拳，我拍你一掌。他们会互扔东西、砸来砸去，狠狠地把手机摔碎，还经常搞一些恶作剧，有时动真格玩得很大，也会在网上分享荤段子。他们的习惯用语也常与性相关，经常会提到"上"（指交易盈利）和"被上"（指交易亏损）。她认为，这些过度表现的男性气概保证了市场的正常运转。交易的进行依赖男性化的叙事口吻，以口头交易为基础的市场所遵循的荣誉准则也明显更偏男性化。与此同时，市场上传统的女性工种越来越男性化，而原本更具男性特色的生产型经济因为转交给了女性工人开始呈现出女性化趋势。在这种趋势下,人们似乎也慢慢接受了工业的衰落。毕竟,真正的男人都在市场上为钱厮杀。

这些偏见在现实中都有迹可循。在金融领域,与男性相比,女性的薪酬依然偏低,获得的机会也还是更少。以下是伊丽莎白·普鲁格尔(Elisabeth Prügl)列举的一些问题,要知道,这只是众多问题中的一小部分:

> 2008年,在美国金融和保险行业的企业高管中,女性仅占18%左右;《财富》500强的首席财务官中,女性比例仅为7.3%……在英国一些顶级金融公司中,女性的绩效薪酬比男性低80%左右……从1990年到2006年,华尔街三大公司为应对性别歧视诉讼各支付了1亿多美元……2009年,《福布斯》杂志头版报道称,花旗的5名女性高管指控公司存在"经济衰退归因歧视"。在她们那个部门,女性只占高管人数的12%,但占到了被解雇员工人数的45%。

其实,在入职前,金融高管们就已经被灌输了这些潜在的规则。人类学家何柔宛记录了华尔街在普林斯顿大学的校园招聘。整个过程,她一次又一次地听到了"优秀"这个说法。目标新人一再被提醒,他们是优秀梯队中的佼佼者,即将从最优秀的大学毕业,要努力加入一个挤满了最优秀的人的行业。何柔宛不赞同宣扬智力有别。她认为,优秀应该指向一些非常具体的特征:"如着装得体、样貌端正、身心机敏、积极进取、活力十足等,具体可参照上流社会的完美投资银行家，通常为男性、白人、性取向为异性恋……这些具体的精英特质才是衡量一个人是否优秀的核心要素。"因为华尔街的招聘官甚至能在美国名校毕业生之间看出细微的差别，哈佛或普林斯顿的毕业生会比较抢手。华尔街的大门永远为普林斯顿学子敞开；而耶鲁学子想要在华尔街立足，就必须得坚持学习经济学；而宾夕法尼亚州立大学呢，只有沃顿商学院的毕业生才有资格入局。她写道："正是这种存在于'总是很优秀'和'通过了限定条件的优秀'之间的差别，以及存在于'毋庸置疑的、普通的、自然意义上的优秀'和'必须加以证明的优秀'之间的差别，造就了阶层并加固了阶层之间的壁垒，而精英主义就是基于这个阶层体系发展起来的。"

2008年的全球金融危机打破了这个格局。显然，风险管理没有奏效。人们指责银行家们行险侥幸、通宵工作、放浪不羁，而这些行为正是由男性气概引发的。记者和政界人士开始思考，如果是女性掌舵，如果不是雷曼兄弟[1]，而是"雷曼姐妹"，企业的命运是否会有所不同。普鲁格尔认为这只是一种神话构想，一部道德剧的剧本，编剧想利用男女之间的本性差异将在道德和经济上都失败了的金融模式复苏。女性，金融海盗的他者[2]，或许可以凭借她们小心谨慎、讲礼貌、有教养、性格温和的优点，来纠正金融领域的所有问题，并在性别多元的金融部门收获"一个圆满的结局"。但是，普鲁格尔格担心，最终的结局不一定尽如人意，因为那些刻意割裂社会性别的呆板说辞，可能同时会成为将她们困在这个领域的二等职位的理由。金融危机爆

---

[1] 1850年创立的一家全球性投资银行，最初由雷曼三兄弟共同经营。2008年，雷曼兄弟受次贷危机影响，出现巨额亏损，申请破产。

[2] 指一个与主体既有区别又有联系的参照。

发之后拍摄的那些电影似乎也印证了这种可能。《大空头》完全将女性置于金融局外人的位置，而《商海通牒》（*Margin Call*）则通过影片中唯一的一个女性角色暗示了女性或许可以成为救赎者。这位女性是风险管理部门的负责人，起初被银行高层忽视，后来又做了替罪羊。但这些电影也没有在太过男性化的情节上着墨，只有亏损方的交易员才会有过度男性化的表现。

詹姆斯·布拉塞特（James Brassett）和弗雷德里克·海涅（Frederic Heine）认为，在这种形势下，真正占上风的是一类落落寡合的男性，这类男性通常拥有超凡的数学技能和独到的见解。这也证实了，当代金融确实由科学和数学驱动。但是，这些技能和见解并非唾手可得，至少在叙事层面上是这样的。在叙事文学中，这些特质常常被贴上社恐的标签，冠上始末缘由，用隐晦的行为或悲惨的遭遇加以渲染。相关电影跳出传统思维的裹挟，塑造了一种崭新的男性形象。面对复杂的金融世界，这类男性也会表现出不安和谦卑。在债券市场和全球经济接连崩溃后，男性再次获得了对金融世界的掌控权。不过，这一次，他们表现得更像焦虑不安的技术员，而不是横行霸道的掠夺者。

07

自动化！崩盘！香肠！

透过金融的万花筒，我们领略了探索价格的实验舞台、金融数学的鬼设神施，见识了债券市场的"大老二"以及如海盗般猖狂的企业掠夺者，还看到一群奇奇怪怪的男人在焦躁不安地解着神秘的方程式，一旁的女人们伸出手，淡定地抚平了他们眉间的皱褶。现在，让我们用一个故事来给20世纪80年代画上句号吧，我想没有比这更好的收尾方式了。这个故事的主角是汤姆·威尔莫特（Tom Wilmot）。他像童话剧中的反派人物，职业生涯跌宕传奇，堪称伦敦自己的"华尔街之狼"。

1985年，威尔莫特出版了一本英国场外交易（OTC）市场入门指南，该指南风靡一时，他也因此成了家喻户晓的人物。众所周知，OTC股票尚未上市，需通过经纪人所在的公司进行交易。而且，未上市股票绕过了保护投资者权益的重要监管环节。威尔莫特的公司名为哈佛证券，这名字中规中矩，听起来很靠谱。在指南中，哈佛证券将场外交易冠以"发行风险股票"的美名，并在其中承担了"双重身份"[1]。这一点不容忽视。哈佛证券不仅向20世纪80年代中期的新富阶层（即本书之前提到的"希德"一族）出售股票，同时还为这些股票做市。在前面几章中，我们了解到，价格体现了其所处环境的权力关系，以及为了赢得认可，价格必须在公开、透明的环境中形成。相比购买其股票的投资者，哈佛证券更了解市场行情，资金更充裕，人手更充足。但作为经纪商，它的操作却是不透明的，几乎从未披露过交易详情。

哈佛证券由一位名叫莫蒂·格利克曼（Mortie Glickman）的加拿大人于1973年创立；威尔莫特在书中称其为"M. J. 格利克曼先生"。后来人们发现，格利克曼先生背景复杂，即记者笔下那种"有故事的人"。他曾和一个名叫欧文·科特（Irving Kott）的人合作，在蒙特利尔（Montréal）[2]成立了一家经纪公司，取名福格特。该公司主要采用电话营销，通过高压手段将加拿大问题公司的股票强行推销给欧洲投资者，大部分业务都是通过法兰克福（Frankfurt）[3]分公司完成，而法兰克福分公司同样是由科特和格利克曼设立的。操作手法很简单，就是以极低的价格买入公司的股份，然后再以高价卖给投资者。1973年3月，福格特公司被魁北克证监会勒令停牌，随即倒闭。加拿大当局就此指控科特涉嫌欺诈，但并未对格利克曼提起诉讼。

威尔莫特与格利克曼同为哈佛证券的董事。从1975年开始到1985年格利克曼卸任，两人一直在一起共事。可想而知，威尔莫特一定是在那10年里摸清了在这个行业立足的套路。"汤姆·威尔莫特是这伙

---

[1] 即兼任经纪商和交易商。
[2] 加拿大魁北克省的经济中心和主要港口，也是该省面积最大的城市。
[3] 法兰克福为德国第五大城市。

人中最大的流氓，"一位市场老手告诉我，"他曾告诫他的交易商，'不要买任何东西，记住你是卖方'。"但是，没有买家的市场会显得异常安静，也称不上正常的市场。于是，狡猾的威尔莫特想了一个办法。他在书中高调宣称，哈佛证券在《伦敦晚旗报》(Evening Standard)和《每日电讯报》(Daily Telegraph)等媒体上付费刊登股价清单，率先迈出了公开OTC市场信息的步伐。但据说，这些"价格"并不是股票交易的实际价格，而是他自己办公室编造的用以左右市场的"基准价格"。"为了获取大家的信任，"这位交易商说，"威尔莫特会发布他的股票清单，不多，20或30只，他会让那些股票每天上涨1便士，或下跌1便士。接着，每天上涨2便士……人们看着不错就会跟风购买，但其实，那些都是垃圾股。"

刚开始，哈佛证券出售的是美国证交会禁止在其国内出售的股票。20世纪70年代末，它开始推广自制的证券产品。在20世纪80年代的经济繁荣期，哈佛证券非常活跃，收购了一系列公司以拓展市场领域，其中一些成功打入了主流市场，跃升为闻名遐迩的品牌，如硬石餐厅[1]和帕克·霍尔休闲服务。有媒体报道，1984年，英国电信首发上市后，哈佛证券一下揽获了2万名新投资者。哈佛证券当时宣称，其数据库中的投资者总数已达4.5万。缺乏经验的投资者在投资了一些收益稳定的项目后，如政府私有化项目或者像硬石餐厅这样的知名休闲品牌，就成了电话销售紧盯的对象。那些销售员会利用投资者在之前交易中建立的信任，来说服投资者进行更多的交易。在经济繁荣期的巅峰时刻，交易额曾一度达到2亿英镑。

---

[1] 美式摇滚主题的主题餐厅连锁店。首家硬石餐厅位于伦敦海德公园。

威尔莫特把座驾换成了橙粉色的涡轮增压宾利，打发走了一批又一批员工。有段时间，他每周都会换一位秘书。《泰晤士报》（The Times）曾援引了一位同事的辣评称，威尔莫特"就喜欢招漂亮的女人做秘书，他希望她们既能担起女主人的角色，又能应对突如其来的细碎工作。这秘书不好当啊！"他搬进了包豪斯[1]建筑师瓦尔特·格罗皮乌斯（Walter Gropius）[2]在20世纪30年代设计的一栋房子，房内光卧室就有8间。威尔莫特曾反复提醒投资者，如果看到一家公司的董事长开的是劳斯莱斯豪车，那就要对这家公司持谨慎态度了。所以，见到威尔莫特开着那辆崭新的粉色豪华轿车来上班时，人们难免会认为他有点高调了。但这怎么可能难倒狡猾的威尔莫特，他避重就轻地辩解道，他开的是宾利，不是劳斯莱斯。

1984年，哈佛证券通过公开募股筹集了210万英镑，将公司估值提高至近500万英镑，并在自营市场上发行了股票。哈佛证券称，他们将把这笔钱用于做市活动，同时为前景好的初创公司设立专门的投资基金。也就是说，他们先拿这笔现金去购买初创公司的"创始人"股份，然后再将这些股份转售给投资者赚取巨额利润。这样做在法律层面上并无不妥，但多少有些不光彩。但是，这样一来，拥有哈佛证券37%股份的威尔莫特就成了纸面上的百万富翁，不过这个身价很稳定，因为是他的销售人员在控制着纸面上的价格。而他的投资者们可就没那么幸运了。哈佛证券推荐的许多公司最后都破产了。威尔莫特却不

---

[1] 包豪斯是德国魏玛市的"公立包豪斯学校"的简称，后改称"设计学院"，习惯上仍沿称"包豪斯"，是世界上第一所完全为发展现代设计教育而建立的学院。

[2] 德国现代建筑师和建筑教育家、公立包豪斯学校的创办人、现代主义建筑学派的奠基人之一。

以为意。"从一开始，"他说，"我们就告诉过客户了，他们投资的每10家公司中，有两三家会在两到三年内倒闭；三四家发展得还行；三四家发展得相当不错。"

威尔莫特想要的不只是财富，他还想跻身证券交易所。我们都知道，证券交易所是封闭和排外的，但他还是想试试。1986年，哈佛证券公开宣布了申请加入证券交易所的计划。然而，没过多久，场外交易从业者委员会提议持牌交易商成立OTC市场专属的交易所。哈佛证券是该委员会的核心成员。威尔莫特也表态称："将场外交易纳入证券交易所管辖不利于行业发展。"但这项提议最终没能落地。1987年4月，莫蒂·格利克曼将其剩余股份卖给了大卫·威金斯（David Wickins），换来了100万英镑的投资。大卫·威金斯是英国汽车拍卖集团的创始人，经商有道，声誉极佳。听闻这笔交易，人们议论纷纷，猜测威尔莫特将退出公司，威金斯将成为新任董事长。威金斯希望终止电话推销业务，将公司定位成助力成长型企业发展的专业融资机构。1987年8月，在20世纪80年代持续很久的牛市的顶峰，他们还是谈崩了。与此同时，伦敦证券交易所拒绝了哈佛证券的入会申请，彻底将威尔莫特拒之门外。四处碰壁的威尔莫特试图将自己持有的股份转手，但一直没人接盘。

* * *

不难看出，威尔莫特打算自设交易所的那段时间，正是他居于财富巅峰之时。但形势变化太快，关于交易所的角色、职能和架构，人们的认知和要求也在不断调整。

长久以来,自动化一直是证券交易所管理层关注的焦点,他们希望借助自动化技术从某种程度上实现平等主义。如果自动化可以减少人力成本,那正如有人所写,"我们就可以缩减成本,给小额订单留出盈利的空间,实现布帽投资者的理想。"当时,经济学家费希尔·布莱克的期权定价理论风靡金融圈,他梦想着建立一个全自动化的证券市场。在他撰写的相关主题的小册子上,有幅插图是台巨型机器,像极了B级[1]科幻片中的庞然大物。那是一只高脚垃圾桶,巨大的触手好似真空吸尘器的管子,直接伸到了银行家和交易员的办公桌上。我们看不清桌前那些人的表情,估计肯定不高兴。建立全自动化的证券市场并非完全为了帮扶弱者,也是为了方便对市场参与者进行有效的监管,因为那些通过握手和谈话就能达成的交易很容易在暗中进行。我们不要以为,自动化的演进就是在某些睿智的高管的推动下,市场逐渐淘汰掉笨拙、低效的人力,替换为敏捷、高效的机器。我们可以想一想,既然市场的高级参与者已占据舒适、有利的地位,他们为何还愿意推进自动化呢?

社会学家胡安·巴勃罗·帕尔多—格拉就这一主题撰写了大量文章。他认为,全自动化的演进并非刻意安排,基本是自然发生的。这项进程一般始于日常的结算和清算工作;战后的伦敦先是引入了机械计算设备,然后是计算机,用以简化繁重、耗时的工作。因为这些机器的出现,原本封闭的伦敦证券交易所向技术专家敞开了大门。操作和维护计算设备和计算机都需要专门的技术知识,而从事这些工作的技术人员在交易所内悄无声息地建立了无形的权力网。交易所的成员

---

[1] 指低预算拍出来的影片,不属于通常所说的电影分级。

（经纪人和做市商）习惯把后勤部门的工作人员视为普通员工，认为他们地位低下，权力有限。对待技术人员，他们也没有另眼相看。帕尔多—格拉听说，一位会员在会员专用的17楼洗手间遇到了交易所的新任技术总监（属高级职别）后，认为自己与"普通员工"共用了洗手间，对此愤愤不平。技术人员不断地推动着变革，那些会员还没顾上抱怨什么，就忽然发现他们已风光不再。

1970年，伦敦证券交易所推出了市场价格显示服务（MPDS），在其新建的混凝土大楼的办公室里，用黑白电视机显示中间价[1]。这项服务采用的是人工和机器相结合的方式，需要交易所代表在交易大厅来回穿梭，人工收集价格数据。交易所的MPDS与《金融时报》（The Financial Times）和交换电讯社发布的价格总是有出入，且与他们存在着竞争关系，因此交易所禁止他们进入交易大厅，从而在新兴的、利润丰厚的数据市场占据了垄断地位。早期的模拟计算机使用同轴电缆传输数据，很快就被淘汰了。伦敦证券交易所创建了一个名为交易所价格信息计算机（EPIC）的数据库，能够存储每只交易股票的有限数量的价格信息。1978年，基于邮局的图文电视系统，伦敦证券交易所推出了一个名为TOPIC（冗长的全称为：计算机通过图文电视系统报价）的新系统。帕尔多—格拉写道："TOPIC不仅仅是一种市场观察工具，一种观察市场的方式。确切地说，它是一个通用平台，一种标准化系统，用于显示市场信息，内容包括价格、公司公告、图表和定制分析，并做出远程响应。"正如帕尔多—格拉指出的，这个系统的关键优势在于数据可以双向流动——从交易者的终端到中心枢纽，然后

---

[1] 指特定股票的买入价和卖出价之间的平均值。

再返回。TOPIC促成了新兴的可视化计算模式。换言之，TOPIC开辟了新的市场形势：基于屏幕的电子交易市场。

1986年10月27日，星期一，伦敦市场正式进入电子化交易时代。"大爆炸"就此爆发，或者说这是大爆炸最外显的那面。伦敦证券交易所推出了一种遍布各处的、基于屏幕的系统。这种系统名为SEAQ，即证券交易所自动报价系统，是TOPIC和EPIC的混合体。做市商取代了原来的交易商，能够兼用客户和自己的账户交易，开始在屏幕上发布"双向"（买入和卖出）价格。屏幕上方会用黄色数据条突出显示所有证券的最优价格，经纪人如有意成交可打电话给做市商达成交易。伦敦证券交易所借鉴纳斯达克（NASDAQ）[1]的分布式交易系统，建立了伦敦证券交易所自动报价系统，为表感谢，直接在名称上呼应了美国全国证券交易商协会自动报价系统。新系统看起来与美国的场外交易市场极为相似，纽约证券交易所因此禁止其会员在伦敦证券交易所交易，正如禁止他们在纳斯达克交易一样。但是，纽约证券交易所此举将其自身推入了尴尬的政治旋涡，只过了一周就撤销了这一禁令。发言人表示，"如果英国议会认定它为伦敦证券交易所的电子交易市场，那纽约证券交易所无话可说"。

那些创建新市场的人并不想破坏旧市场。在构建新市场系统时，他们确实考虑了要保留旧市场，好让人们可以像以前一样在证券交易所大厅继续交易。许多公司租用了新交易厅的摊位，花费数百万英镑做了翻新和改造。但交易商意识到，大局已变，许多人再也不会踏进

---

[1] 美国全国证券交易商协会自动报价系统，英文全称为National Association of Securities Dealers Automatic Quotation，是世界最大的股票电子交易市场。

交易大厅的大门了。10月24日星期五，正式取消口头交易前的最后一个工作日，交易所内举办了各种活动，疯狂纪念一个时代的落幕。交易商们追逐着一匹由两名职员装扮成的童话马[1]在交易厅内转圈，木偶模仿秀Spitting Image[2]节目中财政大臣尼格尔·劳森（Nigel Lawson）的木偶仿制人也出现在交易厅。一位历史学家说，这更像是一场"喧闹的爱尔兰式守夜"[3]，而非一项显赫的体制庄严落幕。经理们本来还指望能照常营业，没想到被搞得措手不及。"周一早上，大爆炸发生后不到5分钟，"一位经理说，"我清楚地意识到，交易厅完了。而且，毫不夸张地说，我是伦敦金融城里最后一个得知此事的人。"确实，既然可以舒舒服服地坐在办公桌前查看并研究全世界的价格信息，谁还愿意去交易厅闲逛，谁还愿意为了一笔交易扎进一堆吵吵闹闹的交易员里挤破头。这样看来，交易员只是把战场转移到了楼上的办公室里。1987年1月，定期在场内交易的人数降到了100个，仅为一年前的1/10。《金融时报》曾预言，新的六边形交易厅可能得用来开"六边形酒吧"了。果然，3个月后，交易厅关闭了。

转向屏幕前交易并不意味着放弃了在交易厅内维系的所有社交关系。交易员们还是会经常联系，只不过是隔着电话，但也聊得火热。有人调侃称，交易员之间的交流频率要明显高于他们各自与配偶的交流频率。此外，基于屏幕的交易还有很多优势。以前，交易员必须按

---

[1] 童话剧中的马（由两人穿着一件衣服扮演）。

[2] BBC一档政治人物模仿秀，由木偶扮演政治人物，以滑稽木偶剧的形式对世界政要名人进行嘲讽和批评。

[3] 爱尔兰的一种丧葬传统。亲友故去后，人们从四面八方赶来，聚在一起吃喝、闲聊，表达哀思。

照市场上可获得的价格进行交易，现在依然如此。不同的是，现在电子屏幕上显示的是"固定的价格"。不过，听到电话铃响后，接电话之前再看看屏幕确认一下价格是否有变，还是有必要的。其实，人们对电子交易最不满的是，市场突然出现波动时，交易员却不接电话。以前，在交易大厅内，每个人都沉浸在同样的噪声中，依赖同样的信息来源，排除了信息优势存在的可能。现在，交易员通过办公桌上的多个屏幕就可以获取外部世界的各种信息；也能轻松联系到办公室里的销售员、分析师和其他专业人士。所以，屏幕交易出现后，办公室成了最先得到价格信息的地方，场内交易员和办事员、前台和后台之间的角色关系发生了反转。

* * *

20世纪80年代对金融界的重大贡献就是创建了基于屏幕的交易市场。屏幕交易的出现使交易脱离人工成为可能。从很多方面看，这都是像费希尔·布莱克这样有远见的人早就梦寐以求的模式。他们就曾设想过利用机器削减成本和交易利润，创建真正高效、民主的市场。有人认为，屏幕交易大幅提高了交易量，活跃了市场，所有市场参与者都因此受益。但也有人持不同的观点。他们认为电脑的反应比人类快，而且容易失控。金融大爆炸时期的电子交易系统根本没有现在这么精密的算法。那时的自动交易系统遵循的是一套简单的规则，会在市场下跌过快时，启动自动抛售模式。1987年10月19日，"黑色星期一"，全球股市遭遇了有史以来最严重的单日下跌，这种"程序化交易"引起了全球的关注。此时，金融大爆炸刚好过去一年。

异动首先出现在纽约。10月14日，星期三，股价开始下滑。星期四，下滑进一步加剧。投资者对利率上涨的担忧波及了定价过高的股票。人们普遍认为，程序化交易加剧了股价下跌。人们常说，华尔街打个喷嚏，世界各地都会跟着感冒。所以，大家可能都认为周五伦敦必定会陷入恐慌。但什么也没发生。周四晚上，当纽约的交易员们在忙着下达卖单时，英格兰东南部遭遇了百年不遇的暴风雨。墙倒屋塌，树木被连根拔起，砸在建筑物和汽车上，造成18人死亡。飓风切断了电线，阻塞了铁路，破坏了伦敦的基础设施。伦敦的金融市场当天上午都没有开盘。很多人都无法上班，那些赶去上班的也发现停电了，屏幕漆黑一片。甚至连英格兰银行也停止了政府债券的交易。迈克尔·刘易斯的《说谎者的扑克牌》在结尾处讲述了1987年的这场暴风雨，写道："上下班的路上都异常恐怖。街上空无一人，那些平时营业的商店全都上板关门了。一群人挤在维多利亚地铁站的雨篷下，寸步难行。地铁已经停运了。外面看起来就像是美国广播公司（ABC）播出的迷你剧中核冬天[1]降临的场面，或者话剧《暴风雨》（The Tempest）[2]中的布景。"午餐之前，伦敦证券交易所设法打开了电脑屏幕，恢复提供一些基本的服务，但办公室里基本没人来交易。来交易的几个投资者都急着做空保险公司的股票，或者买进朝气蓬勃的DIY零售商B&Q[3]的股票。B&Q宣称链锯和独轮手推车销量喜人，并破天荒表示其店铺会在周末全天营业。这在1987年可是从来没有过的

---

[1] 一种假说，指核战争引起地表面温度强烈下降的现象。

[2] 英国剧作家威廉·莎士比亚晚期创作的一部戏剧。

[3] 英国的大型家居装修零售公司，专门提供各种家居装修和建筑材料、家具及园艺用品等。

呀！这些稀稀拉拉的交易大约在下午2点就彻底结束了，正好赶在美国股市开盘之前。

所以，这次，伦敦并没有像往常一样密切关注华尔街的动态，不知道大西洋彼岸已经糟糕透顶了。对美国股市来说，10月16日星期五是至暗的一天：有3.43亿股易手，交易量史无前例，道琼斯指数[1]下跌了4.6%。经历了华尔街有史以来最糟糕的一周，交易员们开始对利率和长期经济产出感到担忧。随着时间的推移，他们愈发感到不安。到了周末，还是无法放下悬着的心，不知道接下来的周一又会发生什么。

到了周一，纽约还没动静，伦敦已经开盘了。上周五恶劣的天气和冷清的股市让交易员们心有余悸。他们试图在市场开盘前下调价格，避免出现大量抛售。但无济于事。电话响个不停，交易员惊慌失措，电脑屏幕也几近崩溃。毕竟，这些新的电子交易系统还从未经过这种大场面。伦敦证券交易所只好在价格屏幕上插播"市场快讯"，告知投资者屏幕上显示的价格与经纪人实际提供的报价可能相差甚远。屏幕交易的核心规则就是要执行屏幕上显示的价格，而当时，因为交易量失控，这一规则却被打破了。当天，伦敦股市的跌幅达12%，短短几个小时，约500亿英镑的金融资产就这样不翼而飞。

在公司被收购后，约翰·詹金斯进入了新雇主吉尼斯—马洪的交易部门，但交易尚未开始就损失了一大笔钱。面对市场的急剧崩盘，电子交易系统无力招架，局势愈发糟糕。"我们还没来得及……就已

---

[1] 股价平均指数。通常人们所说的道琼斯指数是指道琼斯指数四组中的第一组：道琼斯工业平均指数。

经损失了500万英镑。"詹金斯抱怨道,"那时候的电脑真的很烂,运行速度很慢,会死机,你看到屏幕显示的价格可能是25便士,或者什么,但实际上却是12便士。因为我们的机器太慢,没啥用,简直就是垃圾。"许多交易员干脆不接电话,惹得客户非常恼火。

关于这次股灾,各大报纸纷纷使用了"血案""恐慌""崩盘"甚至"世界末日"等字眼来报道。1987年10月19日的黑色星期一刷新了全球单日最大跌幅的纪录。恐慌还在进一步蔓延。澳大利亚证券交易所刚开盘几分钟,市值就蒸发了20%,东京证券交易所下跌了11%。损失惨重的不仅是专业交易员们,还有大批新入市的私人投资者。在牛津街[1],德本汉姆百货公司[2]内有一家为小型投资者提供服务的门店,由名为"股票中心"的初创私人客户经纪商经营。《卫报》(Guardian)[3]记录了一群人想要从遭受重创的投资组合中挽回一些损失,但经纪人却完全无法在市场上进行交易:"'只管交易啊!'曾做过文书的"股票中心"经理杰基·米切尔(Jackie Mitchell)喊道。'该死,做不了啊,他们也不接电话。'对讲机里回应道。"

崩溃的市场毫无体面可言,就算突然间被奉为解决问题的关键人物也于事无补。交易员们开始趁乱报复对手。"我们被整垮了,"詹金斯说道,"竞争对手把旧账算在了我们头上。确实是旧账。之前,因为我们在业内声誉很高,生意越做越大,越做越好。银行有个该死的家伙就散布谣言,称我们占了整个休闲行业85%的市场份额……我倒是想问问这个家伙,你把BZW、史密斯兄弟、温特弗拉德等各大做市

---

[1] 伦敦西区的购物中心。

[2] 英国零售业巨头。

[3] 英国的全国性综合内容日报。

商置于何地？这些做市商的老板们要是知道了，肯定会大吃一惊，转身质疑：'等等，那帮人，突然占据了85%的市场份额？'那次，对手们就想趁机对付我们。第一周，我们就遭到了重创……他们还不断地推荐经纪人过来（找我们）。他们说：'天哪，我这儿没什么业务，去找詹金斯吧，生意都在他那儿。'我们就这样被整垮了。"

那周接下来的几天，市场呈现出了起伏不定的局面。纽约的小幅反弹给大牌交易商和牛津街的私人投资者都带来了一丝希望。尽管整体走势持续下行，但机敏的交易员还是趁此挽回了一部分损失。詹金斯要求他的交易员保持最低售价，在市场上涨时抛售，在市场下跌时再买回来。"必须眼疾手快，"他回忆说，"我们就这样坚持了……我都记不清多少天了。"一切就像一场噩梦，他感叹："我完全不记得那周是怎么过来的……为了避免出错，我们每天都小心翼翼、如履薄冰。我们赚了很多钱，有些日子一天就能赚上百万英镑。但这些钱都是用来填补那1000万英镑的亏损。"

* * *

股票市场强劲、坚韧，组织架构深深扎根于历史与实践，从社会学的角度看已非常完善。黑色星期一及其之后的几周并未将市场摧毁；周一，詹金斯和他的同事们可能损失了1000万英镑，但他们在周二和周三又进行了交易，做到了眼疾手快、稳扎稳打，赚回了一些钱。所以，即使那些制定价格的人并不在意价格的走向，价格仍然在不断形成。

然而，哈佛证券的情况并不乐观，定价机制也不完善。投资者突然开始要求退还他们的资金，他们发现售出股票的经纪人不愿意再次买入，就写信给贸易和工业部（DTI）投诉。哈佛证券解雇了一部分员工，并于1988年2月发布报告称第一季度亏损了250万英镑。公司的审计师审查账目后表示：鉴于《金融服务法案》（Financial Services Act）即将出台，目前尚不清楚，如果无法获得有效监管，公司能否以任何形式继续经营下去。1987年夏，沃金顿（Workington）[1]的工党议员戴尔·坎贝尔—萨沃斯（Dale Campbell-Savours）在下议院提出了一项正式动议，建议投资者从哈佛证券撤资。此后，坎贝尔—萨沃斯竟真的开始出手捍卫那些从该公司购买过股票的投资者的利益。他敦促贸工部彻查此事，并要求时任影子工业大臣[2]——当时尚不知名的托尼·布莱尔接手此事。威尔莫特驳斥了这些指控，称获利的投资者当然不会写信给DTI了。调查人员发现了大量涉嫌违规问题，最后重点锁定了一家名为VTC的电影发行商。交易商通过夸大数据向买家承诺超高的投资回报率，售出了13.2万英镑的股票，而VTC自己提供的账目竟预测会有110万英镑的亏损。坎贝尔—萨沃斯还向下议院指出，哈佛证券曾要求其销售人员不要回购陷入困境的公司的股票。后续调查还披露了交易商向投资者出售OTC股票可获得双重佣金，但如果他们从客户那里回购股票，佣金则会被扣除。

1988年9月，哈佛证券倒闭，最后一年的亏损达700万英镑。据估计，有2000万英镑的投资者资金不翼而飞。DTI收到了约3000名投资者的来信，其中许多人都曾购买过哈佛证券的股票。

---

[1] 英格兰坎布里亚郡西海岸的一座港口城市。

[2] 在野党内部建立的影子内阁的工业部部长。影子内阁是在野党为准备上台执政而设的预备内阁班子。

但是，威尔莫特并未停下前行的脚步。铜心铁胆者总能绝处逢生。他开了一家新公司卖香肠。伦敦金融城的八卦专栏兴致勃勃地盯着他的香肠公司，追着报道相关动态。那辆粉红色的宾利已经用来拉货了，后座堆满了香肠，后备箱还塞着一个冰箱[他这家香肠公司的广告语就是："威尔莫特的老banger（兼有香肠和破旧车双重含义）"[1]。跑长途时，威尔莫特就让司机开车，司机似乎还兼任私人助理，负责接听记者来电。可以看出，威尔莫特真正做到了物尽其用、人尽其才，这是要东山再起的迹象。可惜，如果是的话，也仅此而已了。不久，威尔莫特又惹事了，这次是与税务部门发生了争执，僵持了很久。后来，威尔莫特的儿子克里斯托弗（Christopher）也跟着他做起了香肠生意。有人预言，克里斯托弗可能会沾染上父亲的恶习。没想到真的言中了。2011年8月，威尔莫特和他的两个儿子因大肆经营"电话推销室"[2]涉嫌欺诈，被判处19年监禁。在这起诈骗事件中，威尔莫特父子在欧洲开设了16个办事处，克里斯托弗在斯洛伐克办事处负责信息技术（IT）运营。5年里，累计骗取了约2700万英镑，其中1400万英镑不知去向。

哈佛证券并不是黑色星期一唯一的受害者。许多声誉良好的公司也陷入了困境。这次股市崩盘暴露出了一些结构问题，在市场上涨期，这些问题被掩盖了。布莱恩·温特弗拉德、约翰·詹金斯和安德鲁·比森等人将自己的公司卖给了外国银行；三人都认为，随后的几年是他们职业生涯中最不如意的几年。在那几年里，他们经历了文化

---

[1] 在英文中，banger既有香肠之意，又有旧车之意。此处一语双关。
[2] 以硬性或欺骗性手段通过电话推销证券等的场所。

转型,公司从保守的合伙模式演变成了激进的目标驱动管理模式。合并后的公司安然度过了一年的繁荣期,但在黑色星期一之后漫长而低迷的熊市中表现欠佳。很明显,这是战略错误,或者完全缺乏战略。

"我们犯了一个错误……"比森分析道,"当年澳新银行(ANZ)收购我们时,他们并没有考虑好后续的规划。我们一直以为他们是有规划的。1987年股市崩盘后,才发现他们根本没有任何规划。"公司虽已卖掉,但员工还在,许多员工都已为公司效力多年,这些昔日的合伙人仍需对员工负责。"我向澳新银行的管理层表明,"他继续说道,"我说:'要么你们把公司缩小到合适的规模,只做擅长的领域,因为尽管我们有自己专属的领域,但还是有点面面俱到。要么让我们把公司买回来,要么我和我以前的5个合伙人离开,重新开始。'……我担任公司合伙人15年有余,你知道的,我必须对很多人负责。澳大利亚的人还是很不错的,但是他们无法面对自己的问题,你明白吧,所以,他们把我解雇了。"

约翰·詹金斯通过一系列眼疾手快的交易可能挽回了黑色星期一的大部分损失,但他和他所有的同事和员工很快就失业了。吉尼斯—马洪被横滨银行收购后,横滨银行叫停了金融交易,称其风险太大。约翰·詹金斯的公司是他父亲于1960年创办的,约翰·詹金斯在里面工作了1/4个世纪,现在突然间就要不复存在了。"我不得不裁掉所有人,"他说,"那些和我一起工作了25年的人,我都不得不裁掉他们……到了最后,人人都开始讨厌那个地方。我们甚至讨厌里面的每一块砖。他们让我们整天干坐在那里,不许做任何事情,不许碰任何东西,不许接电话,我们就只能干坐着。"

20世纪80年代就这样暗淡退场,留给世人一个脆弱又贪婪的背影。媒体预言，大量的保时捷和宝马将涌入二手市场，寻找新的归宿。不久后，玛格丽特·撒切尔将最后一次从唐宁街[1]乘车离开。英国经济已陷入漫长的衰退期，一直到90年代初才会迎来转机。但在20世纪80年代的灰烬中，新的市场已如凤凰涅槃般浴火重生。它已张开翅膀，准备托住下一个10年的繁荣。

---

[1] 位于伦敦的西敏内，英国首相的官邸所在地。

第三部分 机不可失

08

只花别人的钱

1999年8月，我25岁，在做财经记者，但我其实完全不知道我在做什么。我想，也正是因为这份懵懂，我身处网络投机旋涡，却并未沾染什么恶习。不过，我也配合做了不少事情。当时的我走到哪里都有好酒好菜，我十分享受那种感觉，酒足饭饱后，我就把他们灌输给我的东西一股脑搬出来反复地说给观众听，那些观众像着了魔一样，个个热血沸腾，你说啥，他们就信啥。我太天真了，没有意识到天下没有免费的午餐，总要有人买单，就算是伦敦顶级餐厅里的简餐也不例外。

那时候，《股票杂志》（Shares Magazine）刚创刊，我还是一名新人记者。我喜欢那份工作，尤其享受它带给我的优越感。比如，每天，时针刚挪向一点，就会有人准时把第一杯金汤力[1]递到我手上。而我要做的就是坐上那辆黑色的奔驰车，横穿伦敦，前往彭博社[2]或财

---

[1] 是以金酒为基酒的长饮鸡尾酒，由金酒和汤力水混合而成。
[2] 全球最大的财经资讯公司。

经频道的电视演播室发表我的评论。而且，和年轻的同事们在一起工作，热闹又有趣。科技日新月异，我感觉世界正在越变越好。有一件事也让我觉得很有意思。一个叫贝拉（Bella）的神秘女士经常打电话给我，我从未见过她，她让我收听联合广播的新闻简讯，但我起不了那么早，总是听不到。最重要的是，我喜欢那种大家都在忙着赚钱的氛围，莫名觉得我也能分得一小杯羹。一位与我资质相当的同行在一家知名新闻机构谋得了一份宝贵的工作，负责报道小型企业。这是他大学毕业后的第一份工作。工作中，他发现自己在忙着与某位首席执行官通话时，还会有一连串来电通过另一部电话找他，同时，他扔在抽屉里的手机也一直在响。有一次，他给一家小公司悄悄透露了点消息，这家公司的股价就上涨了50%，市值增加了1100万英镑。"对于24岁的我来说，"他说，"那可算是开了眼了。"确实，20多岁的时候，学生时代那些捉襟见肘的日子仍历历在目，毕业后遇上市场繁荣期，能做一名证券记者确实不赖。

　　丹尼尔·笛福将"计划"或者我们常说的创立新公司或创业描述为"巨大的任务，大到无法管理，因此很可能化为泡影"。我想，他描述的很可能就是20世纪90年代末的情况。那时，"万维网"正式兴起，"创新意识"无处不在，"新的赚钱渠道、引擎和项目"不断涌现。人们期待着互联网能让全民自由和富有（现在可以看看这个愿景实现得怎样了）。当时的技术仍然处于相对初级的阶段。如果你想在家里"上网"，你需要把连着电脑的一根线插入电话插口，拨号后，在哗哗哗、嘟嘟嘟的声音中等待接通。不过，人们似乎已经看到一个开放、互联的未来正在向他们招手，而股市也在沉潜蓄势、厚积薄发。那些希德和为数不多的桑德拉（Sandra）[1]（据我估计，在私人投资领域，男性和女性的比例约为10∶1）都已从1987年遭受的创伤中恢复过来，陆陆续续涌入市场。股票行情再次上了新闻热点，成为出租车司机口中津津乐道的话题。人人都盼着在即将涌起的互联网热潮中捞上一把。

1999年初，《股票杂志》（简称《股票》）踩着风口应运而生。主编叫罗斯·格林伍德（Ross Greenwood），是一位开朗、友善的澳大利亚人，他在伦敦休假之余参与创办了这本杂志。阅读这本杂志并不需要很高的智商。早年有一期，封面的显著位置赫然印着一则小广告，内容为："在家投资，年赚10万英镑。"这几个字不仅加粗了字体，还特意用红色线条圈了出来。那时候，市场上涌现出了大批的投机者，但许多投机者几乎没有任何金融知识。他们正焦头烂额地四处找寻互联网发家致富的门道，这本杂志就适时地从书架上飞落到了他们手中。见此情景，作为商业杂志和商业广告的营销行家，出版商高兴地直搓手。唯一的问题就是要招人。不光要招称职的员工，方方面面的人都需要。当时英国经济运转超速，年轻气盛的专业人士不停地从一份工作跳到另一份工作，肆无忌惮。我在大学图书馆待了很长一段时间，出来看到朋友们都开着眼镜蛇条纹的掀背车跑来跑去，有些甚至有6个挡位，一时眼花缭乱，恍如隔世。据我所知，每一位有点技能傍身的人除了拥有本职工作外，还都能找到足够多的兼职，付得起公寓首付（1999年，即使在伦敦，房价也还能承受），剩下的钱还够买些紫色乳胶漆和宜家咖啡桌。在逐金的路上，《股票杂志》野心勃

---

[1] 指与"希德"（本书前文中有详细的解释）同为新型投资者的女性投资群体。

勃，无奈人单势孤，所以我只参加了一场不痛不痒的面试，他们二话没说，就迫不及待地录用了我。

《股票杂志》的办公楼位于南华克区。楼内破旧不堪、闷热异常。历史上，南华克与伦敦金融城的关系非常微妙。南华克位于伦敦金融城的南面，与金融城隔河相望，属金融城门外无人监管的灰色地带。但在那片肮脏和邪恶中，还矗立着一座古老的燧石教堂。伦敦金融城的"克林克"监狱建在南华克区的克林克巷（Clink Lane）内。但是，伦敦金融城禁设妓院和赌场，南华克却是允许的。1999年，南华克还是伦敦金融城的穷邻居，对于那些向河对岸提供商品和服务的客人来说，算是个廉价的歇脚处。如今让美食家流连忘返的博罗市场（Borough Market）当时就已经在为伦敦的大部分地区供应水果和蔬菜。走出新开的用钢材和玻璃修筑的地铁站，就仿佛回到了过去。你会看到搬运工在大声地卖力吆喝，叉车来来回回搬运着大箱的蔬菜，抬头还能看到维多利亚时代的铁艺装饰，虽然绿色油漆上已蒙着厚厚的煤灰和污垢。开往多佛[1]和布莱顿[2]的火车在红砖拱桥的高架上嘎吱嘎吱地行驶，老鼠尽情地享用着被货车和手推车碾成浆的水果和蔬菜残渣。经特批，马路对面那家叫"市场搬运工"的酒吧每早8点就开门营业了。那个时间点，下夜班的人会陆续出现，伴着熙熙攘攘的人群，酒精和油炸食品的味道开始在空气中弥漫。在盖·里奇（Guy Richie）自编自导的电影《两杆大烟枪》（*Lock, Stock and Two Smoking Barrels*）中，男主角曾藏身于一栋大楼，而我们的办公室就在那栋楼的

---

[1] 英国东南部的港口。
[2] 英格兰南部海滨城市。

对面，就是科林·费尔斯（Colin Firth）和休·格兰特（Hugh Grant）饰演的角色为争夺布里吉特·琼斯（Bridget Jones）从一家餐厅破窗而出的那个街角附近[1]。这些都是很久以前的事了。

在互联网时代，25岁的年轻人就能左右市场，投资者甚至拿出了所有的积蓄紧紧跟随，这简直匪夷所思。所以，我无法识别市场的新鲜变化，也不足为奇。一切都是新的，一切都很离谱。比如，有些公司才成立了几个星期，没有任何产品，也没有销售额，就直接价值数百万了；不入流的金融公司比实业企业更受欢迎。有一家名叫德拉克（Durlacher）的经纪和咨询公司，规模中等大小，新成立没多久，市值就攀升到足以跻身富时100指数[2]的成分股。可悲的是，当季度重组到来时，市场已经跌至谷底，该经纪公司在其引荐入市场的互联网初创公司中的持股价值已不如之前所预期的那么高。德拉克后来在股市遭受了致命的暴击，成了一家空壳公司，一个空洞的躯壳，唯一的价值就是仍保留着上市公司的身份。个人投资者也惊觉自己拥有了可观的账面财富。"2000年1月，"一位普通的金融人士告诉我，"有位同事过来跟我说：'我刚算出了你的期权总值。'按照我同事的算法，2000年1月，我的个人期权总值高达数千万。现在想来，幸好我当时没有出去把这些钱花掉。"

正如我们所见，20世纪80年代的社会推崇自助和创业。持股已成为经济公民身份[3]的一种象征，是个人理财的必选项。在这种新型世界

---

[1] 爱情喜剧片《BJ单身日记》里的情节。

[2] 由世界级的指数计算金融机构FTSE（富时集团）所编制，自1984年起，涵盖在伦敦证券交易所交易的上市而市值最大的100只股票。

[3] 相对于政治公民身份和社会公民身份的一个概念，主要指工作和发展权。

观的关照下，股市的繁荣必然与国家的昌盛紧密相连，振兴股市已然成为政策目标。20世纪90年代初，美联储开始大幅降低利率，并向经济注资，以提振股市。这种做法被称为"格林斯潘对策"[1]，常用于应对市场动荡。利率低于通胀率时，人们发现存款会贬值，而贷款和投资要好得多！于是，大量现金涌入地产和金融市场。

20世纪80年代的结构性变革促进了资金的流动。大爆炸改革打破了股市卡特尔，经纪商得以提供所谓的"只执行"服务，即通过电话和邮件与客户沟通，按客户的意愿买卖股票，收取少量佣金。这些经纪商很快发现了互联网带来的商机。竞争激烈、利润微薄的行业通过互联网可以将成本降至最低，同时触达广泛的目标受众。而借助规模经济[2]效应，美国经纪巨头迅速向英国和其他地区扩张，很快就开始销售股票之外的产品。看到这些，经纪商们迅速意识到，他们可以提供类似专业交易员所涉足的模拟市场，将私人投资业务转变为复杂又高级的休闲活动，供精通技术的投资者探索和体验。

金融媒体也是如此。在20世纪80年代之前，英国的金融新闻一直是由《金融时报》和权威的《投资者纪事报》（*Investors' Chronicle*）等少数专业刊物在报道。《金融时报》每天发布收盘价格表和公司新闻。信息通过个人关系网和私人渠道传播，等到登载到报纸上时，就已经过时了。随着私人持股现象的攀升，出版物和广播媒体呈现出了爆炸式增长。《股份杂志》就是在这种背景下创刊的。它是一份全新的全国性周刊，面向几年前还不存在的受众。在新闻广播中，市场新

---

[1] 指美联储为防止市场大幅持续下跌而采取的行动。

[2] 指生产周期中的绝对产量提升时，产品单位成本下降，即扩大经营规模可以降低平均成本，提高利润水平。

闻逐渐成为常规内容，商业频道发展势头迅猛。电视屏幕上，知名的金融专家开始频频亮相。罗斯·格林伍德就是这样一个人物，但与玛丽亚·巴蒂罗姆（Maria Bartiromo）相比，他的影响力不值一提。玛丽亚·巴蒂罗姆是一位新闻主播，因其外形靓丽、性格活泼，大家都叫她美国消费者新闻与商业频道（CNBC）的"金钱甜心"，这个昵称明显含有性别歧视色彩。[巴蒂罗姆现就职于福克斯新闻台，甚至还注册了商标"金钱甜心"——我想，这就是所谓的"若生活给了你酸酸的柠檬，你就把它榨成甜甜的柠檬汁吧"。]整个行业形成了越来越自以为是的文化闭环，而由此引发的不良效应则由私人投资者注入的资金洪流通过经纪商之手买单。

* * *

甚至连交易所都是新的。在第六章中，我们了解到：詹金斯家族在伦敦成立了小型交易公司，专门经营赛狗场和度假村；约翰·詹金斯成长为高级合伙人；英国电信首发股票时，他们的公司是如何在5分钟的交易中赚了100万英镑；后来，公司先是被卖给了吉尼斯—马洪，后又被日本的一家投资银行收购。在1987年股市崩盘后的熊市中，公司关停了交易部门，詹金斯因此失业。他在一个有毒的环境中工作了一段时间，日子过得异常艰辛，整个人备受打击。好在他过去交易的领域不只有赛狗场。通过"场外交易"，他还获得了对伦敦证券交易所鲜为人知的第163条规则的专业认知。

这条规则后来变成了第535条规则，后来又变成了第4.2条规则。根据这条规则，会员可以偶尔在未在伦敦证券交易所上市的公司进行交易。交易必须在"配对交易"的基础上进行。这意味着，交易公司必须将买家和卖家配成对，接着为他们搭桥"促成"交易，向双方各收取1.25%的佣金。每笔交易都必须向证券交易所报告，并由上市部门记录和审批。显然，这种交易形式不支持批量操作。西德尼·詹金斯父子有限公司面临的交易情况是这样的：小型股票的交易商没有稳定的买卖指令流，因此不愿在账面上持有股票，以免资金被套牢，那样的话可能很多年才能解套。相反，他们会建立潜在买家和卖家的名单，匹配成功后再进行交易。

一直到20世纪90年代初，约翰·詹金斯都无所事事。他怀念过去的交易时光，想开一家新公司。但他向伦敦证券交易所申请了两次，均被拒绝。就在他快要放弃的时候，他得知他以前的"蓝纽扣"保罗·布朗（Paul Brown）被解雇了。布朗仍记得他们当时的对话："约翰说：'公司刚起步，我给不了你很多钱。我们会找一个地方办公，公司没有其他人，就你和我，我们做做看吧。'我说：'行，试试吧。'"终于，伦敦证券交易所通过了詹金斯的第3次申请。1991年2月11日，詹金斯和布朗成立了J. P.詹金斯有限公司，依照交易所的规定从事"场外"交易。

据詹金斯回忆，接下来的那些日子是他职业生涯中最快乐的一段时光。J. P.詹金斯有限公司在芬斯伯里广场（Finsbury Square）[1]有一间小小的办公室，位于"你我的价值"音乐商店的楼上。那一层有一位非常友善的荷兰人，每天下午3点左右，他都会拿着一瓶杜松子酒来到他们的办公室。所谓的办公就是"两个男人坐在一张沙发上"，

---

[1] 芬斯伯里为伦敦一区，位于泰晤士河南岸。

用笔、纸和电话进行着没什么技术含量的交易。"约翰有一台旧电脑，"布朗说，"所以他就把它带来，放在了桌子上，但我们从来没有用过。放在那里只是摆设……就是一张沙发和一台坏了的电脑。它确实没有起到任何作用。我是说，我们没用它做过任何事情。它就只是摆在那儿。"他们要做的事就只是列清单和配对。他们的口头禅就是"我记下来"，提到他们公司，大家首先想到的就是这句话。他们从来不说"不行"；他们会真诚地记下客户的需求。他们的口碑很好，发展得不错。

1992年，公司迁至摩尔门（Moorgate）[1]的摩尔庄园。后勤部门也有了独立的办公室。在打印成册的股票名录中，一些知名企业已赫然在列，如格拉斯哥流浪者足球俱乐部（Rangers）和利物浦足球俱乐部、国家停车场公司。同时，还有一些酿酒厂，如丹尼尔·思韦茨（Daniel Thwaites）和谢泼德·尼姆（Shepherd Neame）、耶茨葡萄酒庄园，甚至维他麦[2]。除此之外，还有一些规模小、风险高或交易频率低的股票，随便举3个例子，如潘安第斯资源公司、达特山谷轻轨和教会保险公司。贸易业务稳步增长，公司持续盈利；詹金斯的野心并没有大到哪里去——用他的话说，他没有"伟大的妄想"。然而，没有人是一座孤岛，即使是最小的做市商也不能独善其身，自动化的藤蔓很快就会缠住这些交易商，打破他们安逸的生活。

巧的是，约翰·詹金斯喜欢接触新技术，比大多数人更早地接受了新兴技术。甚至在金融大爆炸将终端机引入伦敦之前，他就已经前

---

[1] 原为罗马人在伦敦所修的一道后门，15世纪时改建为城门。
[2] 英国乃至全球领先的谷物类食品制造商。2012年，光明食品有限公司收购了维他麦60%的股份。

往美国拜访了一家名为赫尔佐格海因格杜尔德的经纪公司,观察了交易员们如何在基于计算机的纳斯达克系统中进行交易。回国后,英国接纳新技术的人还没多少,而他就是其中一员。"改革的浪潮将至,很可怕,但人们不信,真的不相信,"约翰说道,"我从美国回来后和大家讲:'我和一位交易员坐在一个房间,面对着纳斯达克系统,那里没有交易厅,我和这些家伙就坐在那个房间里,他们正在用计算机终端进行交易。大概就是这样。'然后发现我的团队竟然也认为这样的事根本不会发生在英国。"

不久,他的公司处理掉了那台坏掉的电脑,安装了定制系统,不再依赖纸笔记录。重头戏即将上演,但不在詹金斯的办公室内。

除SEAQ外,伦敦证券交易所还设立了"非SEAQ系统"。"非SEAQ系统"其实是另一组图文电视屏幕,用于第163条规则股票的交易。它会发布基本数据和历史交易记录。但是,这些数据一公布,公司的利润也就暴露了。"大家看到这些数据非常恼火,"约翰的儿子乔纳森(Jonathan)说,"经常听到有人抱怨,'我是以9英镑的价格从你这里买入的,而这上面显示你是以6英镑买入的'。这个系统暴露了我们所做的一切,我们没有任何隐私可言。"尽管如此,人们依然在这里交易那些股票。20世纪90年代初,伦敦证券交易所提出停用非SEAQ系统,J. P. 詹金斯有限公司趁机接管了该系统。后来,在一次偶然的机会中,通过与一位销售员的交流,詹金斯与路透社[1]随后达成了一项协议,在非SEAQ系统之外一起创建了新闻跟踪器,旨在为其服务的小型交易公司提供基本新闻服务。新闻跟踪器会通过路透社网络

---

[1] 世界上最早创办的通讯社之一,英国最大的通讯社。

显示价格、交易量和公司的部分信息。做市商和新闻跟踪器之间的互联意味着，如果价格变动，市值也会随之波动。公司会在网页发布年度财报和年中财报并公布股息。同时，大众也期望他们能发布交易公告。其实，新闻跟踪器就是刻意借鉴伦敦证券交易所的监管新闻服务系统（RNS）所设。J. P. 詹金斯有限公司从中看到了商机，开始向接受该服务的公司收费。由此，J. P. 詹金斯有限公司在无意中踏入了数据供应领域，这是证券交易蒸蒸日上的新兴领域。

这样一来，J. P. 詹金斯有限公司忽然看着像一家小型交易所了。它为规模较小的公司提供了买卖股票的场所，那些公司在它这里获得了类似于公开上市才有的知名度和监管认可。J. P. 詹金斯有限公司从做市业务中获得了可观的利润，开始进军数据营销领域。当然，所有这些都是在伦敦证券交易所的监管下进行的！交易所本身也是企业，它们也需要在竞争激烈的交易服务市场中努力谋生。不久，伦敦证券交易所就开始对这种局面感到不适，于是屈服于政治压力，着手开拓成长型股票市场。这是另一个故事了，我会在第14章详述。

需要重点说明的是，1995年，伦敦证券交易所废除了第163条规则，停用了非SEAQ系统。很明显，伦敦证券交易所开始防备了，但为时已晚。在詹金斯那里交易的许多公司都不想去交易所新开辟的领域交易。他们向詹金斯求助，詹金斯自然希望能够继续经营自己的业务。但是，他面临着另一个问题，那就是，他没有了办公场所，失去了他的市场所在地。别无选择，他只能在现有的数据基础设施上构建自己的领地。他将其称为OFEX（场外交易系统）。OFEX依附于现有的新闻跟踪器服务，通过路透社的线路运行。严格来说，它就是一个交易设施，有位高管曾这样描述监管部门对它的态度："为什么不能用它？不清楚……没有规定说它不可以用啊。"但从整体来看，这套涵盖了线路、屏幕、交易机制和企业投资者体系的搭配堪比一家资本市场。但是因为它"走路像鸭子，说话像鸭子"[1]（还是那位高管所说），所以它其实还是一家证券交易所。OFEX主要面向初创企业和小型企业提供股票交易服务，面对即将到来的互联网热潮，它已做足了准备，甚至开始翘首以盼。

* * *

OFEX的准入门槛较低，申请流程也简单：伦敦证券交易所的企业会员或公认的专业机构的成员（如合格的会计师），可以代表其所属公司申请。申请资料包括一份申请表、一份调查问卷和一些董事声明，申请费为250英镑，不包含另外缴纳的增值税税额，无论是否申请成功，申请费都不会退还。敏感的企业金融家立马嗅到了机会，开始利用OFEX为初创企业融资。首个在OFEX上公开发行证券的是Syence Skin Care，共筹集到了25万英镑。据说，詹金斯对负责该项目的顾问约翰·布里奇斯（John Bridges）反馈，OFEX管理层"大为震撼"，因为他们从未想过会有公司通过OFEX融资。

当时甚至不确定这样是否合法。面对如此大的交易量，OFEX也有点措手不及。新兴的市场充斥着各种不堪的丑闻。最臭名昭著的公

---

[1] 原句为"如果它看起来像鸭子，游泳像鸭子，叫声像鸭子，那么它可能就是只鸭子。"这是美国诗人詹姆斯·惠特科姆·莱利（James Whitcomb Riley）提出的鸭子测试理论，意指可以通过行为特征来辨别未知物。此处指从各方面看，OFEX都很像证券交易所。

司莫过于Skynet。Skynet主营车载卫星跟踪设备,最初上市价格为27便士,后一路飙升至275便士,将公司的市值抬高至3000万英镑,但它根本没有销售额,甚至没有一种拿得出手的产品。投资者愤怒不已,董事会成员纷纷辞职,在税务局和房东的要求下,审计机构最终宣布其破产。1998年1月,Skynet股票被停牌,股价定格在4便士。"Skynet"倒闭,声誉崩塌,汤姆·威尔莫特,就是那台橙粉色宾利的主人,曾试图挽救,没想到反而加剧了崩塌的进程。

受此影响,OFEX开始逐步完善组织架构,以适应资本市场。J. P. 詹金斯有限公司提高了准入门槛,开始以更系统的方式进行推广。它向彭博社和路透社等代理商提供价格和公司数据,并借此成功挤进了20世纪90年代末金融资本主义的文化圈。《金融时报》和《伦敦晚旗报》刊登了一些重要股票的收盘价。1999年前,网站完成重建后允许私人投资者访问新闻跟踪器发布的历史内容,例如公司基本面和公告信息,同时以私人投资者可访问的格式提供实时数据,OFEX称这是"免费获取最新OFEX信息之战的转折点"。如今,普通人可以轻松地获取市场信息,参与市场活动,所以可能不大容易想象当时的情况。但在当时,普通投机者能获得与专业投资者平等参与市场的机会,确实是一件大事。约翰·詹金斯成立了一个遴选小组来筛选有意加入市场的公司,并强调一定要合规。艾玛·詹金斯(Emma Jenkins)形容他"看起来像个偏执狂"。1998年,OFEX从一个交易操作的标志转变为一个独立的市场,其主要商业模式是向公司收取上市费用并提供市场信息。J. P. 詹金斯有限公司仍然是做市商,在繁荣的牛市中赚取了丰厚的垄断利润。随着新一个千禧年的临近,他们发现交易员的交易速度不够快。有传言称,他们在交易室的角落里放了一只水桶,这样他们甚至都不用冲去厕所了。事实其实没有那么夸张,他们只是用楔子把防火门卡住让它保持敞开,以便用最快的速度往返厕所。1999年11月,约翰·詹金斯发现自己又回到了交易室处理来电。只不过,这次,他的身份已跃升为一个庞大的集团公司的董事长。

这些喧嚣都是由互联网股票触发的,作为一种新颖的存在,它引发了一轮常见的投机热潮。纵观历史,18世纪爆发了南海泡沫,19世纪曾出现过对铁路股的热捧。此外,在第一次世界大战之前,人们曾为橡胶股疯狂过,而在第二次世界大战之后,赛狗场股票也曾短暂风靡。互联网势必从根本上重塑我们的商业模式,因此,到了1999年,广大投资者对互联网股票已陷入狂热状态。就像铁路一样,互联网确实重塑了我们的商业模式。与铁路股的情况类似,大部分的经济收益最终都被大型企业攫取,而非那些为建设基础设施出资的投机者。最重要的是,当时的股价持续上涨,在OFEX上发行新股被视为稳赚不亏的生财之道。从一开始,OFEX就为散户投资者提供了加入互联网狂欢的机会,而不是将他们推向二级市场购买那些价格膨胀了的股票。市场的繁荣点燃了人们的野心,再保守的公司也忍不住蠢蠢欲动。一位金融家说:

> 我认识一些人,他们带着商业计划找到金融顾问或商业银行,说:"我们想要100万英镑,试试看能否筹到。"结果两天后,他们就拿到了完整的招股说明书,并且已筹到了至少2500万英镑。

OFEX成了可靠的融资平台,服务对象大多是风险企业,比如

printpotato.com，一家旨在通过互联网彻底改变T恤印花业的公司。如果我没记错的话，还有balls.com，一个出售与球相关的一切的"一站式在线购物平台"。这个域名现在是一名球类爱好者的博客地址。所以，怎么可能记错呢？还有"E-male order"，目标客户是1999年时仍被称为"粉红英镑"[1]的消费群体。融资最重要的文件是招股说明书，那是一本A4大小的册子，60页厚，里面列满了法律条款。编写招股说明书的金融家没有现成的法律文件可套用，于是就借鉴了高级交易所的募股文件，稍作修改就拿来用了。募股规则基于买者自负[2]的原则，所以买方要小心了。无论招股内容多么天马行空，都只需要在招股说明书中写出来，买家会自行判断。投资者通常只具备基本的金融知识，投钱之前，他们通常会索取招股说明书，消化这些复杂的法律概念。招股说明书的封底设有一张可撕下的便条，供有意向的投资者撕下填写并寄来支票。"偶尔，"一位投资顾问说，"会有人来电问：'我刚寄了一张1000英镑的支票，先别管它是干啥用的，我就想知道你们打算什么时候拿去兑现？''我今天晚些时候可能会去银行。'我回答。然后就听到对方喊道：'天哪，我月底才能拿到工资。'"

　　那么，公众如何获取这些令人热血沸腾的募股资讯呢？这可是我们媒体马戏团的拿手好戏。初出茅庐、急于求成的记者和公关公司在募股公司和意向投资者之间搭建了一座桥梁，前者筹集了数百万美元来将仓库堆满网球，后者则希望在新奇的互联网世界中分一杯羹。公关高管们的套路很简单，有人将它概括为："如果我请你们（记者）

---

[1] 用于描述同性恋者在消费市场上的影响力和购买力。
[2] 基本含义就是：投资者进行的所有证券投资既存在盈利的可能，同时也存在亏损的可能，无论证券投资的结果是盈利或亏损，均由投资者本人自行承担。

出去好吃好喝，美酒佳肴下肚后，你们自然就愿意动笔宣传我的公司。"作为刚走出校门的大学毕业生，我们是他们的理想人选：那时的我们，不敢说对股票分析有多在行，但我们绝对称得上是白吃白喝的专家。然而，公关公司的这一套路可没表面看起来那么简单。他们安排记者们用餐用到午后，这样记者就没有时间调研了，在红葡萄酒和牛里脊肉的连番轰炸下，记者们就会把他们灌输的言论写下来。微醺和烂醉如泥之间的分界线其实非常微妙，一不小心就会越界，所以东道主的任务就是趁记者还能清醒地写作的时候就把他们打发回办公室。下午四点半是公认的理想散场时间。在交稿时间到来之前，记者们还能盯着屏幕迷迷糊糊地改改新闻稿。地方记者会在"ARCE（地级市编辑协会）午餐会"上受到款待，每位记者都会收到含有当地趣闻或热点的新闻稿，标题和结尾都已写好。这些新闻随后将在英国各地得到广泛报道。所有这些招待费都由未来的投资者承担。不过，我记得有这样一个故事：一家公司因无力支付餐馆的账单而破产，公关人员只能自担损失并代为买单。还记得巨蟒剧团[1]成员塑造的克里索特（Creosote）先生[2]这个角色吗？这位面色红润、热情友好的公关人员像极了那位克里索特先生——几年前，他在法国南部的豪宅中去世。快90岁时，他仍是人们谴责暴饮暴食的例子。

　　公关公司的套路明显奏效了。人们对股票的巨大需求几乎压垮了这些小型金融公司。"有一天，"布里奇斯告诉我，"我自己接了300多个来电。此外，我的接线员还为我记录了275个来电，她打不通我的

---

[1] 英国六人喜剧团体，他们的"无厘头"搞笑风格在二十世纪七八十年代影响甚大。

[2] 《人生七部曲》中的一个狼吞虎咽、暴饮暴食的角色。

电话，因为我一直在通话中……他们的诉求基本是一样的：'你上次的募股项目里有我的份额吗，能给我安排下一波投资吗？'……有一个周日，电话一整天都响个不停，人们迫切地希望通过电话找到一个人帮他们把钱投出去。"

许多咨询公司都在短时间内赚得盆满钵满。发放认股权证（一种股票期权，允许持有人以事先约定的价格购买股票）已成为延迟支付咨询服务费的一种默认方式。于是，这些咨询公司突然发现自己坐拥巨额账面收益。就像那些独立唱片公司一样，小型咨询公司只需要有一次成功的运作经历，以后的日子便可高枕无忧。

并非每个人都认同互联网企业的股票价值。丹尼尔·贝恩扎（Daniel Beunza）和拉古·加鲁德（Raghu Garud）记录了两位华尔街股票分析师之间一场公开的争论。这些股票分析师打着为雇主的客户提供客观研究的旗号，不断地刺激交易，帮助其雇主赚取佣金。这场口角与一家名为亚马逊的奇特的新公司有关。美林[1]颇有声望的分析师乔纳森·科恩（Jonathan Cohen）认为，应该将亚马逊视为图书销售商进行估值，基于其10亿美元的收入，预估其每股将达50美元。而加拿大某银行一位名不见经传的新人亨利·布洛杰特（Henry Blodget）则称亚马逊属于"互联网公司"，与乔纳森·科恩的分类完全不同，并预测亚马逊每股将达到400美元。投资者们为此争论不休，直到，正如那些记者所写："这段插曲最终以布洛杰特胜出收尾。不到3周，该股就突破了400美元的预估价位，布洛杰特成功跻身《机构投资者》杂志

---

[1] 世界最著名的证券零售商和投资银行之一，总部位于美国纽约。

（*Institutional Investor*）[1]的全明星行列。"但这对布洛杰特来说其实是一把双刃剑。他顺利成了美林的明星分析师，但后来监管机构发现他一直在向公众出售劣质产品，于是他彻底名誉扫地。他曾公开评价一款名为"excite@home"的产品"适合短线操作"，却私下告诉同事那"简直就是一坨屎"。他被监管机构处以重罚，就此结束了华尔街生涯。不过，就亚马逊的案例而言，布洛杰特确实是对的。亚马逊确实不应简单地归入图书销售商，看到它目前的股价，你就会觉得布洛杰特当时的估价真的一点都不算夸张。

在互联网泡沫时期的伦敦，也有一位锋芒毕露的股票分析师，名叫德鲁·埃德蒙斯通（Dru Edmonstone）。他供职于算不上富时100指数成分股的互联网巨头德拉克。我回到学术界后，以为再也不会听到他的消息了，但后来曝出的一则丑闻，让新闻媒体严肃的编辑们忍不住笑出了声。作为当时的康沃尔公爵夫人（Duchess of Cornwall）[2]的远房表亲，埃德蒙斯通竟在2018年被判犯有欺诈罪。比如，他曾假借妹妹、父亲阿奇博尔德·埃德蒙斯通（Archibald Edmonstone）的雇员（他的父亲当时已83岁，是邓特里斯（Duntreath）第七代准男爵）以及影片《搏击俱乐部》（*Fight Club*）中的人物泰勒·德登（Tyler Durden）之名申领了各种福利。他在苏格兰有一处6000英亩[3]的庄园，就在那处庄园外，他还曾假扮医生，向路过的行人出售茶点。凡此等等，不胜枚举。主审法官判定，埃德蒙斯通存在"持续的精神操纵和

---

[1] 一份在美国出版、全球发行的著名金融类杂志。

[2] 在英国，康沃尔公爵爵位永远属于英国国君的长子，而康沃尔公爵夫人则是康沃尔公爵妻子的称号。此处指卡米拉·罗斯玛丽·尚德。

[3] 1英亩约为4046.86平方米。

反社会问题"。

但是，要在唯利是图的互联网世界混出点名堂，确实需要这几分疯魔。那些骗钱者曾这样直白阐述他们用股票牟利的模式："我们用别人的钱付酬金、买午餐、养高管，用到一分不剩。"总之，他们花的必须是"别人的钱"（OPM）。他们还用别人的钱抬高股价，这样投机者就可以卖出股票获利或兑现认股权证。精明的运营商在交易中不仅为公司筹集资金，还向投资者出售他们之前在企业内部发行的股票，那些股票通常被视为对其管理理念或管理实践的"奖赏"。这些所谓的创始人或股票发行商存在的意义仅仅就是将资金从投资者手中转移到投机者手中，对募股公司没有任何好处。我记得有一个案例，一位同样有贵族背景的投机者用这种模式净赚了100万英镑；在遵循"买者自负"原则的股市，这一模式已作为合法的法律条款出现在了招股说明书中。如果遇到看不懂招股说明书的投资者，那就更好糊弄了。

09

血战华尔街

  繁荣终将落幕。还没到2001年春天，抛售就已经开始了。万有引力定律不仅适用于苹果，也同样适用于投机性金融投资。羽翼未丰的OFEX损失惨重，同时发现其为适应资本市场业务结构新配的基础设施造价高昂，比如，为应对超负荷交易安装的电话系统。奇怪的是，我的脑海里并未留存互联网泡沫破裂的戏剧性画面。我只记得，2001年4月，有一周异常糟糕。那一周，华尔街出现了大量抛售，但专家们却很乐观，称那只是市场泡沫被吹走了。时任《独立报》经济编辑的黛安·科伊尔（Diane Coyle）认为，这其实是互联网泡沫在"缓慢破裂"。事实证明，这番表述颇有预见性。短期亏损直接引发了短暂、剧烈的衰退，市场陷入大萧条，到了秋天，存在性焦虑[1]已在全社会弥漫。9月11日，因火车司机罢工，我被困伦敦，混在熙来攘往的人群中，感受着空气中的恐慌气息，看到从纽约不断传来的那些糟糕画面，感觉这甚至比纳斯达克的暴跌还要恐怖，不由生出一种异常强

---

  [1] 一种植根于心灵深处的对于不确定性的恐惧，不确定性是恐惧的根源。

烈的末日感。同样令人恐慌的是，坦克开进了伊拉克，无力感充斥着经济领域的各个角落，一些显赫一时的跨国巨头被曝财务造假（如安然和世通）和失信（如安达信）。2000年4月，纳斯达克市场也曾一路暴跌。但相比之下，我对此次事件的印象要深刻得多。

在《股票杂志》和其他地方工作的那些肆无忌惮的日子里，我对私人投资者产生了浓厚的兴趣。在金融圈的专业人士眼里，私人投资者就是一帮"蠢货"。在学术圈，金融研究人员虽喜欢用"噪音交易者"[1]来形容他们，但骨子里的轻慢其实一点也不少。著名学者沃纳·德邦特（Werner De Bondt）慨叹："许多人未能从多年的经验中总结出基本的投资原则"，却希望通过在乐购或卡里林的几次随机投注，就能奇迹般地摸索出投资组合管理的秘诀。众多研究显示，个人投资者常犯一些错误。比如，他们交易过于频繁，因此承担了过高的交易费用。他们过于自信，把太多的赌注押在风险较高的公司上，又不愿意割肉止损，对他们来说，那意味着承认失败。他们倾向于购买那些上过新闻的公司的股票（这些股票也会因此被高估）、他们所就职的公司的股票（这种做法缺乏风险分散意识，非明智之举）或者那些离他们居住地较近的公司的股票。这些心理偏见在文献中都有充分的记载，实验心理学家丹尼尔·卡尼曼（Daniel Kahneman）和阿莫斯·特沃斯基（Amos Tversky）的研究也印证了这些偏见的存在。他们于1974年在权威期刊《科学》（*Science*）上发表了一篇文章，用可靠的实验室数据证明，人类的大脑本身就是会系统地、持续地做出错误

---

[1] 指无法获得内部信息，非理性地把噪音当作信息进行交易的投资者。

的判断。他们将这些偏差的成因称为启发法[1]。

卡尼曼和特沃斯基的这项研究对经济学产生了巨大的影响。20世纪70年代中期那些风华正茂的研究生将他们的见解运用到了研究项目中,如今已跻身经济学领域的资深专家之列。翻阅市面上的畅销书会发现,每本都写满了我们看待事物的那些奇怪又绝妙的方式。迈克尔·刘易斯还著有一本关于卡尼曼和特沃斯基的传记[2];丹·阿里利(Dan Ariely)、理查德·塞勒(Richard Thaler);乔治·阿克洛夫(George Akerlov)、罗伯特·希勒(Robert Shiller)和卡尼曼等经济学家在学术界之外也颇有名气。他们的理念甚至渗透到了政策的制定和措施的落实。各国政府开始采用行为经济学中的"轻推"策略[3],以期在从交通安全到疫情管理等各个领域达到他们想要的效果。人们已习惯从行为观的视角去解析股市繁荣与萧条。谈及互联网泡沫时代的"非理性繁荣",艾伦·格林斯潘(Alan Greenspan)[4]曾有过一句著名的论断:人们只是被冲昏了头脑!理查德·塞勒和赛琳娜·戈麦斯(Selena Gomez)[5]曾在电影《大空头》中本色客串出演了"美国经济协会主席、行为经济学之父"和"国际知名流行歌手"。塞勒在影片

---

[1] 即下意识锁定某些情况来预测事件的可能性,又译"认知捷径"或"经验推断法"。

[2] 英文书名为 The Undoing Project,中文译本名为《思维的发现》。

[3] 主要是指产品或服务的提供者刻意引导或鼓励用户在决策时遵循设计者首选路径而采用的策略。

[4] 美联储前主席。

[5] 美国流行乐女歌手、影视演员。

中特意解释了金融灾难中的"热手"谬误[1],比如,房地产市场已经火了这么久了,大家也从中赚了这么多钱,人们就会相信这种情况会继续持续下去。崩盘正是由我们与生俱来的行为偏见所导致。

并非只有我一个人觉得这些解释不够充分。在探索金融史的过程中,我们已经发现,作为历史中的个体,我们每个人都受常规和惯例的束缚,并且深植于社会关系之中。基金经理之所以会购买互联网公司的股票,是因为他们知道,与大家一起犯错后遭受的惩罚肯定比个人犯错遭受的惩罚要轻,而且独自一人决策正确也会惹得同事不快。在《大空头》和《商海通牒》这样的电影中,大部分的情节都是在讲述特立独行的主角因为执意做正确的事情而遭遇的麻烦。在我看来,这里还涉及一个更重要的问题,即人们如何在市场中保持理性,哪怕做不到绝对理性?大家都在谴责过分的贪婪和恐惧助长了信贷危机,但其实我们还需要看到这场灾难背后离奇的那一面,这一面就是:你可以购买某些特殊的金融工具。严格来说,这些金融工具反映了如下信息:对在地球的某个地方尚未建成的房屋的抵押贷款偿还款进行押注的未来收入流再进行押注的未来收入流。这很怪异。

* * *

所有的科学活动都依赖科技进步,这些进步就体现在实验室的日常设备中。实验室里那些不起眼的机器见证了实验室的全部历史和技

---

[1] 这一说法源于篮球运动。指比赛时如果某队员连续命中,其他队员就会相信他"手感好",下次进攻时还会选择他来投篮,可他并不一定能投进。指仅凭一时的直觉,缺乏必要的分析判断就采取措施。

术进步，那些点点滴滴的进步已融入了设备的程序和电路。金融也是如此。交易员坐在屏幕前，快速浏览由众多社会技术系统解析和处理过的数字。他们会再做一些计算，把分析结果发送出去，与同事和交易对手交流。他们买卖股票。他们会借鉴通过电脑获取的社会和科技信息形成自己的决策，而他们的决策也会反过来渗透到社会和技术系统中。金融史实与交易决策密切相关。

　　来看一个例子。你们一定听过不少关于对冲基金[1]的故事。但很少有正面的。它们要么用来押注英镑贬值，要么用来掠取养老金，要么用来资助某个政党达到邪恶的目的。从我们在提到对冲基金时所使用的语言，就能看出它的特性：对冲基金是一种事物，一项综合体，一个独立的市场参与者；用社会科学的行话来说，是"协议"或"社会技术组合"。伊恩·哈迪（Ian Hardie）和唐纳德·麦肯齐曾做过一项有趣的研究，他们在研究中正是这样看待对冲基金的。研究发现，这些在全球横行霸道的掠夺组织其实规模很小。哈迪和麦肯齐研究的这家公司只有5名员工，其中还有"实习生"。他们在伦敦市中心的一个理想地段找了一间不起眼的小办公室做交易室，几个人平时就围坐在一张大桌子旁办公。对冲基金的交易室一般设在梅菲尔区和圣詹姆斯区，而非伦敦金融城。社会学家们在交易室里观察了一个星期，发现交易室里大部分时间都寂若无人，只有风扇的嗡嗡声和键盘的敲击声，偶尔，他们会小声交流债券估值，或接到下单的电话，讨论要在这里投几百万，那里投几百万。那间交易室是信息收集中心，3位交易员凭借他们的专业知识和定制的计算机，来理解通过电子邮件和热线

---

[1] 指采用对冲交易手段的基金，也称避险基金或套期保值基金。

涌入的大量诉求。"如果人类拥有无比强大的信息处理、计算和记忆能力,"哈迪和麦肯齐写道,"那么一个人或许就可以在没有帮助的情况下,将流入房间的信息转化为最优的交易组合。但人类的能力是有限的,赫伯特·西蒙(Herbert Simon)很久以前就强调,我们需要将必须完成的任务分配给不同的技术系统和多个人,所以在交易室内达成的实际上是分散式决策。"哈迪和麦肯齐展示了这3位合伙人和身在别处的交易对手如何通过沟通将他们经工具和计算机获取的信息整合在一起,达成了最终的交易策略。对冲基金是一个计算性的"协议",结合了社会和技术来操纵市场信息。

这家对冲基金公司看起来无足轻重,至少从实体规模和组织结构方面来看是这样的。然而,当对冲基金聚集在一起时,就可以形成强大的金融火力,足以令政府颤抖。与任何当代知识型企业一样,对冲基金公司只能存在于外包体系中,与那些在各自领域具备竞争优势的公司合作,这些公司可以是具有成本效益的制造型企业,也可以是该案例中提到的文员服务公司。这家对冲基金公司将烦琐的结算工作委托给都柏林的一个机构,该机构在孟买雇用了数百名工人,负责在伦敦市场休市期间对交易进行复核,并解决相应的问题。交易系统是从另一家供应商处租来的。交易系统的下拉菜单作为这项结算操作的前端界面,只是计算和行政工作的冰山一角。该基金公司的交易均由"首席经纪商"负责执行。首席经纪商是一家国际投资银行,负责代表该基金公司转移交易所需的资金。同时,该银行实际上承保了每笔交易,而这家位于梅菲尔的小办公室也因此共享了全球投资银行的信用评级。对冲基金公司本身也有借款的权限,当这项权限与银行的信用价值绑定在一起后,就会强大到令人生畏。

从上述案例可以看出，在信息泛滥的市场，计算工作既是负担，也是机会。单靠人力，已无法处理如此多的信息。而且，基于有效市场假说来看，如果所有的市场信息都已人尽皆知，那么拥有这些信息也就不再构成任何优势了。在这种情况下，人们只能从解读信息的过程中去寻找优势，而这个过程比拼的是速度、精度以及创新能力或技术先进程度。在另一项经典研究中，丹尼尔·贝恩扎（Daniel Beunza）和戴维·斯达克（David Stark）探讨了银行交易室的交易员如何试图在异常复杂的市场信息中发现套利机会。套利追求的是无风险利润。比如，如果你能以一英镑的价格从莎莉（Sally）处买到货物，并能立即以两英镑的价格将其卖给西蒙（Simon），而且不存在货物在运输过程中损坏或被盗的可能性，也不存在货物到达目的地时西蒙不想要这些货物的可能性，那就算是完成了一次套利。在生产型经济中，企业家之所以能够赚取利润，是因为在现实世界中几乎不存在真正的套利。在金融市场上，为避免套利操作，纽约和伦敦会保持价格一致。但贝恩扎和斯达克认为，如果交易者足够聪明，还是可以找到套利机会的。基于复杂的计算和对冲策略，我们还可以找出金融工具的隐蔽属性，开展有针对性的交易。比如，我们可以进行纯风险交易，也可以针对那些包含了与航空业务间接相关的非航空公司的投资组合或一系列间接关联的债券中的错误定价进行交易。利用晦涩的数学知识和大量的分布式计算[1]，可以找出肉眼看不见的套利机会。贝恩扎和斯达克发现，交易室的空间之所以设计成那样是为了最大限度地提高社交

---

[1] 一种计算方法，指将大型计算问题分解成许多小的部分，分配给多台计算机进行处理，最后把这些计算结果综合起来得到最终的结果。

流动性，促进人际互动以及思想的交流和碰撞。计算并不仅仅发生在电脑屏幕上，它还会发生在共享一个办公桌的同事之间，发生在使用不同办公桌的同事之间，也就是说，它在交易室内的每个角落都可能会发生。这就是专业人士在市场中的所见所思。

* * *

非专业人士并不是这么想的。对他们中的许多人来说，投资只是成为经济公民的一个环节。在研究美国的投资俱乐部时，社会学家布鲁克·哈林顿（Brooke Harrington）了解到，有些人主要是出于道义选择入市。"我们还能把钱放到哪里去呢？塞进床垫里吗？"有人反问道。对他们来说，投资是亮明社会地位的一种方式，是一种叙事形态，也是一种经济行为。哈林顿写道，"对于个人而言，买入一只股票……就相当于参与到了一家公司的发展故事之中。在参与这家公司的发展故事的同时，他们也书写了自己的故事。在当代美国人的人生故事中，那些重大的投资经历肯定是举足轻重的核心篇章。"近年来，私人投资在中国台湾盛行，并已渗透至社会关系的各个层面：人们在投资领域互相出谋划策，用投资来展示自身的优越感，通过投资来融入一些社交场合和社会团体。我在英国采访投资者时，听到了自我成长的故事，听到了报复渣男的故事，听到了希望将来能走出英格兰中部的小卧室到如天堂般梦幻的海滩上交易的憧憬。每个人都在自己的投资故事里唱着自己的独角戏。也许在他们的概念里，投资和逛集市、看展没有太大的区别。确实，集市和展会环境嘈杂，到处都能看到电子屏幕，听到讲解和争论、遇到让人眼前一亮的产品和风险服务,和股市极为相似。就噪音交易者(学者们称之为私人投资者)而言,噪音似乎才是最重要的。

私人投资者是投资产品的消费者。他们的消费选择也反映了他们的认知和品味。据哈林顿了解,一些私人投资团体就曾因不认同哈雷戴维森(Harley-Davidson)摩托车和La-Z-Boy(一家休闲家具生产商)销售的产品的文化内涵,而放弃购买他们的股票。私人投资者也是投资服务的消费者。站在这个角度看,就会理解,他们购买的投资服务为什么总显得那么诱人、刺激和复杂。这一切像极了汤姆·沃尔夫和迈克尔·刘易斯笔下的金融故事,在商品市场频频上演,而五花八门的投资展会也再现了20世纪80年代大型交易厅的狂欢盛况。

那这些非专业投资者消费的到底是什么呢?社会学家卡琳·克诺尔·塞蒂娜(Karin Knorr Cetina)将市场描述为"所有的一切,比如,他叫得有多大声……央行在做什么……马来西亚总理在说什么,诸如此类。总之,所有的一切,每时每刻发生的一切皆为市场"。专业人士将市场视为应接不暇的信息流,他们伏在工作台上利用算法等各种专业知识和技能将这些信息转化为盈利。非专业投资者付费获得的是经过商品化和简化处理的市场信息,包括市场规则和市场功能,信息渠道和理解这些信息所需的工具。大多数非专业投资者都没有工商管理硕士(MBA)学位,也不知道"应该"如何分析市场信息。所以,他们选择的只是自以为正确的方式。对大多数私人投资者来说,最主要的投资决策是选择成为什么类型的投资者,即在众多相互竞争的投资服务中做出选择,而这正是消费者才会面临的选择。我们都知道消费是怎么回事。私人投资者一旦开始参与某种具体的投资活动后,就会在投资服务商的平台上发布自己的那份分布式计算结果。平台会将收集到的决策结果客观地汇总在一起,虽然,有时候,这在外行看来会有点奇怪。

来看几个例子。有些投资者专门投资小公司的股票,即"成长股"。"成长股"这个叫法有点讽刺,因为很多成长股根本不会升值。这些股票通常很便宜,所以又称"便士股"。很早以前,就有一些投资骗局打着便士股的名号来吸引投资者(哈佛证券就曾干过这种事)。市场淡静(成交疏落)时,小公司的股票可能会出现大幅波动,为其所有者带来可观的账面利润。可是,一旦股票持有者想要兑现,利润就会立即消失。大多数投资小公司股票的人会明智一些,不会这么做。他们遵循的是另一套投资传统理念,这种传统理念至少可以追溯到20世纪40年代,当时投资大师本杰明·格雷厄姆出版了《聪明的投资者》(*The Intelligent Investor*)一书。这种投资被称为"价值投资"或"基本面投资",最杰出的代表就是沃伦·巴菲特(Warren Buffet)。格雷厄姆认为,投资者应该追求价值,在股票的市场价格低于每股所代表的资产价值时购入股票。如今,格雷厄姆的方法越来越不适用了,因为如今的资产还包含各种无形资产,如品牌价值和"商誉"。不过,成长股投资者并不是特别看重已经体现在资产负债表上的价值;他们会努力挖掘未知的可能性。他们认为,研究成长股并非易事,那些"大鳄",无论是谁,肯定都没有那份闲心。但灵活的个人就可以炼出火眼金睛,精准地发现机会。他们要做的就是:撸起袖子,盯着自己的目标股,下苦功夫去钻研。

这种"成长型公司"的论述提供了一种关于市场如何运作和个人如何在市场中立足的视角,通过成长股投资者用来驾驭市场的工具和策略呈现了出来,如在内情简报里高调宣称自己能先于"大鳄"抓住机会。同时,这种论述还体现在权威专家的言论里:只要你足够用心,就一定能发现未知的价值。然而,在实际操作中,这并非靠一己之力就能完成的事情。正所谓,功夫在事外。内情简报将公司财务数据简化为某个单一的指标,如"市盈增长比率"(PEG)[1]。这项指标由投资大师吉姆·斯莱特(Jim Slater)带入大众视野的,他的理念浅显易懂:PEG少于1意味着可以买入。斯莱特有句广为流传的名言,"大象不能疾驰快跑"[2],这句话我已经听过很多次了,各种版本的表述都有。所以,投资者才会对我说,小公司是赚钱的好地方,或者说,如果能在小公司找到合适的机会,就能赚到钱。

在讨论成长股市投资者时,难免会把"大鳄"置于对立面。曾经,有位投资者将自己的投资之道描述为"挖掘出那些没人在意、没人发现却非常、非常容易赚钱的好机会,巧胜大型经纪商"。他还评价说:"那感觉真不错。"还有一位专家称:"我很喜欢在股市大把大把赚钱的感觉,尤其是趁其他投资者还没反应过来的时候。7年前,我放弃了在那寸土寸金的'一平方英里'[3]如日中天的事业,加入了一家通讯社,那家通讯社叫……"我在2006年至2007年的牛市期间采访了一些成长股投资者,他们期望的年回报率为30%,这明摆着要从"大鳄"嘴边夺食。但也不能说得那么绝对,因为迟早会有那么一天,某位大鳄,或至少其他成长股投资者也会发现那些成长股的潜在

---

[1] 从市盈率(股票价格除以每股收益的比率)衍生出来的一个比率,由股票的未来市盈率除以每股盈余的未来增长率预估值得出。一般情况下,PEG值越低,股价遭低估的可能性越大。

[2] 此处将大型公司比作大象,强调成长型小公司具有巨大潜力。

[3] 伦敦金融城的别称。

价值，将股价抬至合理价位，而那些勇敢的成长股投资者也会跟着身价飙升。这种说法有点像市场延迟有效假说，即市场将来一定会是有效的，但前提是要有人率先找准机会。

另一种比较流行的决策依据是图表分析。图表分析又称技术分析，由来已久，在股票行情机和线性时间理论问世时就已经存在了。这种分析旨在根据以前的价格模式预测未来的价格。从经济理论的角度来看，这并非明智之举，因为影响股价的主要因素是时事，而时事其实是无法预测的。比如，2020年春，因为一种病毒，全球股市暴跌，而在那之前的几周，我们根本没想到会出现这种病毒。任何图表分析都不可能预测到这一点。不过，对于行为经济学家来说，图表分析还是稍微有点意义的。从行为经济学的角度来看，如果我们知道人们是在跟风，而且看出来他们不够理性、过于激动，那么我们就可以判定股价会反应过激，用行话说，就是会出现动量效应[1]。这时候跟风也是可行的，研究表明，跟风可以赚取小额的短期利润。

跟风操作并未利用到图表分析人士的分析成果。图表分析是基于市场本质观，一种近乎神学的主张。分析人士一直认为，市场不是随机运行的，而是遵循潜在秩序的。嘈杂混乱的价格不过是一个个代码，可以用斐波那契数列[2]或艾略特波浪理论[3]来破译。他们试图通过烦琐的回溯测试，找出完美的指数模式。他们会观察长期移动平均线

---

[1] 又称"惯性效应"，指股票的收益率有延续原来的运动方向的趋势，即过去一段时间收益率较高的股票在未来获得的收益率仍会高于过去收益率较低的股票。

[2] 指这样一个数列：1，1，2，3，5，8，13，21，34，55，89……这个数列从第3项开始，每一项都等于前两项之和。

[3] 认为市场走势不断重复一种模式，每一周期由5个上升浪和3个下跌浪组成。

与短期移动平均线的交叉点,或绘制支撑位和压力位。这是图表分析的强项——能够选择适当的曲线类型来拟合历史数据,从而预测未来走势。但是,这从方法论上看是有问题的,这个问题社会科学家应该很熟悉,即曲线拟合度越高,预测能力就越弱。[1]

这也未能真正体现图表分析人士的日常付出,因为他们在实际操作中还需要购买昂贵的软件,配备电脑并让它整夜运行。就像那些内情简报一样,计算机承担了计算难题的负担,在市场中筛选,寻找有利可图的投资机会。一位图表分析师告诉我:"艾略特是一种波浪结构,一种简单的波浪结构,主要包括一系列的推动浪和一系列的回撤浪,推动浪被分成5个向上的简单浪,然后是2个回撤浪,然后是一系列的'a浪'、'b浪'和'c浪'……一系列的5个向上的简单浪和3个向下的简单浪。当你发现一个价格出现波动时,比如股票价格或股票市场上的商品价格出现波动,你往往会看到5个较小的推动浪,然后是2个回撤浪,一个'a浪'、一个'b浪'和一个'c浪'……"

这看起来似乎很复杂,但是,实际操作起来并不难,你只需要在一天结束的时候,付点钱,运行一些软件,点击几下鼠标就完成了。

非专业投资者给人的感觉可能是不理性、爱吵闹,甚至"有点愚"。从MBA金融专业的角度来看,可能确实如此。但他们不仅仅是投资者,他们也是消费者。他们的消费涉及市场本体论(一种对市场的本质属性的看法),与人们在市场中的行为规范和行动策略相关联,而这些又与他们购买的设备相关联或已植入那些设备中,他们购买那些设备是为了完成他们的那份分布式计算任务。我们都知道如何

---

[1] 即如果过分依赖历史数据预测未来,就会忽视市场的现实情况。

消费,作为消费者,我们购买的东西反映了我们的喜好,体现了自我认知,是把自己当成了勤奋、勇敢的小人物,还是精通技术的市场专家。

* * *

投资者不仅要忍受孤独,还要背负重重压力。2006—2007年期间,我曾采访过当时的牛市投资者,在研究报告中,我记录道,他们举办了一种忏悔仪式,隔着屏幕或面对面,互诉股市拼杀史,彼此安慰,并坦诚地分享对失败经验的反思。从那以后,有些事情就变了。但比较奇怪的是,很多事情还是老样子。2008年的次贷危机切断了美国中产阶级和华尔街之间脆弱的纽带,与此同时,智能手机越来越流行,入市变得更加容易了。早在10年前,我就注意到"差价合约"、点差交易和期权交易等另类金融产品已经出现了。如今,这些投资产品已成为私人投资者的首选。新型市场参与者出现了。他们年轻、技术娴熟,而且似乎不怕承担巨大的风险。过去,大家都认同入市需谨慎,要追求长期的、稳定的回报。而现在,这些投资者则普遍抱着孤注一掷的心态。专家分析,过去20年来,不平等现象日益加剧,通往长期繁荣的传统道路已经坍塌,而这些年轻人背负着债务(通常是助学贷款),在零工行业从事着不稳定的工作,再加上房价又高得离谱,他们似乎已经没有什么可失去的了,所以才会有这样的投资心态。他们在论坛上大张旗鼓地庆祝投资失败(如今,私人投资者大部分时间仍然是亏损的):互甩gif动图和表情包,狂笑不止,滔滔不绝地谈论投资,隔着屏幕互相鼓劲,有时还会开开少儿不宜的幼稚玩笑。（私人投资者的性别比例并没有改变，但这个群体在这方面的表现似乎更加嚣张了。）科技公司迅速提供了必要的基础设施，罗宾侠[1]等团队开始通过手机提供快速的、据说是非常优惠的甚至是免费的经纪服务，同时巧妙地暗示他们也抵制不道德的金融从业人员入场交易，正是那些人掠走了美国中产阶级的未来。

2021年春，一则热点新闻霸占了各大媒体的头条。红迪网[2]上聚集了大批年轻投资者的华尔街赌场版块发起了一场反对金融大鳄的大规模抗议活动。以基思·吉尔（Keith Gill，红迪网用户名为RoaringKitty，曾用用户名DeepFuckingValue）为首的红迪网用户注意到，对冲基金梅尔文资本大规模做空了（预期股价将要下跌，以保证金形式出售股票）高街零售商游戏驿站。吉尔分享了迈克·贝里（Mike Burry）的选股视频，迈克·贝里是刘易斯《大空头》中的反向投资者[3]原型，他本人也因为这部影片声名大噪。可能是因为这些年轻投资者在青少年时期都曾光顾过游戏驿站，在其货架前驻足过，所以对其有难以割舍的怀旧情结。也可能是别的原因。总之，吉尔的言论刺痛了红迪网用户的神经。消息在网上迅速传播，投资者蜂拥而至、群起攻之，将股价急剧抬升，有些还上传了他们父母丧失抵押品赎回权的照片。埃隆·马斯克也发了条神秘的一字推文力挺游戏驿站。做空者的风险是无限的，几天之内，梅尔文就损失了其130亿美

---

[1] 美国的一家零佣金股票交易平台。

[2] 美国知名论坛，有美版贴吧之称。

[3] 指那些采取与市场主流观点相反的投资策略的投资者。反向投资策略就是根据过去一段时间的股票收益率情况排序，买入过去表现较差的股票而卖出过去表现较好的股票。

元资本基金的一半。罗宾侠临时禁止交易，许多人因此受损，但经此一战，有些投资者确实一夜暴富。后来，梅尔文、罗宾侠等相关公司接受了美国国会的调查。他们否认共谋，并声称自身有监管市场的责任。吉尔也受到了质询，他在陈述中提及了成长股投资者所信奉的潜心挖掘公司价值的信条，将其描述为："细致深入地研究一家公司的财务状况，关注其真正的长期价值，而不是市场上的主流情绪或头条新闻。"

其实，这场大战并没有这么简单。很明显，私人投资者团结起来后真正掌握了真正的市场，当然我们不能忽略，梅尔文的对手对冲基金很快就加入了混战，试图趁机重创梅尔文，而且游戏驿站是一家市值较小的公司。还有一点，在后现代时代，人们对同一件事可能会有完全不同的专业知识和观点，而这些知识和观点会在网上迅速传播。在上述示例中，网络舆情在华尔街赌场版块就是这样发酵的。科学事实之争的胜利取决于网络的力量（科学家的数量、数据的密度、仪器的精密度——幸运的是，所有这些都无可挑剔）；在游戏驿站的案例中，我们看到业余投资者在专业投资者和基金巨头的左右夹击下主导了股票的合理定价。所以，专业知识和观点并非专业交易者专属。游戏驿站确实像gif动图里演示的那样一飞冲天，尽管它很快又大幅回落。一些评论员期望能通过游戏驿站事件实现市场结构的深刻变革，具体能否实现，目前还是个未知数。

采访投资者时，我经常听到类似的憧憬：通过投资，结束日复一日的辛苦劳作，实现在加勒比海滩上交易股票的美梦，获得自由，重拾自我。他们说，找对方法就好了。资本圈一贯尖酸刻薄，新一代技术流经纪人的营销套路也延续了这种风格。作家布雷特·斯科特

（Brett Scott）说："比起'狗屁工作'这种赤裸裸的表述，如今的措辞多了一丝温情——你的工作毫无意义。不要再给别人打工了，立即去买一些股票，成为自己的老板。"但是，日内交易者甚至不参与真实的市场交易，这些应用程序就像现代版的芝加哥对赌行。交易员也是消费者，是金融服务业的另一项利润来源，即使是在他们偏爱的零佣金交易应用程序上也是如此。在金融危机爆发之前，投资者被视为新自由主义的"温顺羔羊"，他们的期盼、努力和存款沦为金融资本的另一项收入来源。事件中的对冲基金损失惨重，散户们欢欣鼓舞、大肆庆祝，但其实一切并未改变，他们依然还是金融资本敛钱的工具。忏悔仪式已经演变为成熟的网络文化，但功能没变，还是庆祝投资失利，为未来的金融市场驯化经济臣民。斯科特精准地描述道："投资服务公司把日内交易者困在封闭的生态系统内，让他们互相对抗，而零售金融公司则从他们身上榨取佣金和利息，然后将剩余风险转嫁到现实市场中。"在冷酷无情、无章可循的金融市场面前，日内交易者仅凭那点三脚猫功夫根本无法招架。"只花别人的钱"这条原则从未改变。"是这样的，"吉尔向国会坦言，"我还算有一点经验，但我也无法理解事情为什么会发展成这样。到现在，我才猛然发现，我们对市场运作的认知竟如此匮乏。"

10

帝国的伎俩

2000年3月的一个早晨,我接到了一位记者的来电。这位记者已经退休,但人脉很广。他说手头有一条新闻线索,问我是否愿意跟进。那是一条与一家南非矿业公司有关的传闻。公司全称为佩特拉钻石有限公司,当时已在伦敦证券交易所的二板市场——另类投资市场(AIM)上市。他听说佩特拉将有大事发生,但具体不知道是什么事;他猜测,可能是首席执行官阿多尼斯·普卢利斯(Adonis Pouroulis)打算违背股东的意愿,将公司占为己有,并从交易所退市。(这显然不是事实。佩特拉虽是普卢利斯亲手创建的,但在2020年3月31日,普卢利斯在那里工作了23年后,最终还是退出了。)我花了两天时间给所有我能找到电话号码的人挨个打了电话,最后成功联系上了普卢利斯本人。他听了我的问题,思考片刻后,说:"过来一起吃个早饭吧。"

早餐是在切尔西的卡多根酒店[1]吃的。1895年,奥斯卡·王尔德

---

[1] 伦敦的一家五星级酒店。

（Oscar Wilde）[1]因严重猥亵罪在这家酒店被捕，酒店也因此出名。约翰·贝杰曼（John Betjeman）[2]甚至为此以伦敦警察的口吻写了一首歌谣："王尔德先生，我们来带你走/将你这重犯带离窝巢/务必安静地跟我们离开/因为这里可是卡多根酒店"。既然王尔德都选在这里和他那帮离经叛道的朋友聚会，可以想象这里的环境有多么优雅。我走到餐桌前，看到几个人身着正装围坐在一起，除了普卢利斯，还有他的副手杰弗里·怀特（Geoffrey White）和一名律师。律师好像叫戴维·普赖斯（David Price），时隔20年，我的记忆已经有点模糊了，但应该没记错他的名字。公司的安保主管竟然也在场，有点奇怪。更奇怪的是，现场还有一个男人，似乎与津巴布韦[3]的军队有染。我记得饭局上还有两个人，但他们比较沉默，也没怎么吃东西。普卢利斯向大家介绍了协议草案，表示佩特拉钻石将作为壳公司被反向收购[4]。在反向收购中，发起收购的公司会吞并壳公司，但会保留其名称，最重要的是，还会保留其在证券交易所上市的身份。发起收购的这家公司名为奥里克斯钻石，注册在开曼群岛[5]，实际运营地在阿曼[6]。奥里克斯在刚果（DRC）拥有特许的钻石开采权。连我都知道，刚果经历过毁灭性的内战，时局动荡，政府专制，还因通过强迫劳动开采"血钻"资助武装反动活动而臭名昭著。

---

[1] 英国最伟大的作家与艺术家之一，以其剧作、诗歌、童话和小说闻名。

[2] 英国桂冠诗人。

[3] 非洲东南部内陆国。

[4] 又称"逆向收购"，指非上市公司购买一家上市公司一定比例的股权来取得上市的地位，然后注入自己有关业务及资产，实现间接上市的目的。

[5] 英国在美洲西加勒比群岛的一块海外属地。

[6] 位于西亚，阿拉伯半岛东南沿海的一个国家。

我记得，普卢利斯一边搅拌着咖啡里的蜂蜜，一边娓娓道来。这项特许权价值10亿美元，也就是说，这帮人即将从这个贫穷、暴力、腐败的国家掠走价值10亿美元的钻石。其中，40%的利润将归奥里克斯（或佩特拉）所有。另外40%将归奥斯利格所有，奥斯利格是一家公司，与津巴布韦军队有关系，负责为这项巨大的采矿工程"保驾护航"。当时，津巴布韦军队已入驻矿区——罗伯特·穆加贝（Robert Mugabe）[1]向刚果派遣了1.1万名士兵，支援洛朗·卡比拉（Laurent Kabila）[2]政府。剩下的20%将分给一家名为科米埃克斯—刚果合法运营的公司，有人怀疑这家公司是卡比拉总统的秘密金库，但律师戴维·普赖斯坚决否认。几周后，招股说明书公布，细节越发明朗。显而易见，这确实是个大买卖，但个中细节不是常人所能想象的。慢慢地，我意识到，那天早上和我一起用餐的那帮人有多么可怕。我早已习惯了市场上的闲人、骗子，偶尔也会遇到伦敦东区放高利贷的人，但他们完全不能和这些人相提并论。他们中有一位，我不记得是谁，随口问起我想写什么样的故事，我说想写一个简单、翔实的新闻故事。我后来确实写了，但只写了一篇专栏文章。我也有我的苦衷，因为那个人的言语看似随意，却透着莫名的杀气，如果没有一支非洲军队和两位独裁者撑腰，没有价值10亿美元的钻石待采，真的难以抵御。这群家伙真的都是狠角色。

2000年6月，奥里克斯登上了各大报纸的头版。5月中旬，招股文件公布，佩特拉股票恢复交易，此前该股因收购传闻遭停牌。这家并

---

[1] 津巴布韦共和国时任总统。
[2] 刚果民主共和国时任总统。

购公司表示不打算提前募股,但可能很快就会要求股东为勘探成本注资。在这些钻石的价值体现在资产负债表上之前,还需进行地理考察和试采。细节进一步明朗。该特许权以前属于一家国有钻石开采商,现在归在津巴布韦注册的奥里克斯(公司全称为Oryx Zimcom Ltd.)所有。据说,奥斯利格受津巴布韦政府控制。有报道称,"刚果政府镇压叛军时,津巴布韦提供了援助,以后这家并购公司将负责偿还相应的债务",而在并购公司中占股20%的股东科米埃克斯公司则由刚果政府军控制。随着6月上市日期的临近,杰弗里·怀特宣称,并购后的公司肩负着提供就业机会和保持社会稳定的使命,"让该地区恢复正常秩序"。但是,各大报纸的立场却愈发强硬。《周日先锋报》(*The Sunday Herald*)写道:"津巴布韦总统罗伯特·穆加贝计划本周在伦敦证券交易所筹集资金,用于开采被他的国民军占领的刚果钻石矿。此举太过嚣张、贪婪和冷血,着实令人震惊。"此前,穆加贝在津巴布韦没收了白人的农场,却要求英国去赔偿那些白人。据说,英国外交部在幕后不断施压,会计师事务所巨头均富(Grant Thornton)只好致信奥里克斯,表示不再担任其顾问。伦敦证券交易所明确表示不接受这种做法。佩特拉不服,发言人公开质疑:"伦敦证券交易所的一些会员公司向独裁政权出售飞机,有人甚至还从他们那里购买枪支去武装儿童。那些都允许了,为什么却要阻止合法的采矿项目?"不过,不管怎么看,在伦敦金融城,他们的这个项目都太过离谱。

* * *

2000年3月,互联网泡沫已经开始破裂。这个时候,为什么还会有一批非洲企业来到伦敦的高档酒店，推介一项在撒哈拉以南的非洲开展的商业项目？要回答这个问题，我们必须先了解：伦敦二板市场那几年的情况、伦敦证券交易所的二板市场AIM以及伦敦市场中由来已久的殖民关系。

1981年，伦敦证券交易所意识到自身与新兴的创业思潮格格不入，同时还被各方指责为阻碍英国生产力发展的绊脚石，于是决定"迎合新上台的保守党政府"，设立"二板"市场。二板市场主要针对规模较小的初创公司，上市标准较低。交易所将其称为"未上市证券市场"（USM）。相比在主板上市，在USM上市要容易得多。而且，USM设立时恰逢20世纪80年代中期的牛市。时任伦敦证券交易所主席（1976年至1986年）的尼古拉斯·古迪森爵士将USM的设立形容为"英国商业史上的重大事件……（USM）在产品、服务和就业方面极大地促进了英国经济的发展……20世纪60年代和70年代，投资者曾一度非常排斥风险。为改善投资者对风险的态度，新市场做了大量的工作"。当时的英国逐渐从一潭厌恶风险的死水转变为动力十足的商业、冒险和创业引擎，古迪森的这番言论契合了时代精神，为交易所成功扳回一局。

还记得布莱恩·温特弗拉德吗？他刚入行做交易商时，合伙人曾告诫他用公司的钱做交易时"小心为妙"。现在，他已经是比斯古德·毕晓普（Bisgood Bishop）的合伙人了，比斯古德·毕晓普是一家规模很大的公司。对于USM，同事们反应冷淡，他却看到了商机，决定让公司提供每一只USM股票的报价信息。这是天才之举。"老房子"的交易大厅是按行业分区的，比如，南非股票市场与休闲或制药行业的市场的摊位是分开的。温特弗拉德发现，经纪人不乐意为了这些奇怪的USM小股票在大厅里四处寻找买家；他们宁愿直接来找他，因为知道在他这儿肯定能得到即时的价格信息。很快，他公司的摊位就成了"股票信息墙"，而他本人也成了"USM先生"。在USM做市可能会有风险，但确实有利可图。一位业内人士说："温特弗拉德之所以能赚得盆满钵满，是因为他的买卖价差大到令人咋舌……大到18轮大货车可以轻松穿行。"做市商应尽量避免持有股票，以规避风险。用一位交易员的话来说，"没必要把命根子放进奶油蛋羹里"，除非你乐意。

　　1987年的股灾最终也波及了USM。USM不再是积聚财富的宝地，昔日风光一去不返。1988年的巅峰时期，有103家公司在USM上市，而1992年就只有两家公司。1992年12月，证券交易所发文承认，"对企业会员和投资者来说，USM的价值和吸引力已经大不如前。"伦敦金融城的许多人也有同感，他们认为USM的情况"时好时坏"。欧盟新出台的法规调低了主板上市的门槛，削弱了USM的优势。据说，由于这些原因，伦敦证券交易所决定关闭二板市场。一位不愿透露姓名的官员就此调侃道："人们常说，物极必反，一家交易所设立两个几乎相同的市场确实有点过了。"

　　当然，这并非故事的全貌。实际上，USM只是一个附录、一项补充、一小套规则合集，这些规则大部分都已存在于主板上市手册中。维持USM运营是一项烦琐的工作。这项工作由证券交易所的上市部门承担，该部门与其他部门没什么关联，几乎完全独立。因其办公室内有市场敏感信息，所以门上还装了密码锁，防止未经授权的人员进入。部门内部官僚气息浓厚，但在市场监管方面的业绩无与伦比。不过，当时，它已不再参与交易所的商业运作，在独立运营。面对奄奄一息的USM市场，他们不想再费力经营了，决定关闭它。"当时，USM市场已经没有商业价值了，"交易所的高级经理吉尔斯·瓦德（Giles Vardey）坦言，"我记得那次管理层会议，上市部门的主管走进会议室，说道：'我们一直在研究USM……其实没必要保留这个独立的市场。我们决定把它整合进主板市场。对，我们会写信给各个公司，告诉他们，我们会给他们一年的时间，他们要么努力达到主板市场的上市标准，要么走人。'当然，此举确实掀起了轩然大波。"

USM也不乏实力强大的支持者。比如，温特弗拉德，他已经垄断了做市业务；还有安德鲁·比森，他已经是比森·格雷戈里公司的高级合伙人，比森·格雷戈里是一家成功的小公司股票经纪商；以及著名风险投资家罗尼·科恩（罗纳德爵士），他依靠USM赚了不少钱。他们大力呼吁关注英国的私人有限公司（PLC），认识其重要性，同时暗示他们自己有多么重要，应该允许他们继续做他们正在做的事情。科恩认为，如果没有体面的退路，大家对风险投资的兴趣就会减少，英国PLC创业引擎的核心部件就会失灵。当时，温特弗拉德正以1500万英镑的价格将他新成立的温特弗拉德证券出售给Close Brothers[1]，也积极地参与了这场运动。用温特弗拉德的话说，他们3个人组成了一个"骨干小组"，代表英国PLC向政界人士和伦敦证券交易所请愿。这个小组后来演变为小型公司城市小组（Cisco），后又发展为上市公司联盟。Cisco辩称，市场上仍存在对二板市场的实际需求，交易所面对此次持续时间较长的严重经济衰退反应过于草率，经济很快就会回暖。在1993年4月的简报中，Cisco公布了一项关于三级股票市场的长远计

---

[1] 一家全渠道零售金融提供商。——编者注

划，甚至暗示，如果有必要，Cisco会支持创建一家脱离伦敦证券交易所管辖的新市场。事实上，科恩确实花了很多精力试图建立一家泛欧市场。

决定关闭USM后，交易所的经理们需要站出来面对金融界的各方人士。他们至今都还记得，伦敦金融城和其他各区的经纪人和投资经理当时有多愤怒。有人担心，英国特色的小公司股权文化会逐渐消亡。有人称，国家尚在衰退的泥潭中苦苦挣扎，交易所此举有违时代精神。1993年3月前，伦敦证券交易所上市部主管奈杰尔·阿特金森（Nigel Atkinson）开始让步。交易所同意推迟几个月关闭USM，并成立一个工作组来考虑新建一个市场。交易所当时的处境非常艰难。1993年3月，交易所被迫放弃了Taurus无纸化结算系统项目。这项IT项目的惨败让交易所在整个伦敦金融城颜面尽失。交易所损失了7500万英镑，而整个金融界的损失更是数倍于此。最终，交易所彻底失去了结算功能。首席执行官彼得·罗林斯（Peter Rawlins）引咎辞职。媒体极尽挖苦讽刺之能事。《独立报》称："罗林斯本就是个晦气的悲剧演员，早年为了成名，曾在布鲁斯·福赛斯（Bruce Forsyth）的《年代赛》[1]（Generation Game，周六晚间的一档轻娱乐节目）上抛头露面。"

但伦敦证券交易所尊严尚存。它没有轻易低头，并且否认挫伤了国民的创业热情。阿特金森说："我强烈反对……那些污蔑交易所打压企业家的言论。"真正促使交易所下定决心的是约翰·詹金斯和他

---

[1] BBC出品的一档游戏节目。节目中，会有四组选手相互竞赛。每组两个人，这两个人来自一个家庭，但不属于同辈。

在摩尔门蒸蒸日上的事业。当时，摩尔门在交易所的监管支持下，发展成为一个真正的资本市场。迫于无奈，交易所只好迈出了那一步。新市场取代了USM，旨在抵御竞争，稳固伦敦证券交易所大力支持英国PLC的形象。这个市场被称为AIM。

AIM的发展史非常精彩，我将在第14章中讲到。AIM于1995年成立，没过多久便不负众望成为英国PLC的经济引擎。时至今日，英国PLC的发展仍有方兴未艾之势。20世纪90年代末，互联网泡沫破灭导致股价暴跌。交易所决定让本土科技巨头快速进入主板市场，及时挽救AIM。到2001年年中，AIM声称，自成立以来，已吸引了800家公司，筹集了70亿英镑，会员破产率"仅为3%"。互联网泡沫破灭后，伦敦金融城将目光投向海外，寻求新的业务，AIM也开始将发展重心从力挺英国PLC转移到别处。这波转变既受席卷世界经济的全球化浪潮推动，也受眼前的现实情况所迫。2000年的整个秋天，伦敦证券交易所都在对抗瑞典证券市场运营商欧麦克斯集团（OMX）的恶意收购。10月19日，伦敦证券交易所发布了第三份也是最后一份反收购文件，阐述了交易所的发展愿景。在这份文件中，伦敦证券交易所主席唐·克鲁克尚克（Don Cruickshank）明确承诺，要把AIM建成一个国际市场。

伦敦曾参与过北海油气资源的开发，在矿田勘探、石油开采和天然气开采方面的技术已经相当娴熟。这些技术可以轻松应用于国际矿业领域。2002年，安然和世通爆出丑闻后，美国紧急出台了萨班斯—

奥克斯利法案[1]。从监管角度来看，伦敦更适合企业上市。更有利的是，AIM已退出欧洲证券交易所的监管。最重要的是，伦敦很多富有的投资者愿意把钱投给大宗商品勘探公司。受澳大利亚金融界影响，AIM迅速形成了以矿业为重心的股票文化。有位经纪人说："我去澳大利亚待了6周。我郑重其事地去拜访那里的经纪人，但他们谈论的都是矿业。矿业、矿业、矿业。我一直有意无意地回避矿业股票，因为我一直认为它问题重重，不明白为什么非要卷进去。但似乎绕不开这个领域。"

为什么矿业会突然如此火爆？同样是因为全球化浪潮。本世纪头10年，人们对大宗商品的需求大规模增加。受中国经济高速增长的影响，金砖国家（BRICS）[2]的建筑材料、能源和其他工业生产原材料，如铜、锡和铝都持续紧缺。兴建科技基础设施和生产智能手机都需要大量的稀有矿物，这些矿物大部分来自刚果等国家。到了2001年，一些观察人士开始担心这种过度开采会对非洲造成破坏性影响。2008年之前，大宗商品定价已成为各国政策决策层普遍关注的热点。从2002年开始，短短5年，原油价格从每桶25美元上涨到70美元，中国的石油消费量同期增长了50%，达到每天76亿桶。面对如此巨大的石油供应缺口和每桶70美元的高价，自然有人愿意放手一搏。AIM接受了这项挑战。事实上，伦敦市场也并非首次为勘探融资。早在东印度公司和皇家非洲公司时期，伦敦的金融市场就已经与英国的殖民扩张暗中勾连在了一起。

---

[1] 该法案旨在强化对上市公司的监管，改善公司治理，进一步严格商业财务和审计制度，保护广大投资人的利益。

[2] 指巴西、俄罗斯、印度、中国和南非。

＊＊＊

十九世纪三四十年代，铁路股在英国备受追捧。伴随着投资者对地方铁路公司的支持，这股热潮跨越了阶级和性别的鸿沟，将股权理念普及至全国各地。一系列地方交易所如雨后春笋般涌现，为这些新公司提供了强大的经济支持。铁路建设需要大量前期资金，数年后才能偿还。交易所就提供了这种投资方式，投资者通过购买股票可以获得回报，也可在需要时将股票转售给他人来收回投资。到了1853年，投资者已为铁路公司注入了1.94亿英镑的巨额资金，并习惯了这种融资方式。作为交易体系的中心，伦敦积聚了大量的资本。随着通信技术的发展，伦敦交易所先是与欧洲的交易所有了来往，到了19世纪末，又与美国的交易所建立了有效的联系。

与此同时，英国政府加强了与其殖民地和海外定居地的商业联系。"经历了早期的殖民统治之后，"伯纳德·阿塔德（Bernard Attard）曾写道，"作为原材料、矿产和食品供应商，这些地区在全球化进程中获得了持续发展的机遇。但是，要扩大出口能力，就需要在铁路和其他社会间接资本[1]上投入巨额资金。"作为英国的商业中心，伦敦责无旁贷地承担了这项融资重任，很快坐稳了帝国金融中心的宝

---

[1] 亦称基础结构，即支撑国家经济的基础（运输、通信系统、电力设备及其他公共服务设施等）。

座。到1913年，伦敦证券市场上有60%的名义资本[1]与海外项目相关。

阿塔德等人曾指出，伦敦提供的资金是有附带条件的。英国公众要求：若要为海外项目融资，海外借款人必须遵守特定的组织标准和结构。伦敦证券交易所成了这些规则的强制执行者。投资往往要通过海外政府进行，而交易所负责决定谁能获得融资、谁不能。这种资金分配权逐渐演变为影响全球经济发展的软实力。有人认为，印度选择修建铁路，而非成本更低、对环境更友好的运河，主要是为了满足英国投资者的期望。如果某个国家的企业在通过伦敦证券交易所发行股票后未能按时支付股息，那么该国政府将无法再次通过伦敦证券交易所发行股票。这相当于强制要求这些国家政府承诺遵守英国的发行条款，或者至少确保企业遵守这些条款。新股发行只能通过伦敦证交所的成员公司（经纪公司）获得伦敦及周边地区的资金，这些经纪公司会按惯例收取0.25%的佣金，否则不会提供交易服务。随着时间的推移，这些经纪服务越来越多地集中在专业的联合组织和某些单一的公司，一些国家政府在与伦敦证券交易所打交道时不得不依赖某些特定的交易所会员。比如，一家名为R. 尼维森的公司就同时垄断了澳大利亚、加拿大和南非三国的贷款承销业务。令人难以置信的是，堂堂3个大国的资本支出项目，竟受这家公司的高级合作人尼维森（Nivison）一人任意摆布。

有时候，英国投资者制定的条款非常苛刻，简直像在放高利贷。比如，印度的铁路是由英国投资者出资修建的，印度政府承诺连续99

---

[1] 亦称定额资本、法定资本。指经所在国法律认定或公司董事会决定为股本的票面价值或设立价值的资本。

年，每年给予这些投资者5%的回报。此外，如投资未能盈利，英国投资者可在20年后将合同收回，印度纳税人应通过政府将借款全额偿还给投资者。人类学家劳拉·贝尔（Laura Bear）写道：

> 直到20世纪60年代，印度政府每年都会将税收所得支付给东印度半岛铁路、大印度半岛铁路、东孟加拉铁路、东印度铁路、南印度铁路以及辛德、旁遮普和德里铁路公司的股东。从19世纪40年代签订合同起，英国通过这种方式不断地积累财富，整整持续了一个多世纪。

19世纪，数学家达达拜·瑙罗吉（Dadabhai Naoroji）[1]在《印度的贫困》（*The Poverty of India*）一书中，指出印度每年因偿还铁路债务导致的资本流失为6600万英镑（要知道，这可是1876年的数据！）。当时，人们就已经意识到了这种剥削的尺度之大。通过伦敦证券交易所和铁路企业家罗兰·麦克唐纳德·斯蒂芬森（Rowland Macdonald Stephenson）的努力，英国投资者与东印度公司和英属印度政府达成了一项协议，决定"将社会政治的不平等和种族能力的评估转化为安全的资本流动和金融交易"。

20世纪的第一个10年兴起了另一轮海外投资热。这波热潮是由市场对自行车、汽车和橡胶的需求推动的，其中，市场对橡胶的需求尤为狂热。从1903年到1912年，大约有260家公司在伦敦上市，寻求发展橡胶生产。这些公司承诺给予10%~25%的永久股息，投资者们心动不

---

[1] 印度棉花贸易商人、民族解放运动早期最著名的活动家。

已。负责为橡胶生产融资的是上海的一家证券交易所[1]，这家交易所由一群旅居中国的欧洲商人于1904年创建，各方面都与伦敦证券交易所极为相似。关于这段往事，历史学家W. A. 托马斯（W. A. Thomas）是这样描述的：

> 上市流程已经非常成熟。首先，一家集团或企业联合组织会买下一块新建的地产，或者甚至亲自开发一块地产，然后将该地产出售给一家新成立的公司，接受现金购买，也接受股份购买。随后，这家新公司会通过公布招股说明书从市场筹集这笔资金。销售员急于售出房产……（他委婉地补充道）自然愿意误导投资者。

新公司将招股说明书投放在当地媒体，广泛宣传招股计划，股票很快就被超额认购。整套流程与互联网公司股票的上市过程惊人地相似：招股公司都是利用媒体大肆宣传招股计划，令投资者兴奋不已；市场和上市公司之间都存在错综复杂的联系。在上海，经销商的股份也被纳入了交易体系，投资者的资金可直接进入推销员的口袋。监管机构在橡胶股票风潮之后对交易所进行了调查，强烈谴责其纵容了这种做法。

这些股票往往是小面额的，因此小幅上涨也会令人格外兴奋。上海的证券交易所实行季度结算制，这意味着投资者可以在近3个月的时间内赊购股票。希望从上涨的市场中获利的投资者可以在结算期

---

[1] 此处指的应该是上海西商众业公所。

结束前买入股票，然后再卖出，无须动用资金，只是获利了结。私人投资者不计后果的热情预示了互联网泡沫时代的到来。《北华捷报》（North China Herald）[1]曾这样描述当时的盛况："城里的老百姓都疯了……5个星期了，经纪人忙得团团转，衣服都快被扒掉了，那些投资客像打了鸡血一样，甚至想以三四倍的溢价预购股票。"橡胶热潮与互联网牛市的不同之处在于，橡胶热潮的基础经济是建立在种植园的经济模式上的。"即使是最冷静的投资者，"托马斯写道，"也不可能无视这个行业的惊人利润，当时的生产成本约为每磅1先令6便士，而生橡胶的市场价可达每磅12先令。"

橡胶产自当时的英属马来亚。英国引进了工业化农业模式，建立了以大型庄园为基础的种植园体系。新的农业模式和种植体系需要引进大量的资本和劳动力。资本来自伦敦和上海；劳动力来自印度。工人通常是年轻人，他们同意前往马来亚，在那里工作一段时间，以偿还旅行费用。来到种植园后，他们发现工钱太低，无法偿清债务，不会说当地话，也走不出种植园。他们的工资随橡胶价格波动。这种做法将风险转嫁给了工人，进一步保护了种植园公司的利益。大型种植园可以容纳1000名工人，通常由被称为"kangai"的工头负责招聘和管理。从1844年到1910年，有25万名契约劳工进入了种植园；从1910年到1920年，每年有5万~8万人落入"kangai"的圈套。"对马来亚边境的印度工人来说，"阿玛吉特·考尔（Amarjit Kaur）写道，"种植园就是生存的牢笼。他们既无法摆脱对种植园的依赖，又无力改善自身贫穷的状况，反反复复在矛盾的旋涡中打转，永无宁日。"其实，这

---

[1] 上海首份英文报纸。

完全就是奴隶制，只是换了个名头而已。

那么，他们到底是怎样做到以售价1/8的成本生产橡胶的呢？我们其实已经看到了，是通过剥削劳动力和破坏环境的工业化技术。与印度的铁路一样，马来亚种植园被用作将社会和经济不平等转化为持久收入来源的手段。与铁路项目一样，马来亚种植园项目也通过发行股票、发布招股说明书和交易股票等机制，对股东隐瞒了获得这些收入所必需的剥削和掠夺。更过分的是，修建铁路和推行工业化农业模式反而被塑造成了慷慨帝国赠予的文明和现代化的创新。就这样，拥有丰富资本的伦敦站在了殖民权力关系和种族歧视的中心，将这些剥削和掠夺固化为了长期的收入来源，将深层次的不公转化为货币。然而，这与我们今天看到的资本和权力模式几乎没有什么不同，无论是在时尚和科技领域的外包产业中，还是在矿田开采支持者所憧憬的荒蛮边疆中。

11

层层攫取

　　21世纪的头几年,一大批勘探者和融资者拿出地图和许可证,拍了拍上面的灰尘,找上了伦敦的股市。开采之前,必须先探明地理资源。勘探成本高昂,整个过程涉及粗暴的岩心钻探[1]、实验室岩心分析、国际资本流动、环境问题和所有权归属。之后可能还需考虑真正的开采实践。但最终,所有的一切必然会指向对未来的财富和机遇的设想,对曾经的民族身份和殖民关系的回顾。从中,我们可以看到之前讨论过的许多股市现象。

　　矿业勘探分工明确。拥有设立采矿公司所需资金的大企业,负责将材料从地下挖出来。这是一项庞大的国际业务,由几家巨头主导,从全球商业中心运作。然而,矿业公司不乐意投资勘探;早期的勘探风险太大,每个勘探点的成功率都不到1%。于是,一些小公司挺身而出,每家都握着一系列许可证和当地的勘探者资源。这些公司希望

---

[1] 固体矿产地质勘探常采用的勘探手段。筒状钻头和钻具在孔底沿圆周环状破碎岩石,在孔底中心部分保留一个柱状的岩心,从孔内取出岩心用以研究地质和矿产的情况。

筹得资金，用于地震映像和勘探阶段的钻探。一开始，关于这类项目的描述，听起来或许就像故事，部分故事情节可能源自地质学家或融资者的过往记录。这些故事必须唤起盈利的憧憬，才能说服股东们掏钱，依赖这些想象，许多经济活动才得以开展。在勘探公司的资产负债表上，储量会逐渐呈现出来。公司会将每一轮钻探成功的结果迅速报告给股东，以燃起足够的投资热情，为接下来的岩心分析筹集资金。如此循环，直到现金充裕的巨头买下整个项目，勇担风险的早期投资者获得应有的回报。

在第10章中，我们讲到了坚持不懈寻找潜在价值的私人投资者，他们希望通过自己的努力挖掘出被大鳄们忽略的财富。许多投资者争相效仿，但给这种策略另起了一个名字——"基本面分析"。对这些投资者来说，"基本面"并非公司会计报表上的净资产，而是各种真真假假的信息中涉及的未经考证的资产，如，某些股东坚信其选择的勘探公司按照合约拥有多少亿桶石油，具体是否属实，尚待查证。诸如此类的揣摩，在勘探融资中尤为常见，这种情况下的基本面分析更像是一种类似原教旨主义[1]的笃定立场，而不是对公司潜在财务情况（"基本面"）的考量。然而，如前一章所示，这种考量可能并不仅仅是基于推测，而是建立在现实的不平等权力关系之上；这种关系冷酷无情，所以橡胶的生产成本才能远低于售价。政治科学家保罗·吉尔伯特（Paul Gilbert）的研究表明，在当代资源融资中，这种殖民主义者视角的考量依然存在。投资者会基于未来的现金流评估资源开发

---

[1] 也称"原理主义"、"基要主义"或"基要派"，指某些宗教群体试图回归其原初的信仰的运动，或指严格遵守基本原理的立场。

项目，计算未来现金流时常采用净现值法[1]。净现值不只是严谨的计算数据，还反映了投资者对该项目的政治和经济可行性的综合评估。比如，该项目是否存在政治不稳定因素，或者是否会遭遇更可怕的"资源民族主义"[2]的影响？此处的资源民族主义指某些国家试图针对其境内不太方便开采的矿产资源向有关采矿许可证持有者索要更大份额的税费。此外，投资者还要结合科学观察、地质学家和岩心检验员的判断，参考金融界对这个国家政治友好度的评价。综合考虑这些因素可形成"折现率"[3]，即考虑通货膨胀、机会成本和风险后将未来收入折现的百分比。结合实验室测试结果和对储量的有力分析评估项目可行性时，折现率是关键因素，但主要基于主观判断。吉尔伯特写道："我们应将折现率理解为激发想象力的工具，凭借这个工具，分析师、投资者和矿工可以在脑海中勾勒出在'第一世界'[4]、加拿大或刚果的发展蓝图。"折现率属于另一种金融事实，是费力构造出来的，角角落落都渗透着错综复杂的权力关系、政治立场，甚至偏见。然而，就像所有的金融事实一样，它进入市场得到普及后会化身为具体的数字，没人会想起来去追溯它的出处。通过这些看似普通的百分点，后殖民主义的影响力以及资本、科技和计算能力的不对称现象在无形中持续不断地扩散。

早年，我作为《股票杂志》的记者也报道过采矿业，因而也负

---

[1] 是评价投资方案的一种方法。该方法是利用净现金效益量的总现值与净现金投资量算出净现值，然后根据净现值的大小来评价投资方案。

[2] 指国家以国家利益为目的，通过税费、法律等手段抬高外资进入本国资源产业的限制，排斥外国资本，从而实现控制资源，加大国有成分参与度的结果。

[3] 是指将未来有限期预期收益折算成现值的比率。

[4] 指美国、欧洲等发达国家。

有不可推卸的责任。在那一行，我见识了形形色色的人。我看到有些地质学家一边亲自发起募股，一边自称已加入"手上布满老茧的苦工"行列；我遇到过一名退役的拳击手和一名退役的板球运动员，后者人脉很广；我亲眼看见得克萨斯州的钻井师在座无虚席的股东年会（AGM）上口无遮拦地调侃："我的油井啊就像女人，时不时会闹点情绪，"停顿了一下，又对坐在第一排的一位女性投资者说，"对不起，女士。"当然，还有在卡多根酒店那桌柔声交谈的绅士。吉尔伯特发现，募股公司习惯以发起人的体能优势作为噱头来吸引投资者，这种叙事方式与殖民时期的人类学家的叙事手法如出一辙。我还记得，我遇到过一家公司的董事长。公司在OFEX上市，规模不大。董事长性格温和、衣着考究，本人是毕业于哈罗公学[1]和牛津大学的高才生，父亲是知名的国会议员。当时，为了从一位叫哈里的人经营的巴西公司购买挖泥船和勘探许可证，他正面向私人投资者募集资金。哈里不仅用自己的名字给公司命名，好像也给挖泥船起了同样的名字，以此凸显自己的核心地位。投资者几乎没有拿到任何书面文件，仅有一份报告可供参考。这份报告只有8页，是公司的一名财务顾问撰写的，顾问本人也是董事会成员。这艘挖泥船要用来探寻巴西偏远地区河下沉积的钻石，那些地区经常有强盗出没。这位董事长绘声绘色地向我讲述了当时的奇闻。那是一些关于枪、牛仔、宝石和巨蛇的故事。其中，有一个矿工被水蟒吞噬的画面在我脑海中始终挥之不去。那名矿工被蛇吞下后，同伴们不得不等到他的身体完全通过蛇头后，才把蛇头砍掉，把他救了出来。不久，公司发现承包商存在严重的问

---

[1] 位于伦敦西北角，是英国历史悠久的著名公学之一。

题，切断了与哈里的联系，只留下了那艘挖泥船，但是股东的钱就这样打水漂了。

我刚开始接触矿业股票时，每个人都在谈论Bre-X丑闻。Bre-X丑闻涉及一起重大诈骗案，当时刚曝出一两年。（15年后，吉尔伯特去实地考察，发现人们仍在谈论此案。）伦敦AIM市场之所以能在20世纪90年代末声名鹊起，最重要的原因就是Bre-X案彻底摧毁了多伦多作为勘探业金融中心的声誉。这则丑闻已经被人们讲烂了，像被挖空的矿田，没什么新料了。人类学家安娜·青（Anna Tsing）也从专业的角度讲述过该案。我们来简单回顾一下。1994年，加拿大小型勘探公司Bre-X宣称在印尼布桑发现了世界上最大的金矿；一股投机热就此爆发，众多北美小额投资者纷纷将存款投了进去；到1996年底，Bre-X的资本已经达到了60亿英镑；1997年3月19日，负责勘探该矿点的印尼地质学家从800英尺高的直升机上坠落，跌入丛林，尸体被野猪吃掉，无从辨认（但他的劳力士手表并未一起坠落，不知怎么还留在直升机上）；后来，第三方分析人员到达矿区后，未能在岩心中检出黄金，一点都没有。他们证实样品中确实含有黄金，但来自河流，而非岩石。原来，这就是一个彻头彻尾的阴谋，狂热和喧嚣散去后，留下的只是一场空。不过，安娜·青指出，对这则丑闻来说，有无黄金其实并没有那么重要，重要的是那种轰轰烈烈的氛围：

> 无论布桑是否真的存在黄金或掘金梦，Bre-X丑闻终究都是一场表演、一出戏剧、一组骗局、一片假象。记者们就曾把布桑造假用的岩心比作好莱坞的布景。但布桑并非唯一的布景；整条融资链都是。如果整个融资链没有把那次掘金梦

烘托成夸张的戏剧场面，没有人会给Bre-X公司投资。

20世纪90年代末席卷伦敦的互联网热潮消退后不久，另一股投机热就大张旗鼓地登场了。引发这波热潮的不是对技术乌托邦的幻想，而是荒野和勘探奇闻以及相对老套的国家崛起叙事。这些国家伴着滚滚浓烟和熊熊炉火走向繁荣，对石油、金属和混凝土有着同样的需求。和互联网泡沫顶峰时一样，市场再次成了发泄这种兴奋情绪的舞台。此时，那些希德和桑德拉们不用大费周章就可以轻松捞到一笔。市场的发展是全球各方势力协同作用的结果，资本和政治领域的不平等也渗透到了市场中并得以延续。在全球金钱海洋中，我们本来只是居住在一个小海湾里，我是说我和那些私人投资者；是那几位和我在卡多根酒店共进早餐的衣冠楚楚的大人物在不经意间泄露了别处的风景。

* * *

"边疆文化很神奇，"安娜·青写道，"它营造了狂野、开阔的地域想象空间，唤起了自觉的跨地方主义，致力于消除地方主义。"当代金融的一个核心特征就是将地方特性转化为可利用、可调节的共性。不过，采矿业并不是唯一一个层层攫取资源的行业。就在北美私人投资者的激情被布桑的金矿骗局点燃时，华尔街的企业银行部门陷入了另一个困局。

吉莉安·泰特（Gillian Tett）在回顾2008年的次贷危机时，一开头就讲了J. P. 摩根公司[1]高管们的改辙之举。当时，从他们那里贷款的一些可靠的大公司希望延长债务期限，这些狂妄、自负的高管正谋划着如何以新的方式向大公司放贷。由于新的监管规定限制了银行的业务操作，银行家们试图将风险从资产负债表上转移出去，以便开展更多业务。他们将公司债券进行了分级，采用的分类方法、设定的偿还方式都与所罗门银行在20世纪80年代开创的抵押债券相同。如果出现违约情况，那些较低级别的债务组合将承担违约损失。银行家们不知道哪些债券会违约，但能估算出整个债券组合的违约概率，因此可以设计出这种层级结构，以便从整体上削减风险。专业投资人士通常会选择购买这类债券组合，以赚取更多的利息。而相对保守的投资者通常会选择中等风险级别的债券。高级别的债券最安全，没什么风险，因此回报率极低，不值得出售。发行者虽持有这些债券，实际上却已通过购买保险将风险转移给了保险公司。保险公司认为这是一场无本买卖，因为除了全球性的灾难，所有风险都由他方承担。这些债券的保费较低，但规模庞大，因此对所有相关方来说都是有利可图的。

这些CDO，即人们常说的债务抵押债券最初很成功。但是，互联网泡沫破裂，世通和安然曝出丑闻后，这些债券受到了很大的影响。全球顶级企业的欺诈、丑闻和倒闭，让银行家们始料未及。然而，艾伦·格林斯潘人为压低利率后，抵押债券仍在稳步上升的房地产市场中蓬勃发展。渐渐地，一种新的做法在企业债务办公室悄然兴起。他们开始使用抵押债券作为CDO的基础资产。这种做法之所以如此吸引

---

[1] 美国最大金融服务机构之一。

人，是因为从大量抵押支持债券（资产支持证券，简称ABS）[1]中剥离出来的高收益、高风险的次级部分，可以被拼凑成一种基于债务的CDO，而这种CDO的利率要低得多。按照与抵押债券相同的逻辑，基础部分风险越大，息差（在债券存续期内有效的利息收入与利息支出之差）越大，交易的收益就越大。

发行方再次选择了美国国际集团等巨头为超高级别的（风险最低的）债券承保，AIG认为这是笔好生意，将保费定为总额的15个基点（0.15%）。购买保险是将抽象的价值转变成具体价值的最后一步。有了这种法律保障，即使发生灾难性破产，债券仍能保值。唐纳德·麦肯齐曾特意额外指出，目前尚不清楚，如果发生严重到足以引发最安全层级崩溃的经济灾难，保险公司是否有能力支付赔付金，也不清楚人们是否真的期望得到赔付。一切就像一出哑剧，通过它，交易员们预支了利润，并据此领到了分红。

像我们了解的其他金融工具一样，这些债券其实就是认知引擎。它们基于各种假设，具象化了原本不存在的东西，为金融交易提供了便利。其中一个假设就是关联度，即违约因素之间相互联系和依赖的程度。麦肯齐发现，以债务为基础的债券的关联系数稳定在0.3左右。因此，保守假设，如1/3的美国蓝筹股企业同时出现债务违约，就会导致经济末日。ABS-CDO（资产支持证券—债务抵押债券）建模也用到了关联度的概念，但这种逻辑存在一个缺陷，华尔街的大鳄们似乎没有注意到。那些可能导致违约的因素，比如某个社区经济崩溃，或者当地某个大厂关闭，或者房地产泡沫的大范围破裂，都不太可能会

---

[1] 由受托机构发行的、代表特定目的信托的信托受益权份额。

单独出现。而且，这些知识生成机器还存在重要的结构性问题。所有这些债券都是为未来创造确定性的工具，抵押贷款债券创造的未来确定性是：无论何时何地，如有贷款无法偿还，那么其违约风险最终都会落在高风险、低级别的层面上。因此，如果你持有这些高风险的低层级债券，你摊上的不是房地产市场上一部分的潜在违约因素，而是所有。基础投资组合中哪怕发生一个相对微小的变动，就能彻底摧毁这些债券的价值。高层级的债券之所以较为安全，是因为它们体现了多元化投资策略。然而，第一轮债券已经耗光了所有的多元化效益，后续的债券无法再采用这个策略。ABS-CDO的结构非常单一。除少数持怀疑态度的对冲基金经理外，似乎没人明白这一点。知名交易员豪伊·休布勒（Howie Hubler）曾犯过一个低级错误，把抵押债券和抵押债券衍生的CDO搞混了，导致那笔交易损失了90亿美元。不过，他的经历再次证明：铜心铁胆者总能绝处逢生。不久后，休布勒带着1000万美元的离职补偿金离开了摩根士丹利[1]，创办了一家公司，帮助那些债务负担过重的房主。麦肯齐认为，该事件的问题根源在于银行的组织结构。各大部门互不沟通，导致流程重叠，效益受损。AIG肯定也不知道这些，否则它就不会为这些超高级债券承保，也不会突然发现需要政府为其注入1825亿美元的税金来履行赔付义务。"合成型CDO"[2]出现后，情况进一步恶化。美国各地的经纪人再次将目标锁定在穷人、移民、黑人和拉丁裔群体，竭尽全力向这些最无力偿还贷款的人推销昂贵的掠夺性贷款，但根本凑不到足够的不良贷款来投喂华

---

[1] 美国的一家全球领先的金融服务公司，业内俗称"大摩"。
[2] 建立在信用违约互换基础上的一种CDO形式。

尔街的交易机器。合成型CDO套用了原有CDO的结构,但其支付不是通过抵押贷款来实现的,而是通过那些愿意押注市场下跌的人支付的保费。这种做法几乎突破了法律的底线。一方面,借款人的未来还款被反复用作收入来源;另一方面,理论上应该用于平衡市场的机制却被用来放大市场的过度问题。

本书开篇,我讲了桑格号贩奴船。社会理论家齐尼娅·基什(Zenia Kish)和贾斯汀·勒罗伊(Justin Leroy)认为,桑格号大屠杀的警世意义不容忽视:

> 我们应看到人们对公开的种族暴力事件的道德愤怒是如何掩盖了种族与金融之间更微妙、更持久的关联……事实上,过去半个世纪,英国的金融发展,不仅建立在强迫非洲人从事各种劳动之上,还建立在不断变着花样从这些非洲人身上榨取的价值之上。

基什和勒罗伊认为,从这个角度看,当代金融业的发展与此极为相似。房主的未来劳动与高额的利息捆绑在一起,房主数十年都无法摆脱这种束缚,而债券持有者则持续从中获利。然而,这一切还要被模糊、淡化和美化。未来劳动力成为贷款的抵押品,为了从中获取更多利益,利益提取手段变得越来越复杂。不论是20世纪的橡胶种植园,还是现今的大厂和仓库,打零工的司机和送餐员,本质上都是一样的,万变不离其宗。金融业就是一个层层攫取的行业,而证券交易所是它的支点。这个发现让人不寒而栗。

＊＊＊

故事里不可能全是坏人，也会有英雄和有识之士。他们满怀善意，但也会因秉持道义频频碰壁。大部分时候，金融都是黑色喜剧，有时也会是悲剧。

AIM创始人的初衷是将其打造成英国创业者的跳板，而有一家公司确实一直在把AIM当作跳板，这家公司就是OFEX。互联网泡沫期，OFEX遭遇了重创，于是削减了开支，努力恢复声誉，试图发展为如股市一样规范的市场。2000年7月起，该市场被纳入内幕交易法管辖，并于2001年12月成为《金融服务和市场法》（FSMA）指定的市场。2002年，它被豁免了印花税，与公认的投资交易所（RIE）享有同等特权。这些豁免与认同是该公司积极争取的结果，这些都通过了上议院的审批。2001年12月1日，OFEX终于成功跻身法定市场之列。获得了外在身份的认可后，OFEX进行了内部的调整，以适应其作为市场的地位。2002年1月4日，该市场被转移到新的平台OFEX PLC，同时吸收了Newstrack的运营部门。它的组织架构变成了：母公司SJ&S[1]（以詹金斯家族最初的家族企业名称命名）以及两家子公司——做市商J. P.詹金斯有限公司和OFEX PLC。乔纳森·詹金斯（Jonathan Jenkins）[2]和艾玛·詹金斯（Emma Jenkins）[3]共同担任OFEX PLC的联席常务董事。

---

[1] 即西德尼·詹金斯父子有限公司（S. Jenkins & Son Ltd.）。
[2] 约翰·詹金斯的儿子。
[3] 约翰·詹金斯的女儿。

不再经营交易业务后，J.P.詹金斯将目光瞄准了咨询业务。约翰·詹金斯和巴里·霍肯（Barry Hocken）都曾目睹过，20世纪90年代末企业顾问带领企业上市后"日子过得很滋润"，于是成立了自己的咨询公司——捷威证券。后来，他们将办公室迁到了芬丘奇街[1]，公司的咨询业务和做市业务也因此从市场中独立了出来。

然而，这种调整的后果始料未及。该平台一直在努力向证券交易所的定位靠拢，它必须以证券交易所的方式运营和盈利，因此它很容易受到交易量和上市数量下滑的影响。2002年，仅有29家公司加入这个平台，OFEX的税前亏损为66.2万英镑。在这种情况下，任何雄心勃勃的初创公司都可能会去找一家初级交易所上市，然后从股东那里筹集资金。OFEX也不例外。但是选择哪一家交易所呢？OFEX平台规模虽小，也存在风险，但有很大的发展潜力，本身其实就是个不错的选择。不过，2003年2月18日，OFEX宣布将在AIM上市，计划融资200万英镑，将市值提升至450万英镑。这项决定颇具争议。虽然服务的客户群不同，AIM在很多方面仍是OFEX的竞争对手。OFEX PLC的规模太小，不适合在AIM上市，也没有筹集到足够的资金。而且，由一家小型公司的市场运营商向另一家同类运营商提供服务，这种操作本身就很奇怪。事实上，OFEX选择在AIM上市是出于技术和监管的考虑。这项决定默认，那些在自己运营的市场上上市的公司有能力进行自我监管，且一家与其明显相关的公司仍然可以作为其股票的唯一做市商。简而言之，OFEX面临的处境与20年前哈佛证券的遭遇极为相似，管理层极力避免蹈其覆辙。一位高管表示：

---

[1] 伦敦市的一条街道。

因为那个（决定），我们遭受了很多指责。我们现在不能回过头去说："听好了，我们之所以这么做就是因为FSA（英国的金融监管机构）告诉我们应该这么做。我们认为，就我们目前所处的位置和所做的事情而言，AIM完全不适合我们。我们应该在OFEX上市。我们是典型的OFEX公司。"

2003年4月，OFEX的融资略见成效，但只筹到了145万英镑，而不是预期的200万英镑。OFEX从家族集团中脱离出来，转移到了AIM，以OFEX PLC的身份在AIM上进行交易。2003年8月，蒂谢与格林伍德（Teather & Greenwood）成为其首家新做市商。11月，温特弗拉德证券也同意为OFEX股票做市，前提是安装一套新的基于报价的交易系统。2004年7月，OFEX公布共有4家公司加入其做市商行列——詹金斯、温特弗拉德、蒂谢与格林伍德和胡德利斯·布伦南（Hoodless Brennan），并且每种证券将至少由两家做市商提供双向报价。媒体预测，机构投资者参与投资的可能性会比较大。有传言称，OFEX准备挑战AIM。"11月时，我就说过，OFEX正养精蓄锐，准备挑战伦敦证券交易所的二板市场AIM。"资深专家德里克·佩恩（Derek Pain）在《独立报》上发表评论称，"现在它又开始聚集财务资本，以加强攻势。"记者们认为，OFEX采用的是多做市商制度，而且更易获得机构投资，似乎是更具吸引力的上市选择，况且欧盟监管机构已提出要提高在AIM的上市成本。但那些上市公司似乎并不买账。2003年，OFEX提出免除从AIM转投的公司的上市费用，但几乎没有一家公司为之所动。对于这种现象，一些正义感强的人可能会指出，企业顾问向在AIM上市的公司收取的费用远高于向在OFEX上市的公司的费用，进而怀疑这些顾问在给出建议时动机不纯。

尽管如此，OFEX仍在为取得监管认可不断投入资金，导致全年亏损达50万英镑。于是，OFEX干脆决定筹集大笔资金，全力以赴申请RIE认证。如果申请成功，OFEX将在法律上与正统、权威的伦敦证券交易所享有同等地位。它也将摆脱家族企业的烙印，正式融入光鲜的主流资本圈。乔纳森·詹金斯说："我们当时一门心思想成为一家RIE，因此，我们打算筹集500万英镑。父亲已退居幕后，打算退休，西蒙即将接任CEO，我也将会逐渐退居幕后。我们筹集了500万英镑，想全力以赴做成这件事。我至今还保留着当时的通稿，我们差那么一点就成功了。"

2004年9月的最后一周，灾难不期而至。OFEX原本定于周三拿到RIE申请结果后，一起公布这笔资金的筹集结果。但是，意想不到的事发生了。当时，乔纳森·詹金斯正在伦敦芬斯伯里广场的彭博社办公室，向一群散户发表讲话。"我记得，那天是周一，"他说，"晚上，我站在讲台上，对大家说：我们马上就会等来好消息，敬请期待，我相信OFEX会越来越强大。"

乔纳森·詹金斯正讲着话时，口袋里的手机忽然振动起来。他没有及时掏出手机查看信息，一直到最后一位投资者离开后，他才点开了那条信息。那是OFEX的业务拓展主管发来的。那位主管平日就是个感性的人，容易大喜大悲，在那条信息中，他的声音明显带着哭腔。伦敦金融城的一位大人物决定放弃投资了。大家原本都认为，他是OFEX此次融资中的核心投资者，很多投资者都是冲着他才加入OFEX的。也有可能他从未明确承诺过会投资，似乎没人跟他核实过他是否真的打算注资。当时的情况就是：OFEX的500万英镑需求忽然有了200

万的巨大缺口。不管真相是什么，缺了这位投资者，就没有新的资金注入。

乔纳森·詹金斯很快就意识到了事态的严重性。作为上市公司的首席执行官，他仍需报告公司业绩。证券交易所其实是一个非常脆弱的组织。与银行一样，证券交易所的生存和发展靠的都是大众的信任。投资者肯定不乐意拿自己的血汗钱，担着风险在一个即将破产的市场上进行交易。如果交易所本身给人的感觉都已经岌岌可危了，肯定不会有公司愿意花大价钱来费力获得上市资格。此外，监管机构对交易所还有着苛刻的资本要求，这意味着，如果你是一家证券交易所的老板，遇到麻烦时，你无法像那些陷入困境的小公司一样勒紧裤腰带，硬挺过去。事态可能很快失控。果然，周三那天，该来的都来了。

各大媒体争相报道，幸灾乐祸，毫不掩饰。"OFEX正垂死挣扎，股价一路暴跌。"《泰晤士报》大肆宣扬，"由约翰·詹金斯创立的家族企业OFEX表示，公司所剩的资金只够撑9周了。此言一出，OFEX股价立即暴跌54%。"接着，又添油加醋地补充道，"OFEX财务状况竟如此糟糕，听说公司的高级管理层得知后也都大为震惊。"此外，《泰晤士报》还旧事重提，抨击了OFEX"之前的错误决策"，称"它在AIM上市，真的没捞到任何好处"。

相比之下，《独立报》还算有点同情心，它宣称，"OFEX的经纪商纽米斯（Numis）启动了应急融资，但最终还是失败了。OFEX不得不承认，亏损正不断攀升，现金短缺迫在眉睫。""应急融资"这个词虽极具新闻价值，但这种措辞在融资失败之前就已将OFEX推入了重症监护室。

那时候，约翰·詹金斯正被困在中国。作为公司的董事长和大股东，事发之前，他相信一切尽在掌控，就出去旅行了。因为他持的是团队签证，所以无法提前回国。事发后的几天，公司在接受"抢救"，他却被困在地球的另一端，鞭长莫及。他曾打来电话与负责应急融资的经纪商开会。会议开始前，人们像往常一样，寒暄了几句。"约翰，看到中国的长城了吗？感觉怎么样？"经纪公司的一位年轻人随口问道。"那就是一堵墙！说说吧，你们对我的公司都做了什么？"约翰·詹金斯吼道，粗鲁无礼的样子和平时判若两人。

作为市场联席首席执行官，乔纳森·詹金斯和他的妹妹艾玛竭尽全力应对问题，赶走了那些觊觎OFEX的"豺狼虎豹"。10月8日，星期五，除一人外，原有的投资者全部聚集在一起，为公司再次筹集了315万英镑。但是，这次的融资条件非常苛刻。OFEX成功得救，詹金斯家族在OFEX的路却走到了尽头。乔纳森·詹金斯辞职了，他为自己在事发前发表的言论感到羞愧，也被媒体的恶毒评论所伤，艾玛也随他一同辞职了。他们并没有拿到所谓的丰厚的离职补偿金。约翰又做了几个星期的董事长，直到公司找到合适的接替者。詹金斯家族的股权从55%被稀释至12%，詹金斯家族向公司提供的价值数十万英镑的贷款也只能一笔勾销。

面对多家公司发出的收购要约，股东需在10月底做出决定。10月29日，星期五，一家名为希尔德（Shield）的集团提交了一份颇具竞争性的报价，承诺提供股票和现金，条件是需要詹金斯家族继续掌舵。考虑到对客户的责任，对所有依赖该市场的人的责任，以及对市场本身的责任，乔纳森和艾玛拒绝了希尔德集团的收购要约，也因此切断了詹金斯家族与公司未来的连接。做出这样的决定必定伴随着无奈与伤感。乔纳森·詹金斯悲从中来，对着媒体感慨道："我们拼命扶起了这个市场，让它重整旗鼓，但我却不会再参与它的未来。"但真正让人唏嘘的是，迄今为止，人们对这家人所做的一切，以及他们最终做出的牺牲始终没有给予认可。"我觉得我们从未得到过认可，"乔纳森说，"所有的声音都是，哦，看看，他们搞砸了，他们没钱了，诸如此类。我们确实有点失望……但我们做了我们认为正确的事。我们得到的离职补偿金少得可怜，但我们做了我们该做的事。我和艾玛从小受的教育就是这样的，父亲受的教育也是这样的。我们都认为应该做对市场有利的事情。"

第四部分 金融的未来

12

光速交易

小说《弗兰肯斯坦》（*Frankenstein*）[1]中刻画了一头从实验室里冲出来纠缠其创造者的怪物，给人们提供了集体想象的经典模本。后来，小说家罗伯特·哈里斯（Robert Harris）于2011年出版了小说《恐慌指数》（*Fear Index*），在其中塑造了一个大反派，刷新了大众对怪物的想象。哈里斯塑造的怪物基于一种人工智能交易算法，由总部位于日内瓦的一家对冲基金推出。这个怪物智慧过人，却阴险歹毒，能破解加密文件，找出设计缺陷，通过下达采购订单和合同实施恐怖统治。该算法的开发者试图烧毁存放它的服务器，它却将自己上传到了神秘而无形的数字世界，在那里自由漫游，按照代码指令行事，利用人们的恐惧和焦虑来获取经济利益。

哈里斯虚构的金融灾难呼应了现实世界中2010年5月6日爆发的真实股灾。20世纪80年代末的崩盘持续了好多天，而这次却集中在一个下午。美国市场先是出现波动，接着就是惊人的暴跌：道琼斯指数在

---

[1] 全名是《弗兰肯斯坦——现代普罗米修斯的故事》，是英国作家玛丽·雪莱在1818年创作的长篇小说。

36分钟内狂跌998.5点，1万亿美元资本在5分钟内瞬间蒸发。这就是众所周知的那次"闪电崩盘"。整个过程看不到恐慌，听不到刺耳的尖叫和吵闹的喊叫。交易全程都是通过算法进行的，高速交易机器不断地发出指令，就像交易员们在不断地喊着"卖！卖！卖！"，相互争着抛售，价格越来越低。算法不会恐慌，但会形成预期，并在几毫秒内做出决策，引发股市崩盘。暴跌触发了熔断机制，交易暂停。熔断机制是一种自动停市系统，旨在阻止市场持续暴跌。交易重启后，股价迅速回升至早盘状态。交易员们可能有赚有赔（具体情况，我们不得而知。哈里斯在他的小说中巧妙地虚构了相关情节，填补了这一空白），但泛起的涟漪基本没有波及更广泛的经济领域。

初步调查发现，是一笔大额卖单引发了这次闪电崩盘。有人以为那是数据输入时间问题，属于技术和结构的范畴。但国际执法人员前往伦敦逮捕了一名男子，媒体称他为"豪恩斯洛猎犬"[1]。他的真名是纳温德·辛格·萨劳（Navinder Singh Sarao），是一位性格怪异的伦敦独立交易员。他开发了一种模型"幌骗"（spoof）芝加哥算法，待在家里就赚了数百万美元。美国监管机构认定，是萨劳的行为导致了此次崩盘。萨劳被引渡到美国接受审判。没见到他时，法官以为他会是一个犯罪大师，了解后发现，他竟是一名自闭症患者，41岁了还和父母住在一起。萨劳大概赚了7000万美元，大部分来自合法交易。但他的大部分钱似乎都落入了骗子和有争议的企业家手中。他只买了一辆二手大众汽车，但是他太容易紧张了，根本开不了。虽然萨劳曾扬言

---

[1] 萨劳居住在豪恩斯洛（Houndslow），豪恩斯洛是英国英格兰大伦敦外伦敦的自治市。

要砍掉一名市场管理人员的拇指,但法官还是手下留情,仅判他居家监禁一年。

我们可以从不同的角度来看待席卷金融市场的变革。这些变革如同技术项目,由工程师在努力推动。而变革的结果就是,市场从本质上发生了彻底的转变。踏入21世纪的市场,就等于闯入一个仓库,里面满是嗡嗡作响的服务器。像以前的交易员一样,这些服务器在中央交易所周围争夺空间,只不过这些空间是以光纤电缆和毫秒来衡量的。我们还可以主动地从根本上改变对交易所运作方式的理解,以便更好地看待这些变革。在大多数人眼里,市场已经从一个基本社会实体转变为一个计算设备,效率变得至关重要。市场不再是特定地点的具体事物,而是无处不在的分布式网络,遍布华尔街、芝加哥和豪恩斯洛等地。这反过来也反映了,随着时间的推移,我们对经济的认识发生了较大的转变。从路德维格·冯·米塞斯(Ludwig von Mises)和弗里德里希·哈耶克开始,我们已经习惯于将经济视为一台巨大的、独立的计算设备,而不是一组特定的社会和物质情境的合集。有效市场假说认为,价格已反映了所有可获得的信息。这种观点也适用于金融市场。从理论上讲,市场就是基于云计算的终端计算机。现实中,市场也开始呈现出这样的形态。

科技变革也引发了文化变革。对于那些不熟悉伦敦的人来说,豪恩斯洛就是伦敦西部一个不起眼的行政区,大概的印象可能就是:郊区,有一些办公楼,几乎没什么旅游景点。豪恩斯洛这个地名的英文发音有点像"hound's low"(意思接近猎犬的低吠),而萨劳居住在豪恩斯洛,因他的交易风格彪悍、敏捷,媒体称他为"豪恩斯洛猎犬",可谓一语双关,十分巧妙。看惯了乔丹·贝尔福特(Jordan

Belfort）[1]那样整日沉迷于香槟和可卡因的奢华生活，我们突然发现，竟然还有"豪恩斯洛猎犬"萨劳这样的超级交易员，他就穿着简简单单的连帽衫和牛仔裤，待在一个普通家庭楼上的卧室里。基于他的文化背景，我们甚至可以断定，他也会在他母亲的地下室或车库里工作。透过"猎犬"一词，我们可以瞥见过去20年来金融市场的一些文化转变。连帽衫和棒球帽取代了衬衫和领带，科技怪才取代了从普林斯顿毕业的"宇宙的主宰"。市场被各种算法支配，有些算法连其开发者本人可能都不太精通，新问题层出不穷，比如挑战自然法则的交易速度。同时，借助市场的影响力，一些新颖奇特的人物也走进了大众视野。如，小说中虚构的日内瓦物理学家，他利用量子力学知识发明了可怕的人工智能怪物。又如，在不惑之年仍与父母同住的自闭症程序员。

我们也可以将其他想法映射到这些转变上。经济历史学家费尔南·布罗代尔认为，金融资本的繁荣是每个资本主义时代"衰落的标志"。人们都在寻求更快、更自由、更灵活的金钱流动方式，以追求更多的回报。在早期的历史事件中，资本进入了金融投机领域。"人们千方百计地想着从金融交易中攫取新利润，越来越狂热，"弗雷德里克·詹姆森写道，"资本本身变得自由浮动，脱离了客观世界的现实背景。"然而，正如我们看到的，在实际运作中，詹姆森所说的自由流动的、脱离实际的资本也必须依托客观世界上的实体架构；而闪电崩盘肯定是发生在具体的某个地方，受到一些规则的约束，即使这些规则由理论物理学所设定。

---

[1] 电影《华尔街之狼》主人公原型。

我们在第9章中了解到,在伦敦,交易所的自动化进程是从清算和结算开始,逐渐让机器处理一些烦琐的日常工作。起初,没人重视交易所的技术工程师,认为他们与后勤人员无异。他们默默建立了一系列系统,逐步推进交易自动化。1986年10月6日,伦敦证券交易所全面实现了交易电子化。这项变革让很多人措手不及,交易所内的经理更是首当其冲。在组织架构上,工程师的地位提升了,但这并没有颠覆交易所内的利益等级。另一种挑战来自交易所之外。胡安·巴勃罗·帕尔多—格拉发现,20世纪90年代中期,计算机基础设施行业已经兴起,任何希望创建交易所的人几乎都可以直接购买现成的基础设施。这些系统重点推出了一种新的交易基础设施——订单簿(order book),其机制与传统的做市商系统截然不同。"作为这个庞大的生态系统的核心功能,"帕尔多—格拉写道,"……电子订单簿逐渐获得了越来越多的认可。它允许投资者通过下达指令直接互动,无须借助人工干预来协调交易。"

彼得·贝内特(Peter Bennett)、迈克尔·沃勒—布里奇(Michael Waller-Bridge)和斯蒂芬·威尔逊(Stephen Wilson)这3位工程师曾在伦敦证券交易所工作多年。他们想创建一个泛欧订单系统,但在实施的过程中重重受阻,举步维艰。于是,他们决定自己行动起来。他们将这个新创的系统命名为Tradepoint,还特意将办公地址选在伦敦金融城外。具体位置是在泰晤士码头,建筑师罗杰斯勋爵[Lord Rogers,当时还是理查德·罗杰斯(Richard Rogers)]设计的大楼内。家喻户晓的河畔咖啡馆就开在那里。河畔咖啡馆是伦敦首家新生代简餐美食餐厅。咖啡馆确实帮他们吸引来了访客,给了他们展示自己的舞台。但这一切更像是表演,一种标新立异、特立独行的表演,一种通过技术力量打破小圈子、颠覆现有秩序的表演。表演的其中一环是"机房"。那是一个普通的房间，里面配备了一个巨大的通风管道和电缆。人们只能看看门上的标志，不能进去参观，因为那个房间是禁止入内的。但此举有助于让游客相信，这家市场是由足够雄厚的技术力量支撑的。事实上，房内的计算机系统相当普通。一位名叫伊恩·麦克利兰（Ian McLelland）的员工从温哥华证券交易所定制了一个软件包，然后利用编程技术稍微改进了一下，以适应Tradepoint系统。至于颠覆现有秩序，那充其量也只能算是造势罢了。Tradepoint与现有参与者都建立了深度合作关系。值得一提的是，Tradepoint与伦敦清算所达成了合作协议，邀请其老板迈克尔·詹金斯爵士（Sir Michael Jenkins）加入了Tradepoint董事会。

帕尔多—格拉指出，Tradepoint的出现更像是在完成道理使命："通过引入超出伦敦证券交易所做市商控制范围的竞争，他们的电子订单簿将缩小价差，从而降低终端投资者的成本。"订单簿是在没有交易商或做市商协助下进行的电子拍卖。订单簿以及与之相关的操作，尤其是匿名操作，对海外投资者、衍生品交易和对冲基金都很有吸引力。它是早期机器人交易员的聚集地，"由安装了醒目闪烁灯的箱子来代表"市场参与者。Tradepoint从未获得足够的订单量，以取得商业意义上的成功，但用帕尔多—格拉的话来说，它的出现"使得人们对于交易的可能性和可行性有了新的认识"。1995年，伦敦证券交易所强行引入订单驱动系统，遭到了成员的反对，首席执行官迈克尔·劳伦斯（Michael Lawrence）因此被解雇。但订单驱动交易已是势不可挡。1997年10月，伦敦证券交易所推出了新系统SETS[1]。订单簿开始从最高级的市场向下扩散至整个机构。

渐渐地，人们不再把证券交易所视为根植于地理和社会环境的机构，而是将其视为分布式的信息处理体系。电子订单簿就是这种认知转变的具体体现。接下来，工程师将取代金融家来定义市场美学，他们会重视速度、效率和布局结构，这些将构成金融机构争夺主导地位的下一个战场。

* * *

之前我们讲到，OFEX陷入了困境，詹金斯家族融资失败后被迫退出了公司。后来，西蒙·布里克斯（Simon Brickles）接管了OFEX。他曾作为律师主导制定了AIM章程，后成为AIM市场的负责人。2003年，他离开了伦敦证券交易所，原因是交易所越来越重视订单簿，与他设想的"轻触式监管"市场渐行渐远，令他心生不满。布里克斯意识到，OFEX要想走出困境，就应该开足马力，与交易所正面交锋，而不是避开它。

股东们表示认可。一些做市商是先前通过出资抢救OFEX成为其大股东的，伦敦证券交易所征收的结算费和交易费过高，他们不满已久。伦敦证券交易所本来就是一家垄断机构，现在又发展成为一家以盈利为主要目的的国际化股份制公司。当时，欧盟金融工具市场法规（MiFID）预计将于2007年出台。该法规旨在促进市场之间的竞争。

---

[1] Stock Exchange Electronic Trading System，即证券交易所电子交易系统。

但如果没有出现与交易所抗衡的组织，所谓的竞争也就无从谈起。因此，布里克斯开始扩大市场份额。OFEX宣布融资250万英镑，用于增扩证券种类，表示"打算大力拓展交易服务，以涵盖更广泛的证券业务。交易服务拓展后，将允许经纪商和投资者灵活选择交易地点"。换句话说，OFEX市场将会成为伦敦证券交易所，尤其是AIM的直接竞争对手。2005年11月10日，《泰晤士报》报道了一场私人会议，会议是在中型经纪商查尔斯·士丹利（Charles Stanley）的办公室召开的。

除士丹利的代表外，参加会议的还有西摩皮尔斯（Seymour Pierce）、皮尔亨特（Peel Hunt）和温特弗拉德证券等交易商代表，他们都是反对伦敦证券交易所的主要力量。伦敦证交所把各种小盘股[1]和AIM股也纳入了SETS的人工与电子相结合的交易平台，一些经纪商大为不悦，认为这种做法欠妥。

这件事表面看起来是在选择基础设施时出现了分歧，但其实远没有那么简单。在股市，这实际上是一场掘金的权利和特权之争。

2005年11月30日，经过一段时间的密集筹备，PLUS服务市场（现名PLUS）正式启动。通过它，经纪人可以交易主板市场上的任何股票，从沃达丰[2]到富时全股指数中市值最小的股票均可。但它还不是一个成熟的证券交易所。很快，它又进行了另一轮融资，铆足了劲要成为公认的投资交易所。招股说明书显示，该公司当时专注于"为中小型公司提供成本效益高的报价和交易服务……并计划扩展至为较大公司和英国机构投资者提供报价和交易服务"。2007年2月，这轮融资获

---

[1] 指发行在外的流通股份数额较小的上市公司的股票。
[2] 跨国移动电话运营商，现为世界上最大的移动通信网络公司之一。

得了大量超额认购，公司估值飙升至4300万英镑。

　　PLUS能否成为RIE，关键在于其交易系统。这个系统的运行速度必须要快。伦敦证券交易所耗资4000万英镑开发的新系统Tradelect于2007年6月18日上线。该系统将订单处理时间缩短至10毫秒，交易成本大幅降低。PLUS从斯堪的纳维亚的OMX公司订购了一个平台，但那只是个开始。接下来，它还需要连接做市商、经纪商、数据供应商和内部监控系统。这个系统必须健全。正如布里克斯所说，"它就像一张巨大的蜘蛛网。只要有一根蛛丝没连好，你就无法启动市场"。2007年7月，PLUS正式获得RIE认证，OMX X-Stream平台于11月启动，恰逢MiFID法规生效。这两件事都耗费了大量的心血，也都赶在11月的最后期限前完成了。有位高管感叹说："这绝非易事。我们当时真的非常努力。"但是，完成这个技术项目并不代表市场就创建好了，这点Tradepoint的创始人已深有体会。可能是因为PLUS在物质基础设施方面投入了太多的精力，以至于忽略了建立新交易所应考虑的社会和舆论因素。许多小公司都觉得PLUS对最初的支持者不如以前真诚了。他们指责PLUS只顾着服务更大的公司，追逐利润更多的业务，这和PLUS之前对伦敦证券交易所的评价如出一辙。商人约翰·弗兰奇（John French）当时是PLUS的顾问委员会主席，他形容在机构投资者和市场管理层兴趣不足的情况下，维持一个专注于中小公司股票的市场，就像"逆水行舟"。

　　人们开始质疑PLUS市场的各个领域，从扶持中小型公司到折扣交易和交易报告场所，各种说法层出不穷。但绿松石事件爆发后，所有的这些疑虑都消散了。绿松石事件是PLUS管理层于2007年秋季遭受的一次严重"创伤"。绿松石公司旨在建立一个监管宽松、佣金低、匿名的暗池交易平台。就像PLUS是在与伦敦证券交易所的小盘股市场竞争中诞生的一样，绿松石的诞生也有其历史原因。据一位金融家回忆，在21世纪头10年的中期，伦敦证券交易所由克拉拉·弗斯（Clara Furse）管理，口碑很差，大家对交易所的评价是"很黑"。绿松石的后台很硬，其中不乏全球投资银行的高管。用克拉拉·弗斯的话说，"他们都是大老二、大玩家，与小公司投资无关，玩得都很大……（他们）坚信伦敦证券交易所攫走了太多的钱，事实可能确实如此"。2007年4月，绿松石计划首次出现在媒体报道中，但并未激起什么水花，反倒落了个"乌龟计划"[1]的戏称。这些高管迫切需要市场运作的基础设施和专业知识。2007年10月6日，《每日电讯报》"透露"：PLUS正在与绿松石就"收购"条款进行谈判，而《独立报》用的词则是"合并"。PLUS股票因此遭遇停牌。但什么也没发生。10月19日，谈判结束。有报道称，绿松石公司又转向瑞典科技公司斯诺博寻求合作。但同样没有取得任何进展。最终，伦敦证券交易所悄悄出手，收购了这个平台。那时，伦敦证券交易所已由泽维尔·罗莱（Xavier Rolet）接管，此人精明世故且有政治头脑。

后来，伦敦证券交易所又出面阻止PLUS交易AIM股票，这战略性的一击严重挫败了其年轻的竞争对手。PLUS佣金大幅削减，做市商纷纷回到了交易所。2009年，PLUS在与交易所的法律纠纷中获胜，但也因此付出了高昂的代价，此后逐渐销声匿迹。至此，那些在市场演变过程中曾至关重要的战略、法规和法庭已黯然失色。在全新的市场中，夺权之争已转移至技术战场。PLUS的首席执行官是一名资深的律

---

[1] 在英文中，绿松石（Turquoise）与乌龟（Tortoise）的写法很接近。

师，而不是技术工程师，所以这家小交易所宁愿诉诸法律，也不愿在交易速度和科技形象上做文章。从这一点，我们就可以看出，PLUS在闯荡新兴的赛博格[1]世界时，还略显稚嫩。另外，在市场体系和流经这些体系的代码中，监管机构渴望建立的"市场中的市场"已逐渐成形。

* * *

美国市场也遵循着相似的技术发展轨迹。20世纪70年代和80年代，在持续进行的制度改革中，纳斯达克电子系统应运而生，经纪人可以通过它显示价格并通过电话达成交易。虽然纳斯达克系统覆盖了整个美国，但在建立过程中受到了市场主导力量的影响和制约，巩固了纽约证券交易所和纳斯达克的经纪交易商的权力。经纪交易商们串通一气，在某些方面达成了默契的行规。他们给出的报价都是8的倍数，将每笔交易的佣金保持在0.25美元。大约在同一时期，纽约证券交易所也陷入了各种丑闻。其中一桩就是，交易所向首席执行官理查德·格拉索（Richard Grasso）支付了1.39亿美元的"薪酬"。这个金额如此巨大，他们的措辞却如此轻描淡写。在这种局势下，变革已是大势所趋，或者至少会爆发一场市场文化战争。在英国，Tradepoint自认是伦敦证券交易所不请自来的外部挑战者。而在美国，代码编写自由主义者开始登上市场的舞台。他们用自己的技术创新成果打破了纳斯达克和纽约证券交易所的长期垄断。

---

[1] 又称电子人、机械化人，即机械化有机体，是以无机物所构成的机器，作为有机体（包括人与其他动物在内）身体的一部分，但思考动作均由有机体控制。

这也是一个关于科技、创新和美学的故事，同样源于不起眼的小事。纳斯达克自动化系统设有一个名为小订单执行系统（SOES）的子市场，是专为零售交易员设计的。1987年股市崩盘后，做市商干脆不再处理订单了，监管机构强制经纪商公布报价并兑现报价。监管机构的这一指示产生了一个意想不到的后果，即SOES无意中成了业余人士在纳斯达克市场上进行小额日内交易的平台。穿着T恤、牛仔裤，戴着棒球帽的年轻人牢牢地盯着屏幕，盼着快速地用鼠标这点点、那点点，就能揪出经纪人的疏漏。这些交易员聚集在达泰克（Datek）等公司的办公室里，达泰克公司的总部就在华尔街附近的布罗德街。在人们眼中，这帮年轻人就像"SOES劫匪"。他们以局外人自居，故意违反交易礼仪来挑衅那些规规矩矩的老手。双方摩擦不断。麦肯齐和帕尔多—格拉就曾描述过一起冲突。在布罗德街43号的一家纳斯达克经纪交易公司，有位员工因不堪忍受达泰克交易员的"SOES式攻击"，愤怒地冲向布罗德街50号，闯入达泰克的交易室，吼道："又来了，我他妈的宰了你们！"他扑向一个达泰克交易员，一位资历稍长的交易员见状拿起一把开信刀，用力刺向他，万幸的是只刺中了肩膀。交易员在交易时都是全神贯注的，"有人趴在垃圾桶上狂吐不止、脸色苍白，也不会离开座位，还会边吐边进行交易。周围的人都习以为常，连眼睛都不会眨一下"。

达泰克有位年轻工程师，名叫乔希·莱文（Josh Levine）。他一直在尝试通过改进硬件和软件设计减少耗时的人工操作，例如实现更快的按键输入，或者将纳斯达克打印机的信息直接从终端采集到计算机内。最终，他研发出了一套灵巧的交易系统，比纳斯达克的任何系统都快、都敏锐、都精简。最关键的是，莱文发现，通过这套系统，达泰克交易员之间可以自行交易股票，无须再向纳斯达克交易商支付高额佣金了。这套系统需要一个撮合引擎，莱文就自己开发了一个。他将这套系统命名为"岛屿"。岛屿收取的佣金很低，甚至还会给那些下达卖单的用户退回一部分佣金。从技术角度看，莱文构建的这套系统非常出色，重新整合了算法技术和交易需求。它遵从了程序员的审美标准，把速度和效率放在了首位。交易速度从2秒大幅缩短至0.002秒。"岛屿"引擎速度太快了，用户们意识到，拉近服务器和中央服务器的距离可以大幅提升交易速度，于是纷纷在交易大楼付费"托管"服务器。

布罗德街的那些交易室内依然保留着高科技初创公司的企业文化氛围，员工们大都穿着T恤、连帽衫，吃着垃圾食品，行事依旧古怪。但很快，正如麦肯齐和帕尔多—格拉所说，"岛屿"变成了大陆。到2005年，经过一系列收购，"岛屿"已被并入了纳斯达克。纳斯达克套用"岛屿"模式重建了技术基础设施，交易所从内到外彻底改观。一些程序员离开了"岛屿"，转而加入其他交易所，并将"岛屿"的技术带到了新的地方，在那里传播推广。这场技术革新不仅改变了交易所，也改变了它们的客户。没过多久，机器人出现了，哈里斯笔下的算法怪物走进了现实世界。而早在20世纪80年代中期，程序化交易，即算法向经纪人提供建议的交易模式就已出现。1987年的"黑色星期一"爆发后，程序化交易遭到了谴责。但那些程序需要依赖人工才能完成交易。而莱文的"岛屿"则非常适合全自动化交易，甚至与黑客所崇尚的自由主义精神不谋而合。

在另一项研究中，麦肯齐讲述了这样一家公司的故事。这家公司位于卡罗来纳州的查尔斯顿，由几位统计学家所建。这几位统计学家之前曾研发出一种预测赛马结果的模型，认为可以将这种方法应用到股市。鼎盛时期，该公司一度跃升为查尔斯顿科技领军企业。

不过，麦肯齐想要表达的是，尽管这些技术人员穿着随意、衣衫不整、鲁莽大胆，办公室充斥着诸如此类的黑客文化，但公司却是因为发现了已经被人类操作者利用的系统性优势后，才真正强大起来。比如，程序员了解了"SOES劫匪"后，开发了一个算法来模仿这些人的行为，以寻找市场上出现大幅波动前的明显预兆。于是，交易就演变成了机器与人类的比拼。这种比拼并不复杂，在比拼中，被击败的不是纳斯达克的经纪人，而是布罗德街的人类劫匪。以这种速度进行交易需要一个能够管理订单流的撮合引擎，而这种算法是直接嵌入到"岛屿"系统中的，这个系统有时会突破每天100万笔交易的订单限制。纳斯达克正是迫于这样的交易数据，才收购了"岛屿"，允许这种算法成为主流。交易一旦成为比拼，每个人都必须跟上节奏。目前，全球约90%的股票交易都是通过算法进行的。

高速交易的讽刺之处在于，尽管市场变得越来越"云化"，设计者们仍需关注交易实际发生的地点。高频交易（HFT）凸显了构成市场的基础要素，而这些要素与政治密切相关。自动化市场设立在美国新泽西州或英国斯劳等主要城市外的戒备森严的机房中。由于市场实际上是在这些地方形成的，价格返回交易算法的速度至关重要。托管已成为高频交易的常见做法。各家公司都会付费将自己的服务器放置在离交易所引擎尽可能近的地方。交易所之间的联系也很重要。迈克尔·刘易斯的书《闪击者》（*Flash Boys*）主要讲述了一个非凡的建筑项目。该项目秘密建造了一条光纤通道，穿过阿巴拉契亚山脉，连接了美国纽约和芝加哥。铁路沿线已经铺设了光纤电缆，但铁路在群山中蜿蜒曲折，而通过直线行驶可以节省几毫秒的时间，正是这几毫秒决定了交易者是否能在市场上获利，资助该直线线路建设的投资者可能会对交易者进行勒索。但是光穿过玻璃的速度只有光穿过空气的速度的2/3，所以竞争对手在尽可能靠近测地线的地方建立了微波链路。晴天时传播速度较快，雨天时传播速度较慢，传播视线有时会被密歇根湖的潮汐所遮挡。我们取得的这些成绩其实已经接近物理极限了。但正如麦肯齐所说，这就是一场经典的经济军备竞赛，为了能留住参与者，我们挥霍了大量的人力和物力。就连置身其中的参与者也深以为然：麦肯齐的一位受访者在描述工程师如何夜以继日地将专业芯片的处理时间缩短了5~10纳秒时，忽然停下来反思道，我们其实可以停止那些培训，放弃钻研那些技术，做点别的事情……一些不同的事情。

我们可能会认为，算法交易拥有哈里斯想象出来的恶魔般的智能。但就自主决策而言，算法其实并没有那么智能。社会学家克里斯蒂安·邦多·汉森（Kristian Bondo Hansen）写道，算法经常陷入过度学习，在明显没有因果关系的地方盲目建立因果关系。人们期望算法能充当优秀科学家的角色，会运用奥卡姆剃刀原理[1]或简约法则。"早起的鸟儿有虫吃"这个道理似乎在股市非常适用。但什么样的鸟儿算得上早起的鸟儿？这也是要通过消耗的电量、散发的热量和光纤电缆的长度来衡量的。由此，人们对高频交易的公平性产生了严重质疑。迈克尔·刘易斯曾愤愤不平地指出，我们这些持有养老金、进行长期投资的公民，正在被这些交易员"剥头皮"。还有，交易算法旨在发

---

[1] 即"如无必要，勿增实体"，也被称为"简单有效原理"。

现可预测的交易。大型的买卖订单本质上是可预测的，尽管经纪人会通过高速的切割和分割手段试图隐藏它们，但这些手段往往不够有效。与此同时，随着机器学习和海量数据集的应用，电子交易的匿名性开始受到破坏，那些攻击性强的算法开始学会识别和对付那些较为温和的算法。

即使我们接受高频交易的必要性，也还是会存在一些问题，即我们在日常生活中认为理所当然的社交规则，如排队和诚实，应该在多大程度上转移到算法世界中。从广义上讲，算法领域存在文化这种概念吗？社会学家克里斯蒂安·博尔奇（Christian Borch）认为存在。他主张创建一种算法文化来防止大规模、破坏性的闪电崩盘（小型崩盘时有发生）。一家公司曾尝试在算法中引入更好的"道德文化"，博尔奇将他们的做法记录了下来："他们努力消除他们的算法可能对市场产生的任何负面影响，在确保市场各方面完整性的基础上建立了一种道德观……这些公司不断地投入大量的精力来理解他们的算法的运行方式和运行机制，无论这些算法是独立运行还是与其他算法一起运行。"当我们想要给算法强加文化时，我们应该意识到，它们其实早已拥有了自己的文化。算法中包含了开发者的决策，以及支撑这些决策的文化背景和社会实践。工程师的审美、垃圾食品包装和《星际迷航》（Star Trek）[1]海报共同代表着一种新的精英文化，这种文化就和这些精英试图打破的股市垄断壁垒一样，不仅带有性别色彩，也同样充斥着特权。因此，算法文化可以说是反射现实文化的暗镜。

那么，我们是否会认同布罗代尔和詹姆森的观点，将疯狂追求利

---

[1] 世界著名的科幻影视系列。

润的金融市场视为资本衰退的标志？就这些赛博格市场而言，我们确实发现金融摆脱了生产性经济的束缚，无拘无束地在全球范围内疯狂追逐利润，但最终并不能获得太多的回报。在其他方面，金融好像也从未受到生产性经济的束缚，而且一直在狂热地追逐利润。而资本却被困在纽约、芝加哥、伦敦或法兰克福郊区摆满计算机服务器的神秘基地中，越来越依赖芯片和光纤。时至今日，我们依然无法将资本看作一个协调一致的整体。就像我们在本书中讲到的所有其他交易所一样，赛博格证券交易所的诞生也是交易老手和市场新人互相博弈的结果。他们进行了一系列的厮杀，只为抢夺那块最大的蛋糕。所以，历史在重演，只不过是以光速在呈现。鉴于此，我们不禁要问：那我们还能做些什么呢？

13

资本主义的神庙

如我在本书开篇所述，那些对金融的指摘，无论出于什么立场，均一致认为金融已偏离正轨。人们发现，金融原本是有使命的，但它不再履职了。长期以来，股市一直被视为企业发展的引擎和工业发展的基石。立法者、投资者和交易所本身均赞同这种定位，认为拥有明确的目标比依赖机遇盲目运行可取得多。古往今来，一代又一代的市场缔造者不断重复着这种叙事。但其实，金融并未踏踏实实践行这种定位，这点你我有目共睹。不过，比起这种定位本身的是非对错，世界因这种定位所发生的改变往往更为重要。因为，人们一旦认可这种定位，就会付诸行动，努力打造一个更纯粹、更完善、更专注于其本身使命的市场。

我们在第11章中了解到，伦敦证券交易所的未上市证券市场（USM）突然关闭，遭到人们强烈抗议，交易所为建立替代市场面临着巨大的压力。当时的英国正在迈向一个全新的创业时代，大部分的抗议和压力都是基于这种时代背景。抗议者称，整个国家都充满了创业热情，却因资金不足而受限。看到那些活动人士如此卖力地为英国

PLC争取利益，即将就任的首席执行官迈克尔·劳伦斯赶紧抓住了这根救命稻草。他表示，这正是交易所的使命所在，称交易所旨在将英国的股市打造成适合创业的平台，不仅仅是在伦敦，而是在整个英格兰，在苏格兰和北爱尔兰，这些地方曾遭到20世纪80年代末"急速去工业化"战略的严重打击。二十世纪七八十年代，地方证券交易所纷纷关闭，他认为是时候填补那些空白了。"那些规模较小的公司，"他是这样说的，"那些初创公司往往不会出现在伦敦金融城，对，他们会分布在英国各地。"人们普遍认为，投资者往往更看中本地企业。"我刚担任这个职位时就了解到，"AIM团队的领导者兼该市场首位负责人特蕾莎·沃利斯（Theresa Wallis）回忆道，"……投资者在选择小公司时，更愿意选那些离家近的，这样他们就可以去那些公司走一走，看一看，实地参观一下，满足一下类似的诉求。"地方资金也比较充足。

一边是大量闲置的资金，一边是嗷嗷待哺的企业，夹在中间的金融经纪商就算再不积极也会蠢蠢欲动。于是，新市场开始缓缓萌芽。劳伦斯意识到，必须另辟蹊径，设立一种新的上市模式，而且，鉴于伦敦证券交易所现有的组织文化比较保守，有必要新建一支团队来推动这项工作。他选中了籍籍无名的年轻高管沃利斯来组建这个团队，负责设计全新的上市模式。作为成就这段历史的关键人物，沃利斯的努力从未得到过应有的认可。但是，在筹建新市场的过程中，她确实表现出了非凡的魄力和才干。一位受访者说，别人要她走的路"荆棘塞途……但她把那条路辟成了平地"。另一位受访者形容她"集优秀的领导力、超强的团队合作意识和政治敏感度于一身……卓尔不群……"，称"与她共事是一种享受"。

沃利斯信心满满。她表示："能为振兴英国经济效力……能助力小公司成长，振兴英国经济，我求之不得。"她详细地回顾了AIM的筹建过程，强调她的团队得到了交易所其他部门的大力支持；她说交易所的同事在上市和监管以及交易所的运营细节方面都非常专业，而她自己的团队人人兴奋不已、一腔赤诚，决心要振兴英国经济。沃利斯和两名同事在白板上草拟了"另类投资市场"这个名称，劳伦斯建议使用缩写形式AIM，这个缩写后来成了该二板市场响当当的名称。新市场可以利用伦敦证券交易所的专业知识和基础设施，还可以仰仗交易所的声望。西蒙·布里克斯当时是沃利斯团队的一员，他说："证券交易所知道如何运营市场，它有设施、有人才、有资源，还有声望……AIM可以有自己的宗旨、自己特定的规则，也会遇到自己的问题和机遇。这就是迈克尔·劳伦斯最初的设想。"讽刺的是，约翰·詹金斯的场外交易平台竟成了新市场的典范。这个平台是从交易所内部发展起来的，后来成了交易所的竞争对手。正是因为它，交易所才最终下定决心创建了AIM。"有一些公司，"专注于小公司业务的基金经理安德鲁·布坎南（Andrew Buchanan）说，"它们的交易活动似乎没有什么不妥，只是缺乏清晰的交易机制。然而，机制缺位似乎并未影响股票流通。这是为什么呢？"交易所的沃利斯团队也发现了这一点。他们建议将场外交易的豁免规则（现在称为条款4.2或535.2）重新调整至可接受的水平。此举不仅能留下婴儿，还能留存相当多的洗澡水。[1]

表面看来，证券交易所是一个布满了电线和屏幕的技术平台。但

---

[1] 指这种改革方案较为适中，不是一刀切。

其实，它也是一个社区，在这个社区里，大家彼此信任、怀着同样的期望，也遵循着约定好的规章制度，这点PLUS的创始人可能没有认识到。伦敦证券交易所已经拥有了这些屏幕；沃利斯团队着手通过与未来的市场参与者进行深入的迭代对话来构建社区。新市场必须通过对话来构建。马丁·休斯（Martin Hughes）是沃利斯团队从苏格兰企业借调的年轻高管，负责边境以北的市场推广工作。他将这个对话过程描述为"构建认知体系，达成共识，渗透新的模式……所有一切都围绕新的市场展开，试着让人们去了解它并参与其中……你会发现，大家终将认可它……没人会拒绝理性参与其中并为它着想"。沃利斯团队秉持在交易所养成的一板一眼的工作作风，稳步完成了包括发放征询文件、接收社区反馈、拨打回访电话、开展会议交流或晚餐交谈等一套流程，慢慢地从叙事和交流信息中抽出有用的丝丝缕缕编织出一个新的市场形象。作为承载信任、认可和期望的平台，新市场是通过支撑它的叙事和交流来运行、表达和塑造的。同时，基于推动PLC公司发展的共同主旨，围绕新市场的各种叙事和交流又自然地融合在了一起。

那会有哪些公司将在这个新市场上市呢？谁又应该对它们负责呢？伦敦证券交易所上市部门负责上市审批，但是流程相当烦琐，似乎与英国PLC的叙事及其所体现的创业愿景格格不入。如果任由忧心忡忡的监管机构在背后紧紧盯着潜在的投资者，未来的会员公司该如何筹集资金？条款4.2再一次交了完美的答卷。基于该条款，新市场将遵循"买者自负"的原则。沃利斯说："根据条款4.2买进的私人投资者，似乎并不介意这完全是一个买者自负的市场，似乎并不在意它是否受到监管。他们清楚自己会面临什么样的风险。或许我们基于条款

535.2创建一个市场，问题就迎刃而解了。"到这里，我们可以发现，故事的进展出现了转折。事件的核心不再只是英国PLC，而是自由选择的问题以及监管在资本市场中的角色问题。对于自由市场的狂热支持者来说，监管的作用不应该是保护投资者，而是让他们通过自由选择实现自我保护。"我认为，证券交易所不应该（过分监管），"西蒙·布里克斯说，"我们应该把交易所打造成资本主义的神庙，在适度保护投资者的同时，尽可能留给他们更多的选择和自由。"

最初，这个新市场的一项指导原则是为企业提供便捷的准入路径，其实就是降低上市成本。顾问费在上市成本中占了大比重，因此市场不建议公司聘请上市顾问。他们其实没必要请人来监理。也就是说，他们无须花大价钱聘请一位财务顾问在公司筹备上市的过程中负责审查。对此，有人大呼不妥：丢掉这层防护后，投资者该怎么办！也有人低声附和：想想那些高额的顾问费吧！大多数投资者都是机构投资者，他们对自己的业务其实是非常熟悉的，但如果必须聘用顾问，他们照样得花钱，所以如果不用聘请顾问，他们当然是乐于接受的。遗憾的是，征询结果与他们的期望刚好相反。于是，沃利斯团队想出了一个巧妙的折中方案，建议每家公司聘请一名符合特定资质的指定保荐人（NOMAD）[1]。这些保荐人负责监管新市场上的公司，确保它们充分履行信息披露义务，遵循基本的诚信准则，但交易所不再为此承担监督责任。

那么，谁来监督这些保荐人呢？这种"声誉市场"有点类似"老

---

[1] 在伦敦AIM市场，有意上市的企业必须从其授权的代理商中选择一个作为上市的指定保荐人。保荐人的作用是保证企业适合在AIM上市并且具备准入的资格。

房子"的交易厅。大家彼此熟识，耍小动作就等于自断后路。投资者踩雷后，肯定很长时间都不会再涉足雷区。当时，距离伦敦证券交易所关闭交易厅还不到10年，伦敦金融城依然存在密切的关系网，其中许多形成于金融大爆炸之前，新市场充分利用了这一点。用布里克斯的话来说，新市场采用的是"类似俱乐部的惩戒机制"：抵制和谴责（大多私下进行）。只有在发现实质性的违规行为时，交易所才会公开谴责。对此，交易所的一位前董事总结道：

> 经营证券交易所……你得备齐两套规则手册：一套成文的，一套不成文的。在AIM市场，大家会默契地避开一些公司，私下提醒彼此不要去触碰那些雷区。很多东西都是不成文的，没有记录……很多事情不宜公开讨论，大家都三缄其口。

但像俱乐部一样，新市场从未像其标榜的那样严苛。上面那位董事说："据说，我们本来打算每年剔除一家会员，以儆效尤……但交易所没有真的那么做，大家一心扑在营销上，忙着吸引公司上市。"大家都待在各自的舒适圈内。到了20世纪90年代末，特蕾莎·沃利斯已经悄悄离开了她创建的新市场，离开了交易所。也许太舒适了，她不喜欢。

AIM独具特色，在证券交易所受有效市场假说影响的时代，更显得与众不同。当代股票市场，又称法玛市场[1]，已经清除了社会关系，

---

[1] 著名经济学家尤金·法玛提出了著名的有效市场假说，所以我们将受有效市场假说影响的股市称为法玛市场。

AIM却积极倡导社会关系。有人可能会说，基于保荐人机制的结构满足了市场对流动性和信息效率的要求，AIM市场就像由相互熟识和互相监督的生产者组织起来的商品市场。金融学者将保荐人体系称为"私营部门监管"，关于它是否有效，长期以来一直争论不休。但不可否认的是，从实际效果看，AIM确实取得了成功。数百家公司加入了AIM市场，并通过它融资成功。该市场的总市值约为1000亿英镑。它的模式风靡全球，尤其是纳斯达克模式在后互联网时代遇冷之后。不过，某些交易活动似乎超出了监管范围。杰里米·安布莱思—埃文斯（Jeremy Anbleyth-Evans）和保罗·吉尔伯特列举了他们认为的一些监管失败的例子，其中不乏涉及税收和离岸司法管辖、环境和人权的丑闻。他们指出，在一些交易中，资源勘探公司的董事通过离岸信托以虚高的价格向股东出售土地和资产，从中牟利。就连被封杀的奥里克斯交易项目似乎也找到了进入AIM的途径。这样看来，AIM本身确实称得上是资本主义的神庙。买者自负的市场似乎无所不能，只需在招股说明书中写明规则即可。

* * *

保荐人充当了市场中介的角色。在商学院的概念中，中介不是寻租活动[1]的守门人，而是不可或缺的市场参与者。因促成了新市场的成立，他们也得到了相应的报酬。奇怪的是，许多有创意的金融中介发展项目都无果而终。我曾参与过这样一个项目，也因此与投资界有了

---

[1] 指在没有从事生产的情况下，为垄断社会资源或维持垄断地位，从而得到垄断利润（即经济租）所从事的一种非生产性寻利活动。

交集，那也是我第一次真正接触这个领域。那个项目是基于一个人的创意，那个人叫……我们就叫他西克斯图斯（Sixtus）吧。

西克斯图斯的父亲是一名公务员。在西克斯图斯小的时候，那些体面的公职人员大都可以在泰晤士河畔买套别墅，在市中心买套公寓，剩下的零头还够供几个孩子上伊顿公学，当然，还有牛津大学。但西克斯图斯生性叛逆，毕业后不愿意去伦敦金融城工作。1969年，他去了哈佛商学院读研。1971年，他回到英国，在汉森做咨询顾问，但是做得并不开心。做了不到一年，西克斯图斯忽然意识到，自己其实是个"实干家"，不适合做"顾问"。于是，他决定去创业。"问题是，"他说，"我不知道该做什么生意，我也没钱。而且，我当时没有任何业绩，第一份工作只干了9个月，根本拿不出手，所以想要说服别人为我投资，似乎不太可能。但是，这种情况下，试一试也不会有什么损失。"

面对如此渺茫的机会，也只有"伊顿佬"才能如此淡定了吧。还别说，"伊顿佬"的身份似乎真的可以大大提高成功概率。西克斯图斯计划开一家遍布全国的美式汉堡连锁店，并撰写了商业计划书。他委托了一位哈佛好友和一位老家的旧识为其牵线搭桥，又在《每日电讯报》上刊登了吸引风险投资者的小广告，最终成功筹到了约50万英镑（换算成现在的金额）。他在布里斯托尔找了一个地方把店开了起来，这家店之前是一家咖啡馆，主要食客是卡车司机。刚开始，西克斯图斯亲自上阵擦地板、做奶昔、煎汉堡排。到1977年，他已经拥有3家餐厅、50名员工，还雇了一名经理。20世纪80年代初，就在金拱门即将进入英国市场之前，他卖掉了所有的餐厅，以免像美国的其他汉堡店一样遭到金拱门的打压。最终，他还为投资者赚到了不少钱，比许多像我这样的创业者赚的都多。

1978年，西克斯图斯干了一件大事，真正做到了独树一帜。当时，英国政府发现小企业投资空间巨大，就将沉闷的政府风险投资公司ICFC[1]改组为活跃的投资巨头3i集团[2]。罗纳德·科恩爵士（Sir Ronald Cohen）通过其大名鼎鼎的安佰深私募股权投资集团引进了美国风险资本。就在那段时间，西克斯图斯推出了一本杂志，用于介绍寻求股权投资[3]的小公司。他每年向订阅者收取350英镑的费用，向这些小公司收取撰写宣传文章的费用，对于通过在杂志上发表宣传内容吸引到的每一笔投资，他都会抽取一定比例的佣金。受哈佛教育经历的影响，西克斯图斯试图摸索出一种方式，把潜在的投资需求和投资机会匹配起来，这种方式比在全国性的报纸上刊登小广告更为体面。而他自己就是中间人：信息经纪人。

这本杂志表现平平，算不上有多成功。配图是黑白照片，销量有限，靠一波又一波的投资者支持才得以维系。这些投资者凭借自己的商学院教育经历，看到了这本杂志的潜力，却忽略了其损益情况。西克斯图斯会邀请员工到他破旧的豪宅里（他现在还住在那里）做客，说服他们玩槌球[4]。看到他穿着破旧的白色校服衬衫和及膝袜，有些员工可能会以为他只是一个没有攻击性的怪人，但很快就会发现那只是表象而已。因为，马上，大家就看到他挥舞着木槌步步紧逼，逮着机会就把对手的球"呼"的一声打进花坛里。

---

[1] 工商金融公司。
[2] FTSE100强公司，国际领先的私募股权投资公司。
[3] 指为参与或控制某一公司的经营活动而投资购买其股权的行为。
[4] 在平地或草坪上用木槌击球穿过铁环门的一种室外球类游戏。

1998年夏天，我硕士一毕业就加入了该杂志。当时，它已经创刊20年了，但发展得一般，办公地点就在城外一座科技园内的两间小套房内。我的办公室很小，里面堆满了箱子，箱子里装的都是西克斯图斯自行出版的、没卖完的书。我们那间办公室里有3个人，西克斯图斯和他助理的办公室在隔壁，他们正忙着打理新发行的投资基金。那个夏天炎热，新入职的员工最不适应的就是那里的气味。科技园的另一边有一家污水处理厂。每天下午，风一往我们这边吹，办公室就会弥漫着浓烈的臭味。因为没有空调，一直关着窗户也不是个办法。而且，在这个堪比"卡律布狄斯"[1]的污水处理厂附近还潜伏着"斯库拉"[2]。受早年经历的影响，西克斯图斯可能惯用个人卫生嗜好来凸显其小资身份。办公室流传着一个段子：多年前，西克斯图斯身上一直有刺鼻的麝香味，员工们苦不堪言、备受煎熬。他们决定通过抽签的方式，选出一个人去和老板挑明此事。公司的女员工本就不多，但这个倒霉的任务偏偏落在了一位女员工身上。她犹豫了一会儿，思考了一下，最后悄悄走到老板面前，开口说道："西克斯图斯，你今天闻起来太有男人味了，真的。""谢谢！"西克斯图斯应道。事情就这样不了了之。

　　尽管西克斯图斯性格古怪、行事不羁，像个拓荒者一样一直在摸索和尝试，但他确实以自己的方式为英国经济做出了贡献。除汉堡

---

　　[1] 希腊神话中大地女神盖亚与海王波塞冬的女儿，女海妖斯库拉领地隔壁的大漩涡怪。

　　[2] 希腊神话中吞吃水手的六头女海妖。她守护在墨西拿海峡的一侧，这个海峡的另一侧就是卡律布狄斯的旋涡。船只经过该海峡时只能选择经过卡律布狄斯漩涡或者她的领地。

这项美食外，他还引进了一个概念——非正式风险资本。这类投资者会拿出适量的资金来换取公司的一部分所有权。他们被誉为"商业天使"。在英国广播公司（BBC）的真人秀节目《龙穴》（*Dragons' Den*）[1]中，这些天使被美化成了"龙"，但实际上，这类投资所遵循的原则与西克斯图斯当初引入时基本相同，依然是通过艰难的谈判，获取公司股份，建立合作伙伴关系。

我们这本杂志也取得过一些成绩。有位工程师发明了一种安装在粮仓底部的小装置。那是一个振动锥，它能使仓库里的粮食保持流动。他的公司后来发展得很大，赚了很多钱。大部分时候，来访的创业者络绎不绝，想法也千奇百怪。我的工作搭档叫查尔斯，他性格温和、文质彬彬，曾是一名投资银行家。查尔斯有3个孩子，年龄都还小。他的家中摆着一架三角钢琴，墙上挂着一张他父亲与教皇握手的照片。我们会坐下来，一边听创业者讲述那些奇思妙想，一边决定是否要帮助他们。其实，我们主要看这些创业者是否愿意开出275英镑的支票。很多创业者不愿意，或许他们也在暗中评估我们吧。

我的第一篇报道是为一位北海潜水硬汉写的，他想要拓展戴盔潜业务，但最终没能筹到钱。我记得，我还对接过一家高品质泡菜公司。我从未在超市货架上看到过这款泡菜，他们自制了一张营销海报，其实就是从电脑图库里找了一张安第斯山脉的照片，然后在上面画满了小黄瓜。对此，我实在欣赏不来。有一位创业者年纪已经有点大了，但还在攻读哈佛MBA，他抱怨课程越来越水，自杀的人越来越少；还有一位地产投机商哀叹说，经济不景气的年份，他只能啃脚上

---

[1] 一档商业投资真人秀节目。

的皮鞋。倾诉一通后，他却不愿意给我开支票，转身跳上了一辆超大的捷豹汽车。会谈结束后，我和查尔斯常常会朝停车场瞅一眼。我们惊讶地发现，许多声称缺钱的创业者开的车比我们要好得多。还有一位高高大大、活力四射的美国小伙子，他懂神经语言程序学，做过债券交易员，自称是总统顾问，向我们讲述他的创业规划时，双臂不停地挥舞，像风车一样。他的项目涉及一个真人大小的警察纸板立牌。陪他前来的那位朋友曾在南非特种部队服役，但那位朋友自始至终都站在角落里怒目而视。最后，他们也不肯开支票。但那位债券交易员倒是做足了礼数，第二天特意打来电话，解释了原因。他说，他觉得我们很烂。

* * *

在美国西海岸，科技企业家们已经把这种天使投资玩成了金融炼金术。运作方式如下：我开一家公司，说服你给我投资。你提议持有公司33%的股份——西克斯图斯的经验法则是：1/3归管理层，1/3归创意，1/3归资本。我说我需要50万英镑。你很好说话，欣然同意。于是你把钱投给公司，公司发行新股作为回报。这家公司现在的价值是150万英镑：如果市场认定了某个事物的价值，而我们是按照这个价值达成了交易，谁还会有异议呢？（站在专业人士的角度补充一点：这种做法是基于利润的；许多公认的财务估值方法可能与此不同，专业的股票推手一般也会避开利润。）我的股份价值是100万英镑，那我现在就是一个百万富翁了，至少在账面上是这样。我把资金用于推广和扩张。一切进展顺利。一年后，我设想的一切都已实现。现在我需要扩大生产规模，第一步将耗资500万英镑。为了方便计算，假设一位投入大笔资金的投资者要求持有公司50%的股份（现实中，我们肯定可以谈得到更好的条件），将整个公司的估值提升至1000万英镑。你和我的持股比例被稀释了一半，所以现在我只拥有公司1/3的股份，你只有1/6。但我的股份价值升到了330万英镑，你的股份价值升到了165万英镑。只要我们能保持良好的发展势头，这个进程就能一直持续下去。我们的公司规模越大，我们招募的股东越分散，我们的议价能力就越强。我们要面向未来，不断地寻找机遇。

也许我们会成为一家独角兽公司[1]，一家估值超过10亿美元的私人上市公司。维基百科认定，"独角兽"这个词是由风险投资家艾林·李（Aileen Lee）最先提出的。2013年11月，李已经可以列举出39家这种市值10亿美元以上的初创企业，总值达到了2500亿美元，其中近一半来自脸书。如今，这样的企业已经超过了1000家，需要用"百角兽公司"（估值超过1000亿美元的初创公司）这样的新词来描述。如此高的估值，只有放在记录它们全面转型的叙事中才显得合理。这种叙事就是市场组织专家苏西·盖格（Susi Geiger）所说的硅谷"末日叙事"。虽然我们可能从思想上不接受这些经济终局的假设，但是我们的行动却出卖了我们：任何拥有养老基金、保险单或在储蓄计划内持有少量股票的人其实都已走进了这种叙事，这种叙事是保障我们市场浮升的氦气，而且已经维持了10多年。

但是，硅谷模式从未在我们杂志社经手的业务中出现过。我们这

---

[1] 投资界术语，一般指成立不超过10年，估值要超过10亿美元，少部分估值超过100亿美元的企业。

本杂志面临的问题是，大多数企业，甚至是那些发展得很好的企业，根本不适合进行股权投资。这些企业从未想过，一项不可阻挡的新技术竟会终结变局，触发社会转型；也没想到，真的会如理论家理查德·巴布鲁克（Richard Barbrook）和安迪·卡梅伦（Andy Cameron）所言，"数字工匠在电子集市中找到了实现自我价值的前沿阵地"。他们只想到了提供更可靠的北海潜水员和更美味的泡菜。这些企业可能也在通过自己的方式让世界变得更加美好，虽然他们没有做出什么惊天动地的举动，只能在小范围内缓缓地进步，但至少无伤大雅。

虽说这些企业不适合股权投资，但如果投资者本身不指望每家企业都能成为独角兽呢？如果我们将投资的焦点从传统的商业企业转移到致力于社会公益服务的各行各业的初创企业呢？金融史喧嚣而复杂，但有一点有目共睹，那就是：证券交易确实是筹集资金的绝佳平台。如今庄严、权威的伦敦证券交易所在诞生之初本就是一座桥梁，连接了亏空的国库和伦敦商人鼓鼓囊囊的钱袋。股市为运河和铁路、橡胶种植园、矿产开采、赛狗场、互联网公司和许多其他项目筹集了资金；企业债券市场帮助贷款人和借款人建立了联系，为企业、政府甚至抵押贷款提供了资金。这些事件没有哪个称得上无可指摘，但似乎无一例外地证实了市场就是有聚集现金的超能力，而且还无可比拟。既然这样，有没有可能把这种超能力引向另一个方向？能否尝试成立一家类似股权交易所的机构，让它成为当代版的西克斯图斯杂志社，一座引人向善、敦本务实的资本主义神庙？

我也不确定。

公益众筹其实由来已久。但互联网打破了这一传统，因为它能以更低的成本远程锁定大批"投资者"。假如狄更斯笔下的杰利比夫人

（Mrs. Jellyby）[1]能走进科技的乌托邦，想必也会采取"众筹"这种融资方案。一篇关于众筹的介绍中激动地写道："在我们努力缩小距离和弥合差距的过程中，因为众筹的出现，世界向倡导多元文化主义和地理多样性的全球化社会又迈进了一步，向和平共处和全民教育又迈进了一步，向经济稳定和经济平等又迈进了一步。"有一些众筹项目是以产品为基础的，这类众筹中最著名的要属Kickstarter[2]（一个基于激励机制的平台）。除此之外，还出现了新型的市政众筹。在英国，有这样一种被称为"社区股份"的众筹项目。这个项目设置了严格的监管机制，允许社区购买或投资支持当地的资源。这些项目的初衷是好的，但其可参与度还有待考证，因为人们在参与这些项目时需要有资金、懂技术，并且具备一定程度的经济技能。巴布鲁克和卡梅伦担心，人们期盼已久的电子集市可能会变成"高科技版的旧南方[3]种植园经济"。还有人担心，众筹只不过是在一种新的、诱人的文化体制中复制现有的金融模式。

我甚至在思考如何能使金融为我所用，这实际上已经反映出金融体系已掌控了我们的生活。在缺乏有效公共服务的情况下，集体认购计划蓬勃发展，这时候人们通常甚至想象不出那些欠缺的公共服务应该是什么样的。杰利比夫人被讽刺的原因是她忽视了家庭，而不是她提倡低度管制的小型国家政体，因为在维多利亚时代的英国，人们是

---

[1]《荒凉山庄》（*Bleak House*）中的角色。她把所有的精力都投入到了对外国穷人的关注上，完全忽视了自己的家庭。

[2] 于2009年4月在美国纽约成立，是一个专为具有创意方案的企业筹资的众筹网站平台。

[3] 南北战争前的美国南方。

普遍接受这一点的。利用股市来实现社会发展目标，只会让更多的人受困于商学院的逻辑，受制于经济回报的考量，迫使那些最没有能力照顾自己的人为寻求个人发展和转型承担风险。15年来，中央和地方政府不断缩减规模，这与2008年救市耗费了巨额成本脱不了干系。所有这些问题的根源就是金融过度化，所以我们应该保持理智，千万不要认为是金融解决了这些问题，更不能纵容金融来邀功请赏。

股市爱好者可能会辩称，本章的例子恰恰表明，通过细致的设计和策划，市场可以被打造成适合特定目标的工具，能够达到预期的效果。他们会说，市场可以重新找到社会目标，为小型企业提供资金支持，重点关注绿色技术、本地生产和再就业培训等领域，在不损害投资方和被投资方利益的前提下实现那些目标。他们会说，中间人不一定都是榨取他人血汗的抢帽客。他们甚至可能会建议，让社会学家进入市场，提升抽象的经济学的实用性，避免过度夸大理论；他们可能还会要求市场设计者精通社会和经济两个领域的运作。

好吧，我们可以抱着这份希望。许多金融业内人士也都存在这样的幻想。但我找不到说服自己的理由。回望历史，你会发现，金融的本质就是彻头彻尾的剥削。它是一个逆向运作的再分配行业，资金向上流动而非向下，这种操作有违常理。30年来，证券交易所一直充当着社会变迁的引擎，将权力和金钱集中在少数人手中，呈现给大众的却是千疮百孔的基础设施和危机四伏的社会环境。与此同时，食利者阶层还在不断地从股票期权和股息中获利。我们需要意识到，当今世界仍面临气候、饥荒和战争问题。金融历来所向披靡，而真正的英雄却步履维艰。金融走的是一条波澜壮阔、血雨腥风、残虐不仁的道路。证券交易所的江山是用枪支和锁链打下来的，电线和账簿是后来添加的砖瓦。

  最后，如果非要下一个定论的话，我的态度是：我们不应对金融委以重任。它毫无章法、喧嚣混乱，虽是几代人共同努力的结晶，但也占尽了天时地利。金融的主题只有纯粹的金钱，温特弗拉德那位睿智的老师早就洞察到了这一点。它为自己披上了童话的外衣，我们千万不要被这种表象所迷惑。我们必须牢记，它永远不会有更高尚的目标。跳出金融的框架，我们会发现，世界上还有千千万万的做事、思考和组织方式。证券交易所已经够多了，资本神庙也够多了。如果你还想建造一座最完美的证券交易所的话，那最好就是不要再建了。

尾声 对话交易所

证券交易所：行了，行了！我算是看明白了，罗斯科[1]，你这是要把我彻底击垮啊……让我站起来吧，我们像文明人一样聊聊……对，这样好多了，容我拍拍灰尘，平复一下心情。批评声不绝于耳，压得我喘不过气。但是，这对你又有什么好处呢？没有吧。就算我只追求轰动效果，那又怎样？来点刺激有什么不好？我又怎会料到，那个倒霉的家伙竟从直升机上掉下来。

菲利普：我还以为你无所不知呢。

证券交易所：我就知道这么多。给我点时间，我就能从那些批评声中提取价值。我会"代谢掉它"，就像夏娃·希亚佩罗（Eve Chiapello）[2]所说的那样。那些批评声美味又可口，正合我胃口。很快，我就可以一股脑儿吞下它们。

菲利普：这正是我所担心的。这就是为什么我这本书采用了另类的写作手法，一种接近"刚左文体"的风格。

证券交易所：怎么样？过瘾吗？你这么一说，我就想到了老汤普森博士（Dr. Thompson）[3]写的一段话："那段旅程很不愉快……有时快而疯狂，有时慢而肮脏，总的来说，都很糟糕。回旧金山的路上，我曾尝试写一篇合适的墓志铭。我原本是想自己创作的，但《黑暗之心》（Heart of Darkness）[4]中米斯塔·库尔茨（Mistah Kurt）的临终

---

[1] 与下文的菲利普均指本书作者菲利普·罗斯科。
[2] 法国巴黎高等商学院教授，主要研究领域是经济社会学和组织理论、管理工具的社会学分析及量化研究方法。
[3] 亨特·斯托克顿·汤普森（Hunter Stockton Thompson），美国作家，"刚左新闻"开创者。
[4] 英籍波兰作家约瑟夫·康拉德的主要作品之一，英国文学史上第一部真正意义的现代主义小说。

话语一直在我脑海中回荡：'可怕！太可怕了！……消灭所有的野蛮人！'"[1]

菲利普：妙啊！

证券交易所：消灭我，哈！在那些钢铁和玻璃筑成的城市里，故事在摩天大楼的41层上演，而你站在地面的人行道上，高举着"末日将至"的牌子。这样看来，你就是个笑话，难道不是吗？要知道，我——我——可是市场上所向披靡、无人能及的计算设备，是有史以来最先进的超级计算机。

菲利普：我懂，我明白你的意思。但我依然认为刚左文体值得一试。社会学家杰西·沃兹尼亚克（Jesse Wozniak）就推崇"刚左社会学"，该学派"认为市场存在反身性[2]，提倡采取沉浸式的研究方法，摒弃僵化、刻板的研究理念，改用新颖的方式对学界忽视的领域和群体进行研究。"

证券交易所：呸，假大空……再说了，学界肯定不会忽视我。各个学派都在研究我。

菲利普：学界的刚左研究永远不会像真正的刚左新闻那么激进。用沃兹尼亚克的话说，学界的刚左研究就只是"打破常规"而已。金融理论，还是少讲吧……我觉得啊，我们这些商学院的科研人员可以稍微给自己松松绑，适当做一些反思，试着彰显一点个性，努力寻找更具影响力和普及度的表达方式，发出有别于学术期刊上枯燥的论文的声音。所以，我写了在卡多根酒店与全球重量级人物共进早餐的经

---

[1] 出自亨特·斯托克顿·汤普森的书《地狱天使》（*Hell's Angels*）。

[2] 表示参与者的思想和他们所参与的事态因为人类获得知识的局限性和认识上的偏见都不具有完全的独立性，二者之间不但相互作用，而且相互决定。

历，写了西克斯图斯的槌球游戏和商业天使，写了一个家族三代的奋斗史，写了这三代人如何影响并见证伦敦金融市场的变迁，以及我与他们短暂的交集。

证券交易所：这是什么外行话！你难道不应该一门心思往最好的核刊上发表文章吗？社会很残酷的。别再胡闹了，被人赶超可就麻烦了。想想各种排名吧。我只要一想到排名就热血沸腾。那些排名、高斯联结相依函数和净现值[1]都是我的一部分。但是，无论你怎么努力，你都不可能勾勒出我的全貌。

菲利普：这正是我要说的！我们确实试过解读你！而且我们对你的解读还影响到了整个世界！我真是受够了现在这种惨无人道、唯利是图的环境。真不知道该怎么办。也许汤普森博士是对的。"消灭野蛮人"作为墓志铭应该算贴切了。

证券交易所：停、停。你听我给你分析啊。我知道，汤普森博士把那段经历视为不愉快的旅程，认为它有时快而疯狂，有时慢而肮脏，总的来说，都很糟糕。然后呢，又能怎么样？把一切让你不悦的东西都毁掉吗？这种处理方式乍一听确实解气。不过，这样一来，你们就失业了，医院和学校都得关门，超市货架上也不再会有食物了。政府还得出手救助银行，但不仅仅是因为忧心其裙带势力。到时候，你们将迎来世界末日。没有现金，没有药品，没有面包。所以，离开我，你们会举步维艰。

菲利普：好大的口气，别吓唬人了……

---

[1] 指未来资金（现金）流入（收入）现值与未来资金（现金）流出（支出）现值的差额。

证券交易所：我还可以做其他事情。我是多面手，凡是你能想到的，我都可以做。你不要一看到我，就联想到"大手笔、不道德的金融交易"，想到像什克雷利[1]那样的骗子和哄抬价格者。我也从未喜欢过他们。我的团队里各种各样的人才都有。我们也是可以脚踏实地做实事的。

菲利普：比如？

证券交易所：我给你举个例子。你们每天做好饭后，都会仔细清洗各种塑料包装、纸板和金属罐，然后把它们放入回收箱。每个月，地方政府会来将其收走。当然，我承认，如果不是因为我2008年干了那些蠢事儿，现在的回收频率可能会更高。你们希望有人将这些垃圾分类处理后，重新将它们制成瓶子、衣服、易拉罐和轮胎等。要做到这一点，它们必须经由可回收材料市场流通。即使在那里，你们也会需要我。负责处理垃圾的不是别人，是我的伙伴史蒂夫（Steve）。不管怎样，你垃圾箱里的东西确实变成了商品，史蒂夫把它们转售给了那些愿意购买原材料来制造其他东西的人。这些商品庞杂又肮脏，就像旧时的芝加哥。史蒂夫就干过那些脏活，他经常需要把靴子上的粪便刮掉。不好意思，这听起来可能有点不适。说实话，他真的焦头烂额。一方面，他需要面对垃圾过剩的问题；另一方面，瓶子制造商却无法备齐足够的塑料库存进行回收利用。因为价格波动剧烈，企业无法进行长期规划，也无法扩大产能。交易是在场外进行的。他们彼此熟识，直接打电话就搞定了！这简直还停留在石器时代啊。

---

[1] 马丁·什克雷利（Martin Shkreli），美国图灵制药公司前总裁，曾把一种治疗艾滋病的药物价格提高了50倍。他因哄抬药价被称为"全美国最痛恨的人"。

菲利普：这意味着市场不透明，信息流通不畅？信息不对等导致价格低廉，只有最差的卖家才能生存下来。这并不是一个好现象。罗文大学可持续商业研究领域的教授乔丹•豪厄尔（Jordan Howell）认为，这将引发市场功能失调。

证券交易所：没错。确实是这样的！史蒂夫对此束手无策。

菲利普：我明白你的意思。豪厄尔和罗文大学两位研究金融学的同事乔丹·摩尔（Jordan Moore）教授和丹尼尔·福金斯廷（Daniel Folkinshteyn）教授正在做一个项目。该项目旨在探索回收领域衍生品市场的可能性。在这样的市场中，买方和卖方可以在未来某个时间以特定的价格进行产品交易。

证券交易所：没错！就像农民需要确保冬小麦即使丰收也不会跌价，磨坊主希望确保能以合理的价格买到小麦，即使庄稼歉收、价格飙升。回收业也可以参考由我这个金融市场制定的透明的价格进行交易。我会提供管理风险的技术服务。抱歉，史蒂夫，让一让，我们不需要你了。大量证据表明，稳定的期货价格有助于确保基础商品价格的透明度，因此学者们希望将这种成功的经验妥善地应用到回收市场。如果这一想法能实现，必将形成可应对全球重大挑战的、专业的技术性市场。拜托，你得承认这个主意不错。

菲利普：是的，确实不错。但这种做法不是万能的，光靠它并不能彻底解决问题。我们还需要通过立法来减少包装材料的使用，同时还要改进回收技术。不过，如果我们有了合适的法律制度和先进的技术，我们还要你干什么？

证券交易所：记住我的话，孩子，你们仍然需要各种各样的帮助。你了解过海洋吗？还好我不是海豚。我这么说，你明白了吗？

菲利普：我不信。再给我举个例子。

证券交易所：我擅长国家建设。就拿英国来说。如果没有我尽力为各种战争和殖民剥削买单，它永远不可能腾飞。有时候，我确实会对过去的所作所为感到内疚。比如，印度的铁路，马来亚的橡胶种植园。还有那20%的持续分红！那些都是不道德的。

菲利普：确实不道德。都怪你！

证券交易所：不是我的错。根本不是我的错。如果由着我来的话，这些项目早就完结了。但这些大胆又贪心的英国商人、士兵和官员嗅到了交易中的不平等关系和弱者的劣势地位，趁机榨取了长达百年的租金。

菲利普：但你是支点！这一切都是通过你进行的。而且，这听起来就很像你刚才所说的惨无人道的世界。

证券交易所：我只是个工具而已。枪能自己杀人吗？不会吧……

菲利普：省省吧，争论这些毫无意义！

证券交易所：好吧，你听我解释啊。其实，我也想弥补。英格兰各地时常抱怨伦敦把资本和投资都吸引走了，那为什么不建立地方交易所呢？19世纪，英国地方投资者支持地方企业，地方交易所蓬勃发展。苏格兰的市场遍布阿伯丁、邓迪、爱丁堡、格拉斯哥和格里诺克等地。1962年，整个英国有20家交易所，但监管机构以提高透明度和保护投资者利益为名积极推动合并，倡导理性发展。1964年，4所城市的交易所并入了苏格兰证券交易所，共同组成了一家名义上的综合组织。1971年，苏格兰证券交易所将所有的交易活动都集中到了格拉斯哥证券交易所大楼内进行。接着，1973年发生的事情，大家都记忆犹新。

菲利普：对某些人来说可能是这样的。是的，苏格兰证券交易所关闭了，业务转移到了伦敦。伦敦金融城资本集中度越来越高，通信技术大幅提升，其规模经济和效率令小型地方交易所望尘莫及。我知道，这些我都写了。人们脑海中还残留着关于旧交易所的记忆，地域经济归属感较强。为此，AIM创始人甚至亲自到访英国各地，努力在这些资本池与伦敦新市场之间建立联系。

证券交易所：多年来，苏格兰一直存在着独立的呼声。伴随着英国脱欧以及新冠肺炎疫情的爆发，这些呼声正式浮出水面。即使在那些不太热衷结束联合王国的人群中，我也能感受到一些更深层次的因素在推动局势变化。其中有对创新的渴望，也有对经济社会正义的追求，虽然这个愿望在英格兰似乎越来越遥不可及。投资者似乎更愿意将资本留在本地流动。

菲利普：可是……你身上还穿着英格兰足球队的球衣呢。你真的相信这一切？

证券交易所：坦白说，我确实不相信。而且我也不必认同每位服务对象的意见。处处退让并不能换来什么。或许，正如人们所说，现在是时候再次成立苏格兰证券交易所，打造全新的金融地域格局了。

菲利普：你继续说。

证券交易所：我听说过一些风险投资项目。其中一个看似前景极佳，没想到一开始就摇摇欲坠。有报道称，该项目的创始人兼CEO以"富豪阶层的消费力"挥霍了200万英镑的启动资金。现在已经换了新的管理层。关于其未来，让我们拭目以待吧。

菲利普：你难道不应该阻止此类事件的发生吗？詹森（Jensen）和梅克林（Meckling）引入代理理论、协调CEO和股东的利益，主要就是为了杜绝这类穷奢极侈的行为,希望不要再发生诸如CEO的肇事狗搭乘公司的飞机仓皇逃脱之类的闹剧。这些激励机制本应使公司做到精简和专注,没想到反倒引发了各种问题,从零工经济到环境破坏等层出不穷。所以,我一直都在责怪你。

证券交易所:这只能说明,你们人类善于充分利用机会。难道不是吗?我只是一面镜子,照出了你们最糟糕的那面。正如你曾说,我只是一项社会技术。不过,你这话到底是什么意思啊?

菲利普:科技研究早已证明,技术系统在发展过程中已将社会因素纳入其中。复杂的技术系统需要大量的组织性安排,因此仪式、常规和惯例等对这些系统的维护和运行都至关重要。即使你掌握了所有的算法,你也离不开这些社会因素。反之亦然。对于证券交易所来说,重要的不仅仅是挤满交易所大厅的那些人。大厅本身也很重要,所有的家具都不容小觑,桌椅板凳都有它各自的作用。

证券交易所:那我是个赛博格?

菲利普:不好意思,我认为是。史上的各种不公平现象已遍布你的体系,融入你的技术DNA中。理论上,代理理论本应是公正且合法合规的。没想到,它竟然也为一部分人保留了各种特权,而这通常会损害其他人的利益。明白了吧?

证券交易所:等一下,我还在适应我的新身份。我并不是每天都能意识到自己是半人半机器混合体。

菲利普:这还不是最糟糕的。还有一些事你尤为擅长。在这些事中,你扮演的角色就像清洁工。你接手了那些最脏、最棘手的活儿,比如剥削劳工、签订不公平合同,甚至实施奴隶制,然后还负责给它们洗白。你洗掉了这些恶行沾染的所有污垢,抹去了这些恶行承载的所有痛苦和不公，将其转化成了体面、可控的收入来源，可以切割、出售和流通，经手者都自认清白无辜。这实在让人无法原谅。

证券交易所：那难道不是你们人类的错吗？如果我就是你说的那样，是某种奇怪的人机混合体，由你们人类所有的历史、政治和技术因素促成，那你谴责我变成现在的样子，对我来说是不公平的。我只是你们人类的镜像。我似乎只是反映了你们最糟糕的一面。你们怎么不看看市场的魅力呢？在那些魅力之处，我自我感觉良好。但在那些方面，你们的意见也无法达成一致。你们中有一半的人在歌颂自由的魔力，认为市场交易造就了好公民；而另一半则在谈论僵尸和暗黑魔法。有时，在你们的眼里，我集善恶于一身：杰西·利弗莫尔就认为，我在旧金山地震的前一天对他发出了预警信号，他的话至少还算可信吧。

菲利普：这就是我们面临的问题。我们应该如何看待你？或者应该把你打造成什么？

证券交易所：波兰尼[1]怎么说的来着？市场、再分配、互惠。互惠原则在家庭经济模式下是可行的，但扩展至拥有多达60亿人口的世界肯定是行不通的。再分配，在我看来，也不靠谱。

菲利普：但是，在我看来，你就是在搞再分配啊。你这是劫贫济富。你的朋友都夸你平和友善，集资产阶级美德于一身。但在我的眼中，你处处暗藏暴行。冲突和争斗才是你赖以生存的土壤。

证券交易所：问题是，我自己也是做生意的。我的工作可不只是为了消遣。你要看供求关系，证券交易所也是企业，我们也在不断

---

[1] 卡尔·波兰尼（Karl Polanyi），匈牙利哲学家、政治经济学家。

调整供应的内容以适应市场的需求变化。如果有人认为全球金融市场似乎都是按照有效市场假说的基本原理组织起来的，那只能说明有效市场假说在交易服务市场上非常适用。如果有人认为我们现在似乎在瓦解民族国家的结构，那是因为民族国家的结构变化既体现了全球化趋势，也推动了全球化进程，民族国家本身也卷入了全球资本流动，与其息息相关。如果像你说的那样，我们交易所的本质就是攫取和破坏，那我们也只是热衷攫取和破坏的高度资本主义的反映。有人认为，在2008年信贷危机爆发前的几年里，我们就越来越多地关注自我。用你的话说，我们越来越偏向自我指涉。其实，这也只是反映了更广泛的转变罢了。价值来源从生产转向金融，人们从积极寻找事业发展机遇转为追求无风险租金。这就像你说的社会技术。

菲利普：强词夺理。再说了，我觉得你更像是因，而非果。

证券交易所：有些事情你真的不了解。你们这些学院派总以为销售是件很容易的事。我见过的所有MBA商业计划，无一例外都着眼于全球市场，以各种报告形式，声称只寻求占据1%的市场份额。这计划听起来多么保守啊！打个比方，我们计划生产出一款更优质的手提箱，设想10年后，世界上每100只手提箱中就有一只是我们生产的。说起来容易，但怎么实现呢？我们可以在商店里售卖，付费推广，在照片墙[1]上发动有影响力的人物宣传等。说起来容易，做起来难。

菲利普：但是，商界鼻祖彼得·德鲁克（Peter Drucker）[2]说过，真正的企业家不言风险，他们会挖掘机会，重新分配资源以创造更高

---

[1] 照片墙，简称ins或IG，一款运行在移动端上的社交应用。

[2] 现代管理学之父，其著作影响了数代追求创新以及最佳管理实践的学者和企业家们，各类商业管理课程也都深受其思想的影响。

的经济价值。

证券交易所：你这话什么意思？不到最后，怎么能下结论呢？当然，如果你成功了，你当然可以宣称增加了经济价值，但你不能预判啊。就拿亚马逊来说吧，它现在是世界上最大的公司之一。但它刚成立时，分析师们却都在争论它到底算什么。书店？互联网公司？是狗还是猫？[1]人们通常一上来就开始担心技术和系统问题：担心清算和结算等问题。看看Tradepoint，或者PLUS，他们就是这么做的，但均以失败告终。我通过向真正有需求的客户提供服务谋生。新成立的交易所只有在大量客户急切地盼着它开张营业时才会成功。AIM市场之所以成立，是因为伦敦证券交易所的客户纷纷转投其竞争对手，而这家竞争对手突然拥有了足以与交易所抗衡的实力。伦敦证券交易所被逼无奈才成立了AIM市场。这里所说的竞争对手就是约翰·詹金斯的Newstrack服务平台，也就是后来的OFEX平台。OFEX也是詹金斯为满足客户对交易平台的需求才设立的。

菲利普：我理解你得谋生。或许有更适合亚马逊的"捕鼠器策略"[2]，只不过当时正值互联网问世。但是如果没有客户，我们能怎么办呢？当然，总会存在一些潜在的客户，但我们该如何应对他们的固有思维呢？以回收业为例，交易商习惯通过电话与他们熟悉的客户进行交易，自行承担交易风险。你的朋友史蒂夫已经彻底解决了这些

---

[1] 指人们当时无法确定亚马逊到底是什么，无法将其简单地归类为某种已知的事物。

[2] 该说法源自一句英文谚语："If you build a better mousetrap, the world will beat a path to your door."意为：放置一个更具吸引力的诱饵，世界各地的机遇将纷至沓来。文中指亚马逊或许也能提供更适合的产品或服务来吸引客户。

问题,或者说基本解决了这些问题。但是,苏格兰的小型企业投资领域则倾向于将业务向伦敦倾斜,并形成了与此相配的强大的社会关系网、惯例与实践操作。

证券交易所:你一定要会讲故事。告诉你吧,故事的影响力远比你想象的要大。你可能会默认,伦敦市场在18世纪兴起,是为了分担国家债务,满足初创企业股东的要求。但我认为,如果没有与之相关的大量叙事,你所说的这种印象不可能会如此深入人心。所以,作家丹尼尔·笛福真的功不可没。他就是不停地用故事给人们洗脑,迫使读者相信那些故事,直到人们即使没有亲身经历、亲眼所见,也能习惯性地认可所读内容的真实性。

菲利普:没错。这点AIM市场的创始人似乎无师自通。他们成立AIM不是单凭预测分析。他们还进行了各种对话,形式不拘一格,有漫长的正式会谈、有轻松的午餐会,还有深夜畅聊。在谈话中,迸发出了关于新市场的新形式的意想不到的灵感。我猜测,AIM市场最终开放时,关于它的设想其实已经非常成熟了,这些设想是在无数次的谈话和交流中形成的,就像主人在房子尚未建成之前就已经对其了然于胸,甚至在浇筑地基之前就选好了家具。

证券交易所:在现代金融300年的历史中,专家、学者和小册子评论员都在努力描绘一个虚构的世界,为金融打造容身之处。你也是其中一员。

菲利普:也许吧。我记得,我所在的小型研究机构于2000年受托撰写了一份研究OFEX非凡商业成就的报告,OFEX在其五周年庆典上对外发布了这份报告。庆典上人山人海,我的很多同事和朋友都受到了詹金斯家族的盛情款待。约翰·詹金斯现场发表了演讲。他挥舞着那份报告，亲口讲述了市场成功经验，但说错了我们机构的名称。一家企业的CEO凑到我耳边，小声调侃道，"算了，你就算从这里扔个杯子过去，也不可能砸中他……"

证券交易所：不仅如此，你还写过一本书。一本关于我的书。在你的笔下，证券交易所无所不知，所向披靡，为所欲为、予取予求。你写的分明就是胜利者的历史。

菲利普：不是这样的！至少，我极力避免这么做了。我想传达的是中肯的观点，而非头脑发热的吹捧之词。那是刚左派的风格，不管是故事、传闻，还是人物。

证券交易所：啊哈！人物。确实，这不仅仅是技术和历史问题。坦白说，这些基于有效市场假说的交易所其实是耍了花招。这些交易所不遗余力地清除社会关系，声称这些关系阻碍了价格的形成。但我却总是深陷社会关系和声望名誉织成的庞大蛛网中。我属于社会性动物，这就是我。你应该知道，1987年10月黑色星期一之后，芝加哥交易所岌岌可危。损失太惨重了，就连大型银行为私人客户账户承保的清算系统都崩溃了。交易所主席利奥·梅拉梅德连夜打电话给多位银行高管，动用了所有的个人资本，交易所才得以顺利开盘。据说，在开市铃响起的前几分钟，他对一位客户经理说："威尔玛，缺了这区区几亿美元，商品交易所就彻底完蛋了，你觉得我会坐视不管吗？"他边说边走进了威尔玛的办公室，决定出资挽救交易所。非常仗义，这才是真朋友。

菲利普：区区几亿臭钱，好吧，哈！你的朋友对你真好。确实，市场的有效运作有时反而会依赖市场中的一些无效因素，而这些正是市场本身试图消除的因素。

证券交易所：也不尽然。AIM就决定不走寻常路，将社会关系放在了市场监管的核心位置。效果不错。

菲利普：只能说有一定的效果吧。目前，仍有一些剥削性企业在AIM上市。

证券交易所：当然。但这是我的错吗？需要改变的是人类！应该让人类了解自己的职责。探寻新的报道方式，使困境和痛苦找到表达的出口。让那些顾问在他们组织融资的矿井里亲自工作一天！有了这种经历，他们的判断力一定会提升。我仍然相信这套方法肯定有效。我知道你也认同，因为我看到你曾通过文字明确地表达过同样的看法。

菲利普：我无可辩驳。

证券交易所：最重要的是叙事。要大张旗鼓、大肆宣扬。最关键的是，要齐心协力为那些将要和交易所打交道的人量身打造市场叙事，让他们有身临其境的感觉。时机一到，他们自然会拆开箱子，打开香槟。

菲利普：好吧。但是，某些时候，你不得不放置"捕鼠器"。你们会用到交易系统和结算功能，需要电线、屏幕以及所有相关的技术设备。市场建设者在改善物理空间和改进技术设施方面从未懈怠过。随着时代的发展，芝加哥和伦敦的各种建筑也经历了多次变迁，以适应当时的大型市场。这些大楼都有宽敞的大厅，视野开阔，还配备了尖端的通信设施，为交易提供了支持和便利。就连地板覆盖材料，建筑师也会一丝不苟地权衡和选择。

证券交易所：确实如此。我喜欢大理石地板，但交易商充耳不闻。我太不容易了。

菲利普：新的电子市场是由技术专家推动创建的，他们在努力探索市场运作的新方式，遵循的是工程师的审美，而非经纪人的审美。这些结构与政治相关。市场上有电子订单簿，也有做市商提供买卖价格。在这些结构背后，存在着两种对立的社会秩序和道德规范：效率与干预，价格透明与个人信息透明。

　　证券交易所：所以，如果你有一双慧眼，你就会发现市场中是存在道德的！千万不要因噎废食。我承认，如果人们按照对市场组织的主流认知开展经济活动，交易方式必然会越来越趋向于电子化，买卖双方会相互匿名，解决方案会更注重速度和效率。这是一个逻辑问题。你真的想要更多的光速交易员吗？那会导致市场不够开放：创建这样一个系统所需的机器非常昂贵。PLUS将数千万股东的资金投入一个能够与伦敦证券交易所抗衡的系统，CEO称该系统如同一张庞大的蛛网，集订单、价格、结算、报告和监管于一体。

　　菲利普：我猜，你应该也可以直接买入一套这样的系统。比如，请另一家交易所以你初创公司的名义提供技术服务。证券交易所的创建者通常都会这么做。

　　证券交易所：Tradepoint就是这么做的，PLUS也是从外部供应商那里购买了其交易系统。但你永远无法在伦敦证券交易所的地盘上打败它。所以何必费心呢？无论是价格、效率，还是可靠性，你都不能与这家全球巨头抗衡。戴好你商学院的帽子，少一些刚左风，多一些五力分析[1]。你需要设立一个利基市场[2]。看看回收业期货市场。它旨在为大型组织和他们的长期规划提供稳定的参考价格。它把风险从回收公司转移到那些风险管理者手中,让回收商承担垃圾管理的重要工作。史蒂夫将不得不提高自身的水平。他需要一些专业的投机者,这些投机者使用的工具必须适合法玛市场。他需要考虑透明的价格和其他相关因素,建立一个类似于法玛市场的体系,其中参与者是匿名的。

菲利普:但推行匿名交易是市场面临的最大障碍!回收者习惯通过电话或电子邮件与他们信任的熟人进行场外交易。

证券交易所:是的。他们也习惯了自行承担与垃圾相关的风险,不敢轻易做出改变,担心会触碰到潘多拉魔盒的开关。这种情况下不能完全按照法玛理论去解读市场。史蒂夫应付不来,我得亲自接手。除此之外,还有别的问题。

菲利普:继续讲下去,无所不知的市场。详细说说。

证券交易所:虽然有很多证据表明,有效的期货市场有助于确定基础商品的价格,但期货市场首先需要设定基础价格。但是现在没有这个基础价格!有人建议成立一个行业委员会,发布类似伦敦同业拆借利率(LIBOR)的数据,来确定价格。你可以为回收行业设立类似的机构,让这些场外交易商每天估计价格,然后广泛地发布价格。

---

[1] 五力分析模型由迈克尔·波特(Michael Porter)于20世纪80年代初提出,用于竞争战略的分析,可以有效地分析客户的竞争环境。五力分别是:供应商的讨价还价能力、购买者的讨价还价能力、潜在竞争者进入的能力、替代品的替代能力、行业内竞争者现在的竞争能力。

[2] 指"小众市场",针对的是被忽略或细分的数量较小的客户群,这部分市场虽然规模不大,但传统营销无法满足此类需求,因此蕴含丰富的市场机遇。

菲利普：如果只是业内价格不稳，也许你根本不需要复杂的法玛市场。你只需要通过健全的组织规章制度、社交体系、白板和电话就可以解决这个问题。你真的需要完整的订单簿和结算中心来解决这个问题吗？你说服现在的交易商基于业内公布的价格提供合同不就可以了吗？当然，你首先得确定你真的需要价格。

证券交易所：我赞同你的说法。我那么说确实有点置身事外了，主要是我觉得你们根本不需要我。良好的监管制度和组织结构确实是正确的解决方案。应该帮助史蒂夫重整旗鼓。失败的市场需要由知情人士从内部进行整顿。按照你们学院派的那些理论，似乎只需要从外部添加一个市场，所有问题就迎刃而解了。但实际情况要复杂得多。

菲利普：再次成立苏格兰证券交易所怎么样？刚才你也提过这个方案。如果他们在价格、速度或技术方面没有竞争优势，他们应该怎么办？

证券交易所：试都不要试。他们应该因地制宜建立一个不同类型的市场。他们想要为苏格兰的企业筹集资金，兼顾社会影响和环境保护，保持资本在本地流动，建立有效的二板市场，这样投资者就能以合理的价格出售股份，将资金投入新的创业项目。

菲利普：这市场听起来交易量不大，而且还断断续续的。有什么成功的案例可供借鉴吗？

证券交易所：有啊，西克斯图斯和他的杂志就是啊。还有，约翰和保罗在只有一张沙发的房间里，拿着记事本，守着电话也做成了呀。

菲利普：真的吗？你在开玩笑吧。

证券交易所：当然，如今的交易市场肯定拥有更先进的科技设备和技术应用。我想表达的是，我并非一成不变。你想让我变成什么样，我就可以变成什么样。投资者和企业选择我，是因为他们位于苏格兰且经验不足。如果他们更在乎削减佣金或从伦敦攫取更多的资本，他们肯定不会选择我。不管你的诉求是什么，你都可以为自己量身打造一个平台。但是，如果你花费1000万英镑的创业成本，试图在全球巨头所擅长的领域攻击他们，你必然颗粒无收。所以，你想要这样吗？

菲利普：媒介很重要。虽然马歇尔·麦克卢汉（Marshall McLuhan）[1]从未说过"媒介就是问题所在"，但实际上媒介确实非常重要。社会环境和物质条件会限定我们的社会实践活动，正因为如此，在选择平台体系时，我们一定要深思熟虑。

证券交易所：哈哈，有意思。

菲利普：参考历史，我们就可以判断，苏格兰证券交易所如能有效运作，那绝不会是那些勇于打破常规、具有外来视角的企业家努力的成果，尽管他们遵守普遍适用的金融规则并试图将其应用在本地市场；而会是本地金融人士的杰作，他们不断丰富叙事内容，一点点扩大愿景，逐步推出更多的金融产品和服务，直到有一天，他们可能会忽然意识到，他们已经不知不觉创建了一家证券交易所。

证券交易所：对。我也这么认为。它是世界上的另一个我，比我更好。

菲利普：［叹了口气］做什么事都不容易啊，对吧？我刚开始做这件事时，满心以为会找到一张证券交易所的蓝图，一种柏拉图式

---

[1] 20世纪原创媒介理论家、思想家，认为"媒介即讯息"。

的理想模板，供我参考利用，供任何人添砖加瓦、拯救世界。我以为创建证券交易所和造车一样，只需要按照预先画好的设计图来建造就行。事实证明，那些设计图和证券交易所本身一样，更像历史文物。你说过，我们想让你变成什么样，你就可以变成什么样，而你只是我们人类的镜像。如果真的如你所说，那事情就更难办了。根本没有捷径可走。为将世界打造成我们憧憬中的模样，我们必须积极、谨慎地做出决策。

证券交易所：不管怎样，你还是完成了这项任务。你怎么看待这段经历？总的来说，也是糟糕的吗？

菲利普：时好时坏。没有达到预期目的。也许这就是常态吧。

证券交易所：你好像没有正面回答我的问题。

菲利普：也许吧，我也不知道该怎么说。

证券交易所：好了，你的任务完成了。你的故事会改变人们的既有认知，照亮一些阴暗的角落。你要明白，有些事不是个人能左右的。

菲利普：有道理。

证券交易所：来，好好喝杯茶吧。

致谢

本书写于特殊时期，起先是全球封控，继而又是战乱和危机。写书本就不易，在这种情况下更是难上加难。因此，成书之际的感激之情也就愈发深切。下面提及的都是我要感谢的人，有几位甚至从未谋面，但我却从他们那里获得了超出预期的帮助。

首先要感谢的是布里斯托尔大学出版社的编辑保罗·史蒂文斯（Paul Stevens）。没有他的鼓励和支持，就不会有这本书的问世。衷心感谢他和他的同事们，特别是凯瑟琳·金（Kathryn King）、乔治娜·博尔维尔（Georgina Bolwell）、露丝·华莱士（Ruth Wallace）和艾玛·库克（Emma Cook）一直以来的帮助。肖娜·罗素（Shona Russell）和弗朗索瓦·雷吉斯·普尤（François Régis Puyou）通读了整本书的初稿后慷慨地提出了宝贵的建议，出版社的一些匿名读者也提出了很好的建议，这些建议让我受益匪浅。我还要感谢我在圣安德鲁斯大学的同事和朋友，是他们为我这个研究项目的开展提供了坚实的后盾。

这本书最初是以播客的形式呈现，艰辛程度远超预期，但我有幸得到了很多学者和同事的支持，其中特别要感谢的有苏西·盖格（Susi Geiger）、胡安·巴勃罗·帕尔多—格拉、安德里亚·拉格纳（Andrea Lagna）、尤瓦尔·米洛（Yuval Millo）、丹尼尔·伯恩扎（Daniel Beunza）、托比·贝内特（Toby Bennett）和克里斯蒂安·邦多·汉森（Kristian Bondo Hansen）。通过海蒂·摩尔（Heidi Moore）和阿迪提亚·查克拉博蒂（Aditya Chakrabortty）的帮助，这档播客在推特上获得了更多的关注。我想对所有的推特粉丝说：如果没有你们的好心评论和热情转发，我可能早已放弃了这个项目。

在此，我还要感谢JCE[1]杂志的同事们给予我的支持和鼓励，其中尤其要感谢的是利兹·麦克福尔（Liz McFall）、卡罗琳·哈丁（Carolyn Harding）、泰勒·尼尔姆斯（Taylor Nelms）和何塞·奥桑顿（Jose Ossandon）。愿WhatsApp群组能一直保持热烈的互动！这本书的书名[2]是克里斯·韦尔比洛夫（Chris Wellbelove）取的，名字虽为"如何……"，但实际上，书中对"如何……"只字未提，多少有点不走寻常路啊。谢谢你！

本书的叙事中心为伦敦证券交易所的历史变迁，涉及的交易所主要面向小型企业。该研究项目得到了勒伍豪信托基金会的慷慨支持。感谢勒伍豪信托基金会，同时也感谢我的受访者，他们为这个项目投入了大量的时间，分享了自己的回忆，提供了珍贵的文件和照片。尤其要感谢我的朋友大卫·科夫曼（David Coffman），是他带我进入了这个领域。还要感谢詹金斯（Jenkins）一家，如果没有他们的支持，

---

[1] 全称为Journal of Cultural Economy（参考译名《文化经济学杂志》）。
[2] 此处指英文原版书书名 How to Build a Stock Exchange。

这个项目永远不可能成功。

感谢你们所有人！感谢前辈学者们的托举！如有错误和疏漏之处，责任全部在我。

参考文献

Anbleyth-Evans, J. and Gilbert, P. R. (2020) 'The oxygenation of extraction and future global ecological democracy: The City of London, the alternative investment market and oil in frontiers in Africa', *ACME: An International Journal for Critical Geographies*, 19(2): 567–99.

Appleyard, B. (1986) 'A year after the Big Bang', *The Times*, 19–21 October.

Arcot, S., Black, J. and Owen, G. (2007) *From Local to Global: The Rise of AIM as a Stock Market for Growing Companies: A Comprehensive Report Analysing the Growth of AIM*, London: London School of Economics and Political Science.

Arrighi, G. (1994) *The Long Twentieth Century: Money, Power, and the Origins of Our Times*, London: Verso.

Attard, B. (1994) 'The jobbers of the London Stock Exchange: An oral history', *Oral History*, 22(1): 43–8.

Attard, B. (2013) 'The London Stock Exchange and the colonial market: The City, internationalization and power', in C. Dejung and N. P. Petersson (eds) *The Foundations of Worldwide Economic Integration: Power, Institutions, and Global Markets, 1850– 1930*, Cambridge: Cambridge University Press, Chapter 5 pp.89– 111

Baker, W.E. (1984) 'The social structure of a national securities market',

American Journal of Sociology, 89(4): 775–811.

Bailey, A (2017) 'The future of LIBOR', Financial Conduct Authority, 27 July, www.fca.org.uk/news/speeches/the-future-of-libor [accessed 24 November 2021].

Barbrook, R. and Cameron, A. (1996) 'The Californian ideology', *Science as Culture*, 6(1): 44–72.

Baucom, I. (2005) *Specters of the Atlantic: Finance Capital, Slavery, and the Philosophy of History*, Durham, NC: Duke University Press.

BBC News (2011) 'Father and sons boiler room scam sent to prison', 22 August, www.bbc.co.uk/news/business-14623571 [accessed 15 August 2022].

Bear, L. (2020) 'Speculations on infrastructure: From colonial public works to a post-colonial global asset class on the Indian railways 1840–2017', *Economy and Society*, 49(1): 45–70.

Beck, R., Bruntje, D., Dardour, A., Gajda, O., Marom, D. and Pais, I. et al (2016) 'Introduction', in D. Bruntjeand O. Gaida (eds) *Crowdfunding in Europe: State of the Art in Theory and Practice*, Cham: Springer, pp 1–7.

Beckert, J. (2013) 'Imagined futures: Fictional expectations in the economy', *Theory and Society*, 42(3): 219–40.

Benke, G. (2018) 'Humor and heuristics: Culture, genre, and economic thought in the big short', *Journal of Cultural Economy*, 11(4): 303–14.

Beunza, D (2019) *Taking the Floor: Models, Morals, and Management in a Wall Street Trading Room*, Princeton, NJ: Princeton University Press.

Beunza, D. and Garud, R. (2007) 'Calculators, lemmings or frame-makers? The intermediary role of securities analysts', *The Sociological Review*, 55(2): 13–39.

Beunza, D. and Stark, D. (2004) 'Tools of the trade: The socio-technology of arbitrage in a Wall Street trading room', *Industrial and Corporate Change*, 13(2): 369–400.

Beunza, D., MacKenzie, D., Millo, Y. and Pardo-Guerra, J.P. (2012)

Impersonal Efficiency and the Dangers of a Fully Automated Securities Exchange, Government Office for Science Foresight Driver Review, DR11.

Bondo Hansen, K. (2020) 'The virtue of simplicity: On machine learning models in algorithmic trading', *Big Data & Society*, 7(1), https://doi.org/10.1177/2053951720926558

Borch, C. (2020) 'Ten years after the flash crash, we still need to make algorithmic trading less risky. Can culture save the day?', *Socializing Finance*, 6 May, https://socfinance.wordpress.com/2020/05/06/ten-years-after-the- flash-crash-we-still-need-to-make-algorithmic-trading-less-risky-can-cult ure-save-the-day [accessed 22 August 2022].

Borch, C., Hansen, K.B. and Lange, A.-C. (2015) 'Markets, bodies, and rhythms: A rhythmanalysis of financial markets from open-outcry trading to high-frequency trading', *Environment and Planning D: Society and Space*, 33(6): 1080–97.

Brassett, J. and Heine, F. (2020) ' "Men behaving badly"? Representations of masculinity in post-global financial crisis cinema', *International Feminist Journal of Politics*, 23(5): 763–84.

Brierley, D. (1988a) 'DTI takes flak over Harvard', *The Sunday Times*, 10 July.

Brierley, D. (1988b) 'Harvard dealers turn to minister', *The Sunday Times*, 18 September.

Brierley, D. (1988c) 'The quest for approval that sank Harvard', *The Sunday Times*, 2 October.

Bridgland, F. (2000) 'Mugabe seeks hard cash from "blood diamonds"', *The Sunday Herald*, 11 June, p 15.

Buckland, R. and Davis, E.W. (1989) *The Unlisted Securities Market*, Oxford: Clarendon Press.

Burrough, B. and Helyar, J. (2010) *Barbarians at the Gate: The Fall of RJR Nabisco*, New York: Random House.

Business Wire (2000) 'Oryx Diamonds Ltd to be Listed on London Stock

Exchange', 6 June.

Carruthers, B.G. and Stinchcombe, A.L. (1999) 'The social structure of liquidity: Flexibility, markets and states', *Theory and Society*, 28: 353–82.

Carter, C.A., Rausser, G.C. and Smith, A. (2011) 'Commodity booms and busts', *Annual Review of Resource Economics*, 3: 87–118.

Chandler, G. (1953) *William Roscoe of Liverpool*, London: B.T. Batsford Ltd.

Chen, Y.-H. and Roscoe, P. (2018) 'Practices and meanings of non-professional stock-trading in Taiwan: A case of relational work', *Economy and Society*, 46(3–4): 576–600.

Chiapello, E. (2013) 'Capitalism and its criticisms', in P. Du Gay and G. Morgan (eds) *New Spirits of Capitalism?*, Oxford: Oxford University Press, pp 60–81.

Chong, K. (2017) *Best Practice: Management Consulting and the Ethics of Financialization in China*, Durham, NC: Duke University Press.

Christophers, B. (2022) 'The rentierization of the United Kingdom economy', *Environment and Planning A: Economy and Space*, https://doi.org/10.1177/0308518X19873007

Cisco (1993a) *Newsletter*, February.

Cisco (1993b) *Newsletter*, April.

Clemons, E.K. and Weber, B.W. (1990) 'London'sBig Bang: A case study of information technology, competitive impact, and organizational change', *Journal of Management Information Systems*, 6(4): 41–60.

Clune, M. (2014) 'Beyond realism', in A. Shonkwiler and L.C. La Berge (eds) *Reading Capitalist Realism*, Iowa City, IA: University of Iowa Press, pp 195–212.

Cornish, C. (2017) 'Winterflood', *Financial Times*, 30 April.

Cowell, A. (2000) 'African Diamond concern to sell shares in London', *The New York Times*, 26 May, p C2.

Coyle, D. (2000) 'Following the tracks of the new economy', *The

Independent, 25 April, p 14.

Crosthwaite, P. (2019) *The Market Logics of Contemporary Fiction*, Cambridge: Cambridge University Press.

Daily Mail Online (2018) 'Duchess of Cornwall'saristocratic cousin "claimed housing benefit under Brad Pitt's Fight Club character's name Tyler Durden and duped Highland walkers into thinking he was a doctor as he charged them for refreshments"', 16 January, www.dailymail.co.uk/news/article-5275083/Camillas-aristocratic-cousin-claimed-housing-benefit.html [accessed 19 August 2022].

Davis, G.F. and Kim, S. (2015) 'Financialization of the economy', *Annual Review of Sociology*, 41(1): 203–21.

De Bondt, W. (1998) 'A portrait of the individual investor',*European Economic Review*, 42: 831–44.

De Goede, M. (2005) *Virtue, Fortune and Faith: A Genealogy of Finance*, Minneapolis, MN: University of Minnesota Press.

De Goede, M. (2020) 'Engagement all the way down', *Critical Studies on Security*, 8(2): 101–15.

De Long, J., Shleifer, A. and Waldman, R. (1990) 'Positive feedback investment strategies and destabilising rational speculation', *Journal of Finance*, 45(2): 379–95.

Drucker, P. (1999) *Innovation and Entrepreneurship*, Oxford: Butterworth.

Dymski, G., Hernandez, J. and Mohanty, L. (2013) 'Race, gender, power, and the US subprime mortgage and foreclosure crisis: A meso analysis', *Feminist Economics*, 19(3): 124–51.

Eadie, A. (1986) 'OTC dealers plan exchange to rival SE's third market', *The Times*, 13 August.

Essick, K. (2001) 'Guns, money and cell phones', *Global Issues*, 11 June, www.globalissues.org/article/442/guns-money-and-cell-phones [accessed 22 August 2022].

Fama, E. (1970) 'Efficient capital markets: A review of theory and empirical work', *Journal of Finance*, 25(2): 383–417.

Fisher, M. (2009) *Capitalist Realism*, Ropley: Zero Books.

Fletcher, S. (2016) *Roscoe and Italy: The Reception of Italian Renaissance History and Culture in the Eighteenth and Nineteenth Centuries*, Abingdon: Routledge. Foley, S. (2004) 'Spiralling losses spell crisis for OFEX', *The Independent*, Business, 30 September, p 46.

Forsyth, F. (1996 [1974]) *The Dogs of War*, London: Arrow.

Frank, J. (2000) 'A question of ethics', *Accountancy Age*, 22 June.

Geiger, S. (2019) 'Silicon valley, disruption, and the end of uncertainty', *Journal of Cultural Economy*, 13(2): 169–84.

Gerakos, J., Lang, M. and Maffett, M. (2013) 'Post-listing performance and private sector regulation: The experience of London's Alternative Investment Market', *Journal of Accounting and Economics*, 56(2–3), Supplement 1: 189–215.

Gilbert, P.R. (2020) 'Speculating on sovereignty: "Money mining" and corporate foreign policy at the extractive industry frontier', *Economy and Society*, 49(1): 16–44.

Gribben, R. (2012) 'The City 60 years ago: Bowler hats, financial feudalism and no brown shoes or Big Bang', *The Daily Telegraph*, 3 June, www. telegr aph.co.uk/finance/newsbysector/banksandfinance/9308913/The-City-60-years-ago-bowler-hats-financial-feudalism-and-no-brown-shoes-or- Big-Bang.html [accessed 5 October 2022].

Grieg, C. (2019) 'Scottish stock exchange: "Jet-set life" of boss Tomas Carruthers', *The Times*, 23 November, www.thetimes.co.uk/article/ scottish-stock-exchange-jet-set-life-of-boss-tomas-carruthers-j2skf9wsq [accessed 22 August 2022].

Haiven, M. (2011) 'Finance as capital's imagination? Reimagining value and culture in an age of fictitious capital and crisis', *Social Text*, 29(3): 93–124.

Hall, S. (2009) 'Financialised elites and the changing nature of finance capitalism: Investment bankers in London'sfinancial district', *Competition &*

Change, 13(2): 173–89.

Hamilton, V. and Parker, M. (2016) *Daniel Defoe and the Bank of England: The Dark Arts of Projectors*, Ropley: Zero Books.

Hardie, I. and MacKenzie, D. (2007) 'Assembling an economic actor: The agencement of a hedge fund', *The Sociological Review*, 55(1): 57–80.

Harrington, B. (2007) 'Capital and community: Findings from the American investment craze of the 1990s', *Economic Sociology, European Electronic Newsletter*, 8(3): 19–25.

Harrington, B. (2008) *Pop Finance: Investment Clubs and the New Investor Popularism*, Princeton, NJ: Princeton University Press.

Hayes, A. (2021) 'The active construction of passive investors: Roboadvisors and algorithmic "low-finance"', *Socio-Economic Review*, 19(1): 83–110.

Hennessy, E. (2001) *Coffee House to Cyber Market: 200 years of the London Stock Exchange*, London: Ebury Press.

Ho, K. (2009) *Liquidated: An Ethnography of Wall Street*, Durham, NC: Duke University Press.

Hochfelder, D. (2006) ' "Where the common people could speculate": The ticker, bucket shops, and the origins of popular participation in financial markets, 1880–1920', *Journal of American History*, 93: 335–58.

Hutchins, E. (1995) *Cognition in the Wild*, Cambridge, MA: TheMIT Press. *Investors Chronicle* (1992) 'USM closure', Business Notebook, 23 December. Jameson, F. (1997) 'Culture and finance capital', *Critical Inquiry*, 24(1): 246–65. Jegadeesh, N. and Titman, S. (2001) 'Profitability of momentum strategies', *Journal of Finance*, 56: 699–720.

Jensen, M. and Meckling, W. (1976) 'Theory of the firm: Managerial behaviour, agency costs, and ownership structure', *Journal of Financial Economics*, 3: 305–60.

Jensen, M. and Murphy, K. (1990) 'CEO incentives – it's not how much you pay, but how', *Harvard Business Review* (May–June): 138–53.

Judge, B. (2020) '27 October 1986: The City'sBig Bang', *Money Week*, 27

October, https://moneyweek.com/353587/27-october-1986-the-citys- big-bang [accessed 13 October 2021].

Kantor, J and Streitfeld, D. (2015) 'Inside Amazon: Wrestling big ideas in a bruising workplace', *The New York Times*, 15 August, www.nytimes.com/2015/08/16/technology/inside-amazon-wrestling-big-ideas-in-a-bruis ing-workplace.html [accessed 4 March 2022].

Kaur, A. (2014) 'Plantation systems, labour regimes and the state in Malaysia, 1900–2012', *Journal of Agrarian Change*, 14(2): 190–213.

Kay, W. (1993) 'Profile: Enter the man from the Pru', *The Independent*, 14 November, Business p 8.

Kish, Z. and Leroy, J. (2015) 'Bonded life', *Cultural Studies*, 29(5–6): 630–51.

Klinger, P. (2004) 'Shares in Ofex dive as it fights imminent collapse', *The Times*, Business, 30 September, p 53.

Knight, P. (2013) 'Reading the ticker tape in the late nineteenth century American market', *Journal of Cultural Economy*, 6(1): 45–62.

Knorr Cetina, K. (1999) *Epistemic Cultures: How the Sciences Make Knowledge*, Cambridge, MA: Harvard University Press.

Knorr Cetina, K. and Bruegger, U. (2000) 'The market as an object of attachment: Exploring postsocial relations in financial markets', *Canadian Journal of Sociology*, 25(2): 141–68.

Krippner, G. (2001) 'The elusive market: Embeddedness and the paradigm of economic sociology', *Theory and Society*, 30(6): 775–810.

La Berge, L.C. (2015) *Scandals and Abstraction: Financial Fiction of the Long 1980s*, Oxford: Oxford University Press.

Lamont, D. (2020) 'Causes and consequences of the dramatic changes in ownership of the UK stock market in the past 55 years', *Schroders, In Focus*, November, https://prod.schroders.com/en/sysglobalassets/digital/insights/2020/november/global-britain/2020-november-stock-market-ownership.pdf [accessed 5 October 2022].

Langley, P. (2016) 'Crowdfunding in the United Kingdom: A cultural economy', *Economic Geography*, 92(3): 301–21.

Latour, B. (1999) *Pandora's Hope: An Essay on the Reality of Science Studies*, Cambridge, MA: Harvard University Press.

Latour, B. (2007) *Reassembling the Social: An Introduction to Actor-Network- Theory*, Oxford: Oxford University Press.

Latour, B. (2017) *Facing Gaia: Eight Lectures on the New Climatic Regime*, Cambridge: Polity Press.

Lefèvre, E. (1993) *Reminiscences of a Stock Operator*, Chichester: John Wiley & Sons.

Leonard, C. (1989) 'Wilmot'sold banger; City Diary', *The Times*, 12 January.

Levy, J.I. (2006) 'Contemplating delivery: Futures trading and the problem of commodity exchange in the United States, 1875– 1905', *The American Historical Review*, 111(2): 307–35.

Lewis, M. (1989) *Liar's Poker*, London: Coronet.

Lilley, S. and Lightfoot, G. (2006) 'Trading narratives', *Organization*, 13(3): 369–91.

London Stock Exchange plc (2000) 'Third response to OMX's offer', October. MacIntyre, A. (1981) *After Virtue: A Study in Moral Theory*, London: Duckworth.

MacKenzie, D. (2006) *An Engine, not a Camera: How Financial Models Shape Markets*, Cambridge, MA: The MIT Press.

MacKenzie, D. (2009) *Material Markets: How Economic Agents Are Constructed*, Oxford: Oxford University Press.

MacKenzie, D. (2011) 'The credit crisis as a problem in the sociology of knowledge', *American Journal of Sociology*, 116(6): 1778–841.

MacKenzie, D. (2015) 'Mechanizing the Merc: The Chicago Mercantile Exchange and the rise of high-frequency trading', *Technology and Culture*, 56(3): 646–75.

MacKenzie, D. (2017) 'A material political economy: Automated trading desk and price prediction in high-frequency trading', *Social Studies of Science*, 47(2): 172–94.

MacKenzie, D. (2018) ' "Making", "taking" and the material political economy of algorithmic trading', *Economy and Society*, 47(4): 501–23.

MacKenzie, D. and Millo, Y. (2003) 'Constructing a market, performing theory: The historical sociology of a financial derivatives exchange', *American Journal of Sociology*, 109(1): 107–45.

MacKenzie, D. and Pardo-Guerra, J.P. (2014) 'Insurgent capitalism: Island, bricolage and there-making of finance', *Economy and Society*, 43(2): 153–82.

MacKenzie, D. and Spears, T. (2014) ' "The formula that killed Wall Street": The Gaussian copula and modelling practices in investment banking', *Social Studies of Science*, 44(3): 393–417.

Mellor, M. (2019) *Money: Myths, Truths and Alternatives*, Bristol: Policy Press.

Mendoza, J.M. (2008) 'Securities regulation in low-tier listing venues: The rise of the Alternative Investment Market', *Fordham Journal of Corporate & Financial Law*, 13: 257–328.

Michie, R.C. (2001) *The London Stock Exchange: A History*, Oxford: Oxford University Press.

Mining Journal, The (2000) 'Petra's DRC deal takes shape', 26 May, p 418.

Mirowski, P. (1981) 'The rise (and retreat) of a market: English joint stock shares in the eighteenth century', *The Journal of Economic History*, 41(3): 559–77.

Monbiot, G. (2022) 'Britain faces crisis upon crisis, and our leaders are absent. This is how a country falls apart', *The Guardian*', 10 August, www.theguardian.com/commentisfree/2022/aug/10/crisis-britain-leaders-inflation-energy-wages-conservative [accessed 18 August 2022].

Morrison, C. (2015) 'How Winterflood's founder went from Freemason to gangster', *CityAM*, 15 October, www.cityam.com/226688/how- thewinterflood-founder-went-from-freemason-to-gangster [accessed 5 October 2022].

Muniesa, F. (2021) 'Finance: Cultural or political?', *Journal of Cultural Economy*, https://doi.org/10.1080/17530350.2021.1927151

Murphy, A. (2009) *The Origins of English Financial Markets*, Cambridge: Cambridge University Press.

Murphy, A. (2017) 'Building trust in the financial market', *Critical Finance Studies Conference*, Leicester: University of Leicester, 3–5 August.

Murphy, A. (2019) ' "We have been ruined by whores": Perceptions of female involvement in the South Sea Scheme', in C. Stefano and M. Daniel (eds) *Boom, Bust, and Beyond: New Perspectives on the 1720 Stock Market Bubble*, Oldenbourg: De Gruyter, pp 261–84.

Nelms, T.C. (2012) 'The zombie bank and the magic of finance', *Journal of Cultural Economy*, 5(2): 231–46.

Nielsson, U. (2013) 'Do less regulated markets attract lower quality firms? Evidence from the London AIM market', *Journal of Financial Intermediation*, 22(3): 335–52.

Nordström, K.A. and Ridderstråle, J. (2002) *Funky Business: Talent makes Capital Dance*, Pearson Education.

Norris, F. (1994 [1902]) *The Pit: A Story of Chicago*, London: Penguin Twentieth Century Classics. OFEX plc (2005) 'Interim statement', 6 September.

Pain, D. (2004) 'No pain, no gain: I've changed my mind about OFEX. I may even buy shares', *The Independent*, Features, 10 January, p 5.

Pardo-Guerra, J.P. (2010) 'Creating flows of interpersonal bits: The automation of the London Stock Exchange, c. 1955–90', *Economy and Society*, 39(1): 84–109.

Pardo-Guerra, J.P. (2019) *Automating Finance: Infrastructures, Engineers, and the Making of Electronic Markets*, Oxford: Oxford University Press.

Pardo-Guerra, J.P. (2022) *The Quantified Scholar: How Research*

Evaluations Transformed the British Social Sciences, New York, NY: Columbia University Press.

Parker, G. and Barker, A. (2010) 'Cameron closer to No 10 after 'very positive' talks with Clegg' *Financial Times*, 10 May, p 1.

Pickering, A. (1992) *Science as Practice and Culture*, Chicago, IL: University of Chicago Press.

Piketty, T. (2017) *Capital in the Twenty-First Century*, Cambridge, MA: Harvard University Press.

Poitras, G. (2009) 'From Antwerp to Chicago: The history of exchange traded derivative security contracts', *Revue d'Histoire des Sciences Humaines*, 1(20): 11–50.

Poon, M. (2007) 'Scorecards as devices for consumer credit: The case of Fair, Isaac & Company incorporated', *The Sociological Review*, 55(s2): 284–306. Poon, M. (2009) 'From new deal institutions to capital markets: Commercial consumer risk scores and the making of subprime mortgage finance', *Accounting Organizations and Society*, 34(5): 654–74.

Poovey, M. (2008) *Genres of the Credit Economy*, Chicago, IL: University of Chicago Press.

Porter, A., Winnett, R. and Kirkup, J. (2010) 'Hung parliament: Clegg and Cameron "close to agreeing economic deal"', *The Telegraph*, 9 May https://www.telegraph.co.uk/news/election-2010/7702768/Hung-parliament-Clegg-and-Cameron-close-to-agreeing-economic-deal.html [accessed 03/11/22]

Poser, N.S. (1988) 'Big Bang and the financial services act seen through an American's eyes', *Brooklyn Journal of International Law*, 14(2): 317–38.

Posner, E. (2009) *The Origins of Europe's New Stock Markets*, Cambridge, MA: Harvard University Press.

Preda, A. (2001a) 'In the enchanted grove: Financial conversations and the marketplace in England and France in the eighteenth century', *Journal of Historical Sociology*, 14(3): 276–89.

Preda, A. (2001b) 'The rise of the popular investor: Financial knowledge and investing in England and France 1840– 1880', *Sociological Quarterly*, 42(2): 205–30.

Preda, A. (2006) 'Socio-technical agency in financial markets: The case of the stock ticker', *Social Studies of Science*, 36(5): 753–82.

Preda, A. (2009) *Framing Finance: The Boundaries of Markets and Modern Capitalism*, Chicago, IL: University of Chicago Press.

Prügl, E. (2016) 'Lehman brothers and sisters', in A. Hozic andJ. True (eds) *Scandalous Economics*, Oxford: Oxford University Press, pp 21–40.

Rentoul, J. (2018) 'What if Nick Clegg had gone into coalition with Labour, not the Tories, in 2010?' *Independent*, 13 November, www.independent.co.uk/news/long_reads/nick-clegg-coalition-lib-dems-2010-labour-gor don-brown-conservative-david-cameron-a8586046.html [accessed 18 August 2022].

Roscoe, H. (1831) *Reports of Cases Argued and Determined in the Court of King's Bench, 1782– 1785*, London.

Roscoe, P. (2013) 'Economic embeddedness and materialityin a financial market setting', *The Sociological Review*, 61(1): 41–68.

Roscoe, P. (2014) *I Spend Therefore I Am: The True Cost of Economics*, London: Viking.

Roscoe, P. (2015) ' "Elephants can't gallop": Performativity, knowledge and power in the market for lay-investing', *Journal of Marketing Management*, 1–2: 193–218.

Roscoe, P. (2017) *The Rise and Fall of the Penny-Share Offer: A Historical Sociology of London's Smaller Company Markets*, St Andrews: University of St Andrews, https://research-repository.st-andrews.ac.uk/handle/10023/11688 [accessed 5 October 2022].

Roscoe, P. (2021) 'Shouldn't we all be doing cultural economy?',*Journal of Cultural Economy*, doi:10.1080/17530350.2021.1986112.

Roscoe, P. (2022) 'How "matter matters" for morality: The case of a stock exchange', *Human Relations*, 75(3): 475–501.

Roscoe, P. and Howorth, C. (2009) 'Identification through technical analysis: A study of charting and UK non-professional investors', *Accounting, Organizations and Society*, 34(2): 206–21.

Roscoe, P. and Willman, P. (2021) 'Flaunt the imperfections: Information, entanglements, and the regulation of London's Alternative Investment Market', *Economy and Society*, 50(4): 585–69.

Roscoe, W. (1787) *The Wrongs of Africa, A Poem. Part the First*, London: R. Faulder.

Rupprecht, A. (2008) ' "A limited sort of property": History, memory and the slave ship Zong', *Slavery & Abolition*, 29(2): 265–77.

Salzinger, L. (2016) 'Re-marking men: Masculinity as a terrain of the neoliberal economy', *Critical Historical Studies*, 3(1): 1–25.

Sargent, D. (2013) 'The Cold War and the international political economy in the 1970s', *Cold War History*, 13(3): 393–425.

Scotsman, The (2018) 'Camilla's royal cousin jailed after claiming disability benefit', 21 February, www.scotsman.com/news/people/camillas-royal-cousin-jailed-after-claiming-disability-benefit-347273 [accessed 19 August 2022].

Scott, B. (2021) 'The real lesson of the GameStop story is the power of the swarm', *The Guardian*, 30 January, www.theguardian.com/commentisfree/2021/jan/30/gamestop-power-of-the-swarm-shares-traders [accessed 17 December 2021].

Shaxson, N. (2011) *Treasure Islands: Uncovering the Damage of Offshore Banking and Tax Havens*, Basingstoke: Palgrave Macmillan.

Sinclair, U. (1985 [1906]) *The Jungle*, London: Penguin.

Souleles, D. (2017) 'Something new: Value and change in finance', *Journal of Cultural Economy*, 10(4): 393–404.

Steil, J.P., Albright, L., Rugh, J.S. and Massey, D.S. (2018) 'The social structure of mortgage discrimination', *Housing Studies*, 33(5): 759–76.

Tett, G. (2009) *Fool's Gold: How Unrestrained Greed Corrupted a Dream, Shattered Global Markets and Unleashed a Catastrophe*, London: Hachette.

Thomas, W. (1998) 'An intra-empire capital transfer: The Shanghai rubber company boom 1909– 1912', *Modern Asian Studies*, 32(3): 739–60.

Thompson, H.S. (2011 [1967]) *Hell's Angels*, London: Penguin Classics.

Thrift, N. (2000) 'Performing cultures in the new economy', *Annals of the Association of American Geographers*, 90(4): 674–92.

Tsing, A. (2001) 'Inside the economy of appearances', in A. Appadurai (ed) *Globalization*, Durham, NC: Duke University Press, pp 155–88.

Tversky, A. and Kahneman, D. (1974) 'Judgement under uncertainty', *Science*, 185: 1124–31.

Vander Weyer, M. (2012) 'Any other business: Third time lucky? Hoare Govett is the history of the modern City writ small', *The Spectator*, 4 February, www.spectator.co.uk/article/any-other-business-third-time- lucky-hoare-govett-is-the-history-of-the-modern-city-writ-small [accessed 5 October 2022].

Vulliamy, E. (1987) 'Darkening clouds as the little yuppies go to market', *The Guardian*, 21 October.

Waller, M. (2005) 'OFEX meets brokers in attempt to poach trade from LSE', *The Times*, Business, 10 November, p 54.

Walvin, J. (2011) *The Zong: A Massacre, the Law and the End of Slavery*, New Haven, CT: Yale University Press.

Weber, M. (1978) *Economy and Society: An Outline of Interpretive Sociology*, Berkeley, CA: University of California Press.

Wheatcroft, P. (2004) 'AIM's appeal is Ofex's problem', *The Times*, Business, 30 September, p 45.

Wilmot, T. (1985) *Inside the Over-the-Counter Market in the UK*, Westport, CT: Quorum Books.

Wolfe, T. (1987) *The Bonfire of the Vanities*, New York: Macmillan.

Wozniak, J.S.G. (2014) 'When the going gets weird: An invitation to gonzo sociology', *The American Sociologist*, 45(4): 453–73.

Zaloom, C. (2003) 'Ambiguous numbers: Trading technologies and interpretation in financial markets', *American Ethnologist*, 30(2): 258–72.

Zaloom, C. (2006) *Out of the Pits: Traders and Technology from Chicago to London*, Chicago, IL: University of Chicago Press.

Zelizer, V.A. (1994) *The Social Meaning of Money*, New York: HarperCollins.